U0937976

中国农民工的住房问题研究

Housing Problems of Migrant Workers in China

董 昕 著

图书在版编目（CIP）数据

中国农民工的住房问题研究/董昕著．—北京：经济管理出版社，2013.6
ISBN 978-7-5096-2520-0

Ⅰ.①中… Ⅱ.①董… Ⅲ.①民工—住宅问题—研究—中国②民工—住房政策—研究—中国 Ⅳ.①D669.3②F299.233.1

中国版本图书馆 CIP 数据核字（2013）第 137179 号

组稿编辑：宋　娜
责任编辑：宋　娜　刘广钦
责任印制：黄　铄
责任校对：陈　颖

出版发行：经济管理出版社
（北京市海淀区北蜂窝 8 号中雅大厦 A 座 11 层　100038）
网　　址：www. E-mp. com. cn
电　　话：（010）51915602
印　　刷：北京广益印刷有限公司
经　　销：新华书店
开　　本：720mm×1000mm/16
印　　张：17.75
字　　数：291 千字
版　　次：2013 年 7 月第 1 版　2013 年 7 月第 1 次印刷
书　　号：ISBN 978-7-5096-2520-0
定　　价：80.00 元

编委会及编辑部成员名单

本书受到“中国博士后科学基金面上项目（20100480401）”和“北京大学—林肯研究院城市发展与土地政策研究中心研究基金项目（FS－20110901）”的资助。

序　一

博士后制度是19世纪下半叶首先在若干发达国家逐渐形成的一种培养高级优秀专业人才的制度，至今已有一百多年历史。

20世纪80年代初，由著名物理学家李政道先生积极倡导，在邓小平同志大力支持下，中国开始酝酿实施博士后制度。1985年，首批博士后研究人员进站。

中国的博士后制度最初仅覆盖了自然科学诸领域。经过若干年实践，为了适应国家加快改革开放和建设社会主义市场经济制度的需要，全国博士后管理委员会决定，将设站领域拓展至社会科学。1992年，首批社会科学博士后人员进站，至今已整整20年。

20世纪90年代初期，正是中国经济社会发展和改革开放突飞猛进之时。理论突破和实践跨越的双重需求，使中国的社会科学工作者们获得了前所未有的发展空间。毋庸讳言，与发达国家相比，中国的社会科学在理论体系、研究方法乃至研究手段上均存在较大的差距。正是这种差距，激励中国的社会科学界正视国外，大量引进，兼收并蓄，同时，不忘植根本土，深究国情，开拓创新，从而开创了中国社会科学发展历史上最为繁荣的时期。在短短20余年内，随着学术交流渠道的拓宽、交流方式的创新和交流频率的提高，中国的社会科学不仅基本完成了理论上从传统体制向社会主义市场经济体制的转换，而且在中国丰富实践的基础上展开了自己的伟大创造。中国的社会科学和社会科学工作者们在改革开放和现代化建设事业中发挥了不可替代的重要作用。在这个波澜壮阔的历史进程中，中国社会科学博士后制度功不可没。

值此中国实施社会科学博士后制度20周年之际，为了充分展示中国社会科学博士后的研究成果，推动中国社会科学博士后制度进一步发展，全国博士后管理委员会和中国社会科学院经反复磋商，并征求了多家设站单位的意见，决定推出《中国社会科学博士后文库》（以下简称《文库》）。作为一个集中、系统、全面展示社会科学领域博士后优秀成果的学术平台，《文库》将成为展示中国社会科学博士后学术风采、扩大博士后群体的学术影响力和社会影响力的园地，成为调动广大博士后科研人员的积极性和创造力的加速器，成为培养中国社会科学领域各学科领军人才的孵化器。

创新、影响和规范，是《文库》的基本追求。

我们提倡创新，首先就是要求，入选的著作应能提供经过严密论证的新结论，或者提供有助于对所述论题进一步深入研究的新材料、新方法和新思路。与当前社会上一些机构对学术成果的要求不同，我们不提倡在一部著作中提出多少观点，一般地，我们甚至也不追求观点之“新”。我们需要的是有翔实的资料支撑，经过科学论证，而且能够被证实或证伪的论点。对于那些缺少严格的前提设定，没有充分的资料支撑，缺乏合乎逻辑的推理过程，仅仅凭借少数来路模糊的资料和数据，便一下子导出几个很“强”的结论的论著，我们概不收录。因为，在我们看来，提出一种观点和论证一种观点相比较，后者可能更为重要：观点未经论证，至多只是天才的猜测；经过论证的观点，才能成为科学。

我们提倡创新，还表现在研究方法之新上。这里所说的方法，显然不是指那种在时下的课题论证书中常见的老调重弹，诸如“历史与逻辑并重”、“演绎与归纳统一”之类；也不是我们在很多论文中见到的那种敷衍塞责的表述，诸如“理论研究与实证分析的统一”等等。我们所说的方法，就理论研究而论，指的是在某一研究领域中确定或建立基本事实以及这些事实之间关系的假设、模型、推论及其检验；就应用研究而言，则指的是根据某一理论假设，为了完成一个既定目标，所使用的具体模型、技术、工具或程序。众所周知，在方法上求新如同在理论上创新一样，殊非易事。因此，我们亦不强求提出全新的理论方法，我们的最低要求，是要按照现代社会科学的研究规范来展开研究并构造论著。

我们支持那些有影响力的著述入选。这里说的影响力，既包括学术影响力，也包括社会影响力和国际影响力。就学术影响力而言，入选的成果应达到公认的学科高水平，要在本学科领域得到学术界的普遍认可，还要经得起历史和时间的检验，若干年后仍然能够为学者引用或参考。就社会影响力而言，入选的成果应能向正在进行着的社会经济进程转化。哲学社会科学与自然科学一样，也有一个转化问题。其研究成果要向现实生产力转化，要向现实政策转化，要向和谐社会建设转化，要向文化产业转化，要向人才培养转化。就国际影响力而言，中国哲学社会科学要想发挥巨大影响，就要瞄准国际一流水平，站在学术高峰，为世界文明的发展作出贡献。

我们尊奉严谨治学、实事求是的学风。我们强调恪守学术规范，尊重知识产权，坚决抵制各种学术不端之风，自觉维护哲学社会科学工作者的良好形象。当此学术界世风日下之时，我们希望本《文库》能通过自己良好的学术形象，为整肃不良学风贡献力量。

李扬

中国社会科学院副院长

中国社会科学院博士后管理委员会主任

2012 年 9 月

序　二

在21世纪的全球化时代，人才已成为国家的核心竞争力之一。从人才培养和学科发展的历史来看，哲学社会科学的发展水平体现着一个国家或民族的思维能力、精神状况和文明素质。

培养优秀的哲学社会科学人才，是我国可持续发展战略的重要内容之一。哲学社会科学的人才队伍、科研能力和研究成果作为国家的"软实力"，在综合国力体系中占据越来越重要的地位。在全面建设小康社会、加快推进社会主义现代化、实现中华民族伟大复兴的历史进程中，哲学社会科学具有不可替代的重大作用。胡锦涛同志强调，一定要从党和国家事业发展全局的战略高度，把繁荣发展哲学社会科学作为一项重大而紧迫的战略任务切实抓紧抓好，推动我国哲学社会科学新的更大的发展，为中国特色社会主义事业提供强有力的思想保证、精神动力和智力支持。因此，国家与社会要实现可持续健康发展，必须切实重视哲学社会科学，"努力建设具有中国特色、中国风格、中国气派的哲学社会科学"，充分展示当代中国哲学社会科学的本土情怀与世界眼光，力争在当代世界思想与学术的舞台上赢得应有的尊严与地位。

在培养和造就哲学社会科学人才的战略与实践上，博士后制度发挥了重要作用。我国的博士后制度是在世界著名物理学家、诺贝尔奖获得者李政道先生的建议下，由邓小平同志亲自决策，经国务院批准于1985年开始实施的。这也是我国有计划、有目的地培养高层次青年人才的一项重要制度。二十多年来，在党中央、国务院的领导下，经过各方共同努力，我国已建立了科学、完备的博士后制度体系，同时，形成了培养和使用相结合，产学研相结合，政府调控和社会参与相结合，服务物质文明与精神文明建设的鲜明特色。通过实施博士后制度，我国培养了一支优秀的高素质哲学社会科学人才队伍。他们在科研机构或高等院校依托自身优势和兴趣，自主从事开拓性、创新性研究工作，从而具有宽广的学术视野、突出的研究能力和强烈的探索精神。其中，一些出站博士后已成为哲学社会科学领域的科研骨干和学术带头人，在“长江学者”、“新世纪百千万人才工程”等国家重大科研人才梯队中占据越来越大的比重。可以说，博士后制度已成为国家培养哲学社会科学拔尖人才的重要途径，而且为哲学社会科学的发展造就了一支新的生力军。

哲学社会科学领域部分博士后的优秀研究成果不仅具有重要的学术价值，而且具有解决当前社会问题的现实意义，但往往因为一些客观因素，这些成果不能尽快问世，不能发挥其应有的现实作用，着实令人痛惜。

可喜的是，今天我们在支持哲学社会科学领域博士后研究成果出版方面迈出了坚实的一步。全国博士后管理委员会与中国社会科学院共同设立了《中国社会科学博士后文库》，每年在全国范围内择优出版哲学社会科学博士后的科研成果，并为其提供出版资助。这一举措不仅在建立以质量为导向的人才培养机制上具有积极的示范作用，而且有益于提升博士后青年科研人才的学术地位，扩大其学术影响力和社会影响力，更有益于人才强国战略的实施。

今天，借《中国社会科学博士后文库》出版之际，我衷心地希望更多的人、更多的部门与机构能够了解和关心哲学社会科学领域博士后及其研究成果，积极支持博士后工作。可以预见，我国的博士后事业也将取得新的更大的发展。让我们携起手来，共同努力，推动实现社会主义现代化事业的可持续发展与中华民族的伟大复兴。

王晓初

人力资源和社会保障部副部长
全国博士后管理委员会主任
2012 年 9 月

摘 要

近年来，农民工作为城镇中低收入群体的重要组成部分，其住房问题日益突显。截至2012年底，全国农民工总量已达到2.6亿人，约占全国就业总人数的1/3。农民工为我国的城市建设、非农产业的发展提供了重要的劳动力资源，但是农民工在城市的居住状况与其对城市社会经济发展所做的贡献并不相配。居住条件较差的城中村、城乡结合部或市郊的住房，因为价格低廉而成为农民工租住的聚居地。居住拥挤、条件简陋、卫生差、治安乱、教育医疗配套少，是城中村等农民工聚居地的普遍现象；有的农民工居住在窝棚、危房或地下室里，甚至连基本的居住安全都无法保证。2005年以来，中央、地方关于农民工住房的政策纷纷出台。重庆、长沙、上海、湖州等地为解决农民工的住房问题进行了有益的尝试，北京等一些城市也将农民工纳入了城镇住房保障体系。然而，总体上说，已有的农民工住房政策解决农民工住房问题的实际效果十分有限，因此以政策建议为目标的农民工住房问题研究就显得尤为重要。

虽然农民工住房问题的相关研究已经取得了较为丰富的成果，但是目前对中国农民工住房问题的研究还缺乏历史发展脉络的分析和全国宏观层面的把握；研究结论也基本局限于城市的视角，仅从拓展城镇住房保障范围的角度考虑解决农民工住房问题，从统筹城乡的视角对农民工住房问题的探讨不足。本书的研究将尝试弥补上述不足，由此，本书对中国农民工住房问题的研究框架如下：

第一，首先分析的是农民工住房问题产生与发展的历史背景及变迁过程。本书同时分析了农民工群体的发展阶段与中国城镇住房市场的发展阶段，两者相比，农民工住房问题的变迁过程与城镇住房市场的发展阶段更为一致。

第二，利用全国106个城市的调查数据对农民工住房问题进行判断，既包括对农民工住房现状特征的总结，也包括对农民工住房问题实质的判断。本书通过房价收入比、租金收入比、住房消费比、剩余收入等多个指标对农民工的住房支付能力进行综合测度。结果发现，面积小、条件差、配套少等是农民工住房问题的集中体现，而我国农民工住房问题的实质是住房支付能力不足。具体来说，是购房能力的显性不足与租房能力的隐性不足并存，而且住房支付能力总体上存在着下降的趋势。

第三，从城乡统筹的视角对农民工在流入城市住房消费的影响因素方面进行实证分析。农民工的住房消费既体现了住房支付能力，也体现了住房支付意愿，对农民工住房消费影响因素的分析将为住房政策的着力点提供支撑。对全国106个城市数据的分析结果表明：农民工在流入地的收入对其住房消费影响较大，在老家的收入对其住房消费影响并不显著，但其在老家有住房对其在流入地的住房消费存在显著的负影响；代表人口规模、住房价格等地域因素的流入地城市行政级别对农民工住房消费的影响较大；农民工家庭的食品、子女教育等非住房支出对其住房消费的影响较大，养老保险、医疗保险等社会保障因素对农民工住房消费的影响显著但作用有限。

第四，系统梳理中国已有的农民工住房政策并加以评价，同时对农民工在城镇的住房保障进行探讨。中国的农民工住房政策从无到有是一种进步，但仍缺乏长期目标和城乡统筹的整体构想。相关法律体系不健全，现行的农民工住房解决方式与土地政策之间存在一定矛盾。在城镇稳定就业的农民工已经开始被纳入我国城镇住房保障体系，但实际上城镇住房保障体系能够覆盖的农民工只有很小的一部分，住房保障的范围、标准、方式等都有待合理规范，农民工住房保障的责任主体也有待进一步明确。

最后，综合上述研究结果，并在借鉴国际经验的基础上，提出了对我国农民工住房政策的建议，包括长期政策目标和短期政策措施两部分。对长期政策目标的建议有：兼顾农民工在流入城市的住房困难问题和农村宅基地及住房的闲置问题，推进城乡统筹的土地与住房制度改革，建立宅基地及农村住房的自由交易市场；健全法律法规，理顺政策与法律的关系，完善住房保障体系；调整收入分配结构以提高农民工的收入水平，完善包括养老、教育、医疗等在内的社会保障体系；减少农民工家庭收入的不确定性及非住房支出水平，从而增强农民工家庭的住房支付能力。对短期政策措施的建议有：通过财政专项补贴，直接改善出租房屋的居住条件；制定住房保障范围应考虑农民工的个体差异和地域差异，重点解决人口密度较高、住房价格较高的大中城市的农民工住房问题；住房保障方式要体现农民工的特点，供给方补贴与需求方补贴并行，共同提高农民工的住房支付能力；进一步明确政府作为住房保障责任主体的地位与作用，合理划分中央政府与地方政府之间的责任分配，从而建立稳定的住房保障资金来源渠道。

关键词：农民工　住房问题　住房政策　住房保障　住房支付能力

Abstract

China's migrant workers, as one part of the low – income groups, housing problems have become more and more serious in recent years. Until the end of 2012, the number of Chinese migrant workers' reached 260 million which was about one-third of the national total employees. Migrant workers provide important labor resources for urban construction and the development of non-agricultural industries, but their living conditions can not match their contributions. Many migrant workers live in "urban village", urban fringe or suburbs area due to the low price of rents. Overcrowding, poor conditions, poor sanitation, law and order in chaos, lack of medical and educational support are all common phenomenons of the settlements of migrant workers. Some migrant workers live in shacks, dilapidated buildings or basements where even the basic living securities cannot be guaranteed. More and more policies have been implemented from central government and local governments since 2005. Some local governments made beneficial attempts to solve the housing problems of migrant workers such as Chongqing, Changsha, Shanghai, Huzhou and etc. Migrant workers are also brought into urban housing security systems in Beijing and some other cities recently. However, the actual effect of the existing migrant workers housing policy is very limited to solve their housing problems. For the moment, the study on migrant workers' housing problems are particularly important which will give policy recommendations.

Although the study of migrant workers' housing problems has made abundant achievements, the analysis is lack of the historical and national views on migrant workers' housing problems in China. The conclusions are basically limited to the perspectives of cities while the studies from the perspectives of urban and rural areas are not enough. Thus, my study on housing problems of migrant workers in China attempts to compensate for the inadequacies. The contents of this book are as follows.

First, the historical background and the development process of the migrant workers' housing problems are analyzed. Both the changes of migrant workers group and the changes of urban housing markets are considered. The study found out that the development of migrant workers' housing problems are more consistent with the development of the urban housing market.

Second, the judgments on migrant workers' housing problems are made by the survey data from 106 cities of China. It includes the characters of housing situation and the essence of the housing problems. Various indicators are used to measure the housing affordability of migrant workers. The conclusion is that the essence of migrant workers' housing problems is the lack of housing affordability while housing conditions are just presentational such as small, poor and, less supporting incomes. Specifically, the lack of housing affordability of the migrant workers is not only to buy a house but also to rent a house. And there is a downward trend has been witnessed in migrant workers' housing affordability.

Third, the empirical analyses of the factors impacting migrant workers' housing consumption are made from the perspective of urban and rural areas. Housing consumption not only embodies the housing affordability but also reflects the willingness to pay for a house. The analysis of the factors impacting migrant workers' housing consumption will provide supports for the housing policy recommendations. The empirical analysis of survey data from 106 cities shows that: familial urban income has greater impact on their housing consumption in the city while familial rural income has no significant effects. Rural housing situation has significant negative impact; administrative level of the city where they are working has also significant positive effects as one of geographical factors. The significant effects of foods and children's educational expenditures cannot be ignored; social security including old-age insurance and medical insurance has significant but limited impact.

Fourth, the existing housing policies for migrant workers are reviewed and evaluated, migrant workers and urban housing security are also discussed. The housing policies for migrant workers have got an improvement but still lacking of a long – term goal and an overall vision of urban and rural areas. The relevant legal system is not perfect. There are some contradictions between the current migrant workers housing solutions and land policy. Migrant workers who have stable jobs in cities have begun to be incorporated into China's urban housing security system, but in fact the urban housing security system only covered a small part of migrant workers. Housing subsidies need to be ameliorated from the scope, the standard and the ways. The responsibility of housing subsidies is also need to be further clarified.

Finally, policy recommendations are put forward based on the above findings, foreign housing policies including the long-term policy objectives and the short-term policy measures. Recommendations for the long-term policy objectives are as follows: a) long-term goal should be established to construct a unified land and housing system from the perspectives of history and planning urban and rural areas as a whole; b) the relevant laws and regulations should be improved to perfect the housing security system; c) advanced reforms of income distribution, social security and education system are also needed to enhance the housing affordability of migrant workers. Recommendations for short-term policy measures are: a) special financial subsidies should be given to improve the living conditions of the rental housing directly; b) making the scope of the housing subsidies should consider the individual differences of migrant workers and geographical differences of the cities that they are working in; c) the ways of housing subsidies should be consistent with the characters of migrant workers; d) both supply-side subsidies and demand-side subsidies should be provided simultaneously to improve the housing affordability of migrant workers; e) stable funds need to be established by clarifying the responsibilities between central governments and local government.

Key Words: Migrant Workers; Housing Problems; Housing Policy; Housing Subsidies; Housing Affordability

目 录

Contents

第一章　绪　论

第一节　研究背景及意义

一、研究背景

近年来，我国的城镇住房价格快速上涨，中低收入群体的住房问题受到了政府、学术界乃至全社会的广泛关注。农民工作为中低收入群体的重要组成部分，其住房问题也日益突显。随着我国城镇住房市场的发展，农民工依靠单位提供住宿条件的比例不断减少，相应地租住私房的比例不断增加。然而，居住条件较好的商品房、房改房等，其价格往往超越了农民工家庭所能承受的范围；居住条件较差的城乡结合部、城中村或市郊的住房，则因为价格低廉而成为农民工租住的聚居地。居住拥挤、条件简陋、卫生差、治安乱、教育医疗配套少，是“城中村”等农民工聚居地的普遍现象；有的农民工居住在窝棚、危房、地下室里，甚至连基本的居住安全都无法保证。2005 年以来，中央、地方的关于农民工住房政策纷纷出台，重庆、长沙、上海、湖州等地也为解决农民工的住房问题进行了有益的尝试。以 2007 年国务院出台《关于解决城市低收入家庭住房困难的若干意见》为标志，我国城镇住房制度改革进入了新的阶段，即加强政府住房保障的阶段。随后，北京等一些城市也将农民工纳入了城镇住房保障体系。但是，总体上说，已有的农民工住房政策仍处于探索阶段，解决农民工住房问题的实际效果十分有限。

二、研究意义

对于农民工住房问题的研究，可以为解决农民工的住房问题提供政策依据与支持，具有重要的现实意义。具体而言，包括以下几方面：

1. 解决农民工的住房问题是推进我国城市化健康发展的客观要求

城市化进程是人口从农村向城市迁移的过程、是劳动力由农业向非农产业转移的过程。我国的农民工根植于城乡二元社会经济体制之上，是具有农村户籍身份而完全或主要从事非农业生产工作的劳动者。亿万农民工是我国工业化、城市化的巨大推动力量，是城乡体制改革、转变政府职能和冲破二元结构的巨大推动力量；就城乡关系和格局而言，农民工构成了中国社会结构的“第三元”，而这恰是社会转型期沟通二元结构两级不可缺少的桥梁和难以跨越的过渡（韩长赋，2007）。2000 年中国城镇人口的统计口径调整以后，经常居住在某一城镇达半年以上的农民工被算作是城镇人口，由此城镇化率大幅提高；2011 年年末，我国城镇人口达到 6.91 亿人，占总人口比重达到 51.3%，首次超过 50%。[①] 然而，城镇化的质量不容乐观。城镇化质量低下的主要体现之一就是大量进城农民不能在城镇定居，不能享受市民待遇（周一星，2006）。农民工难以融入城市的关键之一，便是住房。农民工在城市的住房状况对农民工的留城意愿具有显著影响（黄乾，2008；陈春、冯长春，2011）。只有解决好农民工的住房问题，才能促使农民工完全融入城市、成为真正的市民，才能提高我国城镇化的质量，推动我国城镇化进程的健康发展。

2. 保障农民工的基本住房权利是促进社会公平与和谐稳定的现实需要

农民工为我国的城市建设和经济发展做出了巨大贡献，但是农民工在城市的居住状况与其对城市社会经济发展所作的贡献并不相配。相当多的农民工聚居在城乡结合部、“城中村”或是工棚等临时建筑内，有的连安全、卫生等最基本的住房需求都无法得到满足，也给城市的治安、防灾防疫等带来了隐患。农民工的聚居地往往有别于周边环境，在城市中形成了一定程度的居住隔离，减少了农民工和普通市民沟通交流的机会，加大了

①国家统计局：《中华人民共和国 2011 年国民经济和社会发展统计公报》，2012 年 2 月 22 日，http：//www.stats.gov.cn/tjgb/ndtjgb/qgndtjgb/t20120222_402786440.htm，2012 年 4 月 22 日。

农民工融入城市的难度。改善农民工住房条件和农民工聚居区居住环境的公共政策将有利于实现经济的可持续增长和社会融合（郑思齐、曹洋，2009；郑思齐、廖俊平等，2011）。让农民工享有与其他市民相同的住房保障，使农民工的基本住房需求得到满足，是社会公平与和谐发展的现实需要，也是政府的职责所在。

3. *改善农民工的居住条件有利于国民经济的可持续发展*

农民工规模庞大。截至2012年年底，全国农民工总量已达到2.63亿人，约占全国人口的1/5，约占全国就业总人数的34%。[①] 农民工为我国的城市建设、非农产业的发展提供了重要的劳动力资源。多年来，凭借丰富的劳动力资源，中国产品在国际竞争中享有着低成本的优势；至今，劳动密集型行业和企业在我国的经济结构中仍占有着重要的地位。但是，近年来出现的“民工荒”现象反映了我国劳动力市场供求关系的变化。改善农民工在城市的居住条件，有利于稳定城市劳动力市场的供给，有利于经济的可持续发展。同时，改善农民工在城市的居住条件，满足农民工相应的住房需求、基础设施建设需求及其他消费需求，也将扩大内需，从而有利于国民经济的增长。

4. *改善农民工的居住条件有助于相关农村问题的解决*

农民外出进城务工，是现阶段工业反哺农业、城市支持农村、发达地区带动落后地区的有效实现形式。对于农村来说，农民工的住房问题关系到农民工背后的亿万个农村家庭以及农村的发展。农民工在城镇的住房问题无法解决，在农村老家的住房闲置却不愿也不能处置，致使“工作城市有人没房住，农村老家有房无人住”的不合理情况出现，这既是对农民工留城的障碍，也是对农村土地资源的浪费。通过住房保障政策及相关配套措施的实施，解决农民工在城市的住房问题，让农民工在城市有稳定的住房，将有利于缓解农民工家庭两地分居的问题，改善农村留守儿童、农村老龄化情况，也将有利于村庄“空心化”问题的解决。

---

①国家统计局：《中华人民共和国2012年国民经济和社会发展统计公报》，2013年2月22日，http：//www.stats.gov.cn/tjgb/ndtjgb/qgndtjgb/t20130221_402874525.htm，2013年3月22日。

第二节 国内外研究进展

一、关于农民工的概念

我国学术界对于农民工的概念界定虽然差异不大，但还是有所不同，大体上可以分为两类。

一类观点认为，农民工概念界定的关键点在于户籍身份和所从事工作的产业类别，即具有农村户籍身份而从事非农业生产工作的劳动者。例如：郑功成、黄黎若莲（2006）将农民工界定为具有农村户口身份却在城镇或非农领域务工的劳动者，是中国传统户籍制度下的一种特殊身份标识，是中国工业化进程加快和传统户籍制度严重冲突所产生的客观结果。马万里、陈玮（2008）认为农民工是指具有农村户口身份却在城镇务工的劳动者，是我国改革开放和工业化进程中涌现的一支新型劳动大军。丁富军、吕萍（2010）认为农民工主要是指户籍在农村，进城务工或在异地从事非农产业的劳动者。

另一类观点认为，农民工的概念界定的关键点除了户籍身份和所从事工作的产业类别以外，还应加入在劳动关系中所处的地位、收入来源、收入水平等作为判定标准，如是否是被雇佣的、是否以工资为主要收入来源、收入水平是否较低等。例如：杨思远（2005）将农民工分为两种，即“离土不离乡”主要受雇于乡镇企业的在乡农民工和“离土又离乡”主要受雇于城市企事业单位和从事个体经济活动的进城农民工。邓保国、傅晓（2006）从法律角度对农民工的概念进行界定，认为农民工这一群体在身份上都是农民——户口是农业户口，家在农村，在农村承包有土地；但是，他们在职业上却是工人——个人不占有生产资料，只靠工资收入为生（多指体力劳动者）。王凯等（2010）将城市农民工界定为来自农村，从事非农业生产、持有农业户口、以工资收入为主要来源、收入比较低的社会群体，又常被称为城市流动人员、城市暂住人员、城市外来人员；认为城市农民工、城市流动人员、城市暂住人员和城市外来人员是同一概念。

两类观点对农民工概念界定的共同点是农业户籍身份和所从事工作的产业类别为非农业，也反映出农民工的概念是建立在我国城乡二元的户籍管理制度之上的，因而农民工也是一个具有中国特色的概念称谓。

由于农民工的概念是建立在我国特殊的户籍制度之上的，农民工也是一个具有中国特色的名词。在国外研究中没有与农民工完全相同的概念，只有与农民工相近的概念，如从农村到城市的移民（Rural-Urban Migrants，以下简称“乡城移民”）、移民工人（Migrant Workers）等。乡城移民，是从农村到城市的移民（Rural – Urban Migrants）的简称，与从一个城市到另一个城市的城城移民（Urban – Urban Migrants）相对应。我国的农民工是一种不彻底的乡城移民。国外的乡城移民或者移民工人，往往是从一个地区迁移到另一个地区的单向迁移，是一种较为彻底的人口迁移。中国的农民工则是多以农村老家为基点进行城乡间的双向移动，这种双向移动是在农村老家与一个城市或者多个城市之间进行的。农民工虽然大部分时间居住在城市里，但是根仍然在农村，是一种不彻底的人口迁移。两者之间既有相似之处，即都是从农村向城市的迁移，但两者又有不同之处，即迁移的彻底程度不同。因此，在研究农民工问题时，可以根据中国农民工的特殊情况借鉴国外的相关研究成果。

二、关于乡城移民的住房状况

对于包括农民工在内的乡城移民住房状况是国内外学者的研究重点之一，具体包括居住区位、住房形式等方面。

1. 居住区位

居住区位方面，乡城移民住房的空间布局体现出一定的规律性。在一个国家或地区的快速城市化初期，从乡城移民的居住区位往往体现出两阶段的特征，即第一阶段的初步安置是新来移民选择在城市中心的贫民区租房，而第二阶段的再安置则是依靠在城市边缘地带的自建房屋或已有棚户区①来实现（Turner，1968）。这种乡城移民从城市中心过渡到城市边缘的两阶段居住模式受到了广泛的认可（Ward，1976）。能搬迁至城市边缘的自建房或已有棚户区内，意味着移民收入的增长、居住稳定性的提高，甚至是

①棚户区泛指非法占地、临时搭建的违章居所聚集地。

从租房到自有住房的产权变更，因此城市边缘的棚户区被称为“希望中的贫民区”（Slums of Hope），而城市中心的贫民区则被称为“绝望中的贫民窟”（Slums of Despair）（Eckstein，1990）。在一个国家或地区的城市化持续进行过程中，随着城市中心区的再开发等原因，乡城移民安置的两阶段模式被打破，城市中心的贫民区不再是新移民的首要居住地，移民更多地直接进入城市边缘的聚居区内。Ward（1976）研究了墨西哥城在不同历史时期所建的三个带状棚户区，有数据表明乡城移民的居住模式已经有所改变，不再是从城市中心过渡到城市边缘，而是新近移民越来越多地直接进入城市边缘，一般住在已经建成的老旧棚户区内。

对于我国的农民工住房区位而言，也体现出类似的特点和趋势。随着改革开放以来城镇化进程的不断推进，农民工的居住空间分布也逐渐从城市中心向城乡结合部（城市建成区边缘）和近郊区转移。Wu（2008）利用2000年人口普查、1996年基本建设调查以及1999年完成的移民家庭调查数据，对上海的乡城移民安置和移动模式进行了分析，发现从20世纪80年代初期开始至90年代末期上海农民工的住房分布展现了极度的中心型特征，之后，城乡结合部成为新移民的主要聚居地。Liu和Wu（2006）对南京市的研究也发现外来人口集中的街道主要分布于城区边缘和近郊区，这也大体反映了农民工在城市居住空间上的分布状况。Jeong（2011）的研究表明20世纪90年代遍布北京的农民工聚居地（如浙江村、河南村、新疆村等）在21世纪以来正在消失或搬迁到更偏远的位置，其原因是在各种目标和利益的驱动下原来城乡结合部的农民工聚居地已经被开发变为中心商务区或居住区。

2. 住房形式

住房形式方面，我国的农民工与国外的乡城移民相比则有较大的差别。

在国外的不少国家，非法占地自建的棚户区（Squatter Settlements）是乡城移民重要的住房解决方式，学者们也对这种非正式的住房形式进行了研究。例如：Eckstein（1990）对移民选择城市中心贫民窟或城市边缘棚户区的对比分析。Amis（1984）利用肯尼亚首都内罗比的数据研究了棚户区自建住房的租赁情况，包括发展、利润、产权、房主和租户的特征，等等。Erman（1997）以土耳其的首都安哥拉为例，探讨了乡城移民在棚户区和公寓之间的选择。Sakay等（2011）对秘鲁首都利马城市发展的研究发现，人口的快速增长主要源于来自中部高地的移民增长，这些移民在政治不稳定和极端贫困的驱动下，侵入私人和公共土地用秸秆和垫子等建起了供家庭居住的非正式住房，形成了棚户区，并在其中完成了从农村向城市生活方式的过渡。

在中国，受限于土地使用管制和土地产权制度，农民工基本上没有可能在流入城市自建住房。一般来说，单位宿舍、出租私房和建筑工地是农民工的主要居住场所。农民工城市贫困项目课题组（2008）对北京、广州、南京、兰州的调查表明，49.2%的农民工居住在由雇主提供的宿舍里，约有40%的农民工自行租房居住，其余农民工居住在工棚等其他类型的住房里。黄卓宁（2007）的研究也发现员工集体宿舍、出租屋是农民工住房的主要形式，均占有40%以上的份额，其余的住房形式还包括住在工作场所、亲友家等。单位宿舍成为我国农民工主要的住房形式，与企业提供“包住”的就业岗位密切相关（黄卓宁，2007）。农民工租住的住房中很多是城中村中的住房，这是因为在政府保障缺失的情况下，城中村为大量农民工提供了可支付的低价住房（Zhang 等，2003；Hao 等，2011）。这些城中村的住房往往是当地村民（当地农业户籍人口）所有的、出租给农民工，成为农民工的聚居地，也成为有别于周边环境的移民飞地（Migrant Enclaves），在快速城市化进程中，这样的移民飞地也大量形成（Jeong，2011）。Song 等（2012）认为城中村的出现是中国城镇化过程中的特有现象，并探讨了城中村对正式住房市场的影响。

三、关于乡城移民住房选择的影响因素

乡城移民住房选择的影响因素，也是国内外学者研究的重点之一。其中，制度因素、市场因素、就业情况、个体特征、社会人际关系、心理因素等均被纳入学者的考量范畴之内。

1. 制度因素

不同于住房市场较为成熟的国家，在一些住房市场不成熟的国家，制度因素比市场因素对乡城移民住房选择的影响更强。Mohtadi（1986）通过截面数据的分析，认为伊朗的农村土地产权状况同印度的农村种姓制度（社会等级制度）一样，都是乡城移民背景的决定性因素，从而影响着移民在城市的住房情况：来自无地群体的移民与来自有地群体的移民相比，在城市所受的住房不平等待遇更加严重。Wu（2004）利用北京和上海的数据

研究了移民①住房选择的制度因素和社会经济因素，结论是农民工整体上住房条件低下的根源在于户口制度的限制，制度因素的影响远大于社会经济因素的影响。中国的农村移民②在城市居住，受到来自个人、社会、经济地位以及制度等多方面的限制和约束，其中城市对农村移民的歧视性的制度环境是最主要的因素；以制度约束为主的多种因素的综合，造成农村移民在城市的居住条件较差，居住空间拥挤，并产生某种程度的聚居现象（刘玉亭、何深静，2008）。Wang（2003）认为农民工的住房条件不同于其他的城市低收入群体，政府的政策是阻碍农民工融入当地城市社会的主要原因。Sato（2006）认为中国城市家庭与农民工家庭的住房条件存在极大不平等，尽管越来越多的农村移民家庭已经在城市居住，但他们仍被排除在城市住房改革政策之外，他们并没有从单位住房福利制度和公房私有化中获益，不仅不能享受福利房、经济适用房等优惠政策，同时也被排除在政府提供的廉租房优惠政策之外。周滔、吕萍（2011）认为由于农民工置身于城市医疗、失业等社会保障体系之外，以保险等正规形式存在的风险分散机制对农民工所能起到的作用是非常有限的，他们往往选择较低的当期消费倾向、较高的储蓄倾向，这样的消费特征使得农民工的住房边际消费倾向较城镇居民或农村居民更低。

2. 市场因素

住房价格和收入水平是影响农民工住房选择的重要市场因素。除了单位提供居住场所的农民工外，相当一部分农民工需要在住房市场上解决住房需求。因为商品住房的价格超出了绝大多数移民的购买能力，租赁则成为移民最好的选择；而且收入水平对移民的住房选择有显著的影响（Wu，2004）。但是，绝大多数农民工的收入水平都远远低于城市房价和房租水平，由于自身的经济能力有限，通常只能租住城乡结合部的农民私房或市中心价格相对低廉但条件较差的房屋（《我国农民工工作“十二五”发展规划纲要研究》课题组，2010）。即便如此，农民工还是希望能够进一步降低住房支出，尤其是在住房租金上涨的情况下。合租是节约开支以用于其他目的的主要而有效的策略（Wang，2003）。如果农民工选择居住在商品房

①Wu（2004）文章中的移民既包括具有农业户籍的移民，也包括具有其他城市或城市城镇非农户籍的移民。

②由于不同学者在其著作中对农民工的称谓有所差异，为忠实于原文，本书中将交替使用农民工、农村移民等称谓。

中，由于租金较高，他们可能选择更多的人合租（张智，2010b）。周滔、吕萍（2011）对中国13个大城市的调查问卷分析发现，收入的不确定性在很大程度上影响了农民工的住房消费特征，农民工收入的增加对住房消费增长的刺激作用远小于对其他消费的刺激作用，随着收入的增加，农民工更倾向于将所增加收入储蓄起来或投入子女教育等其他消费项目中去。

3. 就业情况

工作地点和行业等就业情况也是影响农民工住房选择的重要因素之一。由用人单位提供的居住场所，包括宿舍、工棚等，一般都是距离工作地点较近或是直接就是工作地点兼用的。作为一种用工单位向雇员提供的福利（Wu，2004），单位提供的住宿成为农民工是否在市场上选择住房的前提条件。农民工城市贫困项目课题组（2008）对北京、广州、南京、兰州的调查分析表明，雇主大多会提供廉价或免费的宿舍或工棚，相对于自行租房，这对农民工来讲是一种更加经济而便利的方式，现有宿舍免费是农民工不想租房的主要原因。Wu（2004）研究发现在北京和上海大约2/3的移民在住房选择时都是以便于工作和经营为基础的，因而对住房的通勤距离满意度很高。就近工作地点、设施相对较齐备、房租较低、集体宿舍式的农民公寓成了解决农民工城镇住房的首选模式（袁中友，2008）。农民工城市贫困项目课题组（2008）对北京、广州、南京、兰州的调查表明，从就业行业和工作类型来看，从事批发零售业的农民工更可能选择租房，而合同工、临时工和劳务派遣工则较少选择租房。

4. 个体特征

年龄、务工年限、性别、受教育程度等个体特征也影响着农民工的住房选择。有的学者认为，年龄和务工年限都对农民工的住房选择有重要影响（黄卓宁，2007；张智，2010a）。例如，黄卓宁（2007）认为年轻人对住房条件有更高的要求，并期望居住地点能更贴近城市中心，从而能有更多的机会接触城市要素；外出打工年限也与住房来源之间有一定的相关关系，随着外出打工时间的增长，相当一部分人的定居意愿随之增强，农民工越倾向于居住在出租屋，而非员工集体宿舍，将出租屋视作是向城市完全定居的过渡形式。但是，也有的学者认为，农民工总的务工年限对其租房选择不重要，但是，在目前所在城市的工作年数对其租房行为有重要影响，在当前的城市工作时间越久，租房的概率就越高（农民工城市贫困项目课题组，2008）。在性别方面，有的学者认为性别对农民工住房选择的影响不显著，如农民工城市贫困项目课题组（2008）利用北京、广州、南京、兰州的调查数据进行回归，发现在影响农民工租房决策的因素中，性别的影响并不显著；有的学者则认为性别的影响显著，如张智（2010a）对北京农民工住房选择的研究表明，性别之间的住房选择存在一定的差异，男性比女性更愿意去居住集体宿舍。在受教育程度方面，学者的观点也不一致。如 Wu（2004）对北京和上海的数据分析表明，受教育程度对乡城移民的住房选择有重要影响；农民工城市贫困项目课题组（2008）通过对北京、广州、南京、兰州的调查数据分析，则认为受教育水平对其租房决策的影响不显著。

5. 人际关系

农民工住房选择还受到人际网络的影响。作为农民工典型聚居地的城中村，其形成也是由地缘、血缘、民族等人际网络关系起基础性作用的。黄卓宁（2007）的研究表明，在找到工作之前，有 36.4% 的农民工住在出租房内，而有 39.4% 的农民工“借住亲友家”或“借住亲友宿舍”，在找到工作之前的这段不稳定时期，农民工首先投靠的是亲戚和朋友；农民进城打工很大程度上是依靠人际网络的支持，为初次进入城市的打工者提供食宿帮助是这种网络支持的重要形式之一。

6. 心理因素

农民工住房选择还受到心理因素的影响，包括是否在城市定居的预期、价值判断的标准等。Wu（2002、2004）对北京和上海的研究发现，预期仅在城市作短期停留的农民工来说，他们认为自己只是这个城市的临时成员，只愿意用很少的收入来改善住房条件，对住房设施和服务的要求很低；只有打算在城市长期居留的农民工才愿意在更好的住房上投入。Erman（1997）以土耳其的首都安卡拉为例，探讨了乡城移民在棚户区（Gecekondu）与公寓之间的选择：偏好农村社会生活的移民，尤其是以邻里生活为生活重心的妇女，倾向于选择非正式住房的聚居区，如棚户区；偏好城市生活的移民，倾向于选择服务和基础设施较好的公寓。Arifin 和 Dale（2005）则从女性产业工人的角度分析了印度尼西亚从农村到城市的移民工人住房选择的影响因素，在考虑价格的同时，还考虑她们所来自的农村和她们移民的城市的价值标准。一部分中国农民工愿意花大价钱在农村老家建新房而闲置，也不愿意在打工的城市多花钱住得好些，也是受到价值判断标准等心理因素的影响。农民工的消费行为受到生活标准与地位评价标准的制约，在农村，房子不仅是地位的象征，而且是中国的“农村文化”，是农民的“生活标准”；农民工尽管从农村来到城市，但是他们消费的主要参照群体在家乡，地理虽远但心理近，城里人的消费偏好对他们来说则显得太奢侈，地理虽近但心理远（冯桂林、李淋，1997）。

四、关于低收入者的政府住房保障

我国的农民工无疑是城镇低收入群体中的重要组成部分，农民工住房问题的解决需要在解决城镇低收入群体住房问题的整体框架下进行，而政府住房保障正是解决低收入群体住房问题的重要方式。国内外关于住房保障的研究主要涵盖住房保障与市场的关系、住房保障的规模与范围、住房保障的方式等几大方面。

1. *政府住房保障与住房市场的关系*

（1）住房保障对住房市场的影响。住房保障是政府对低收入者的住房补贴，也是政府对住房市场的一种干预。这种干预将对市场产生的影响是学者们的研究重点之一，研究涉及政府住房保障对市场需求量、供给量与价格的影响，对私人投资的影响等。Rosen（1985）研究了住房补贴对住房选择、效率和公平的影响，认为住房补贴实质上增加了住房市场对住房服务的消费，但在此过程中经济效率有所降低。Sinai 和 Waldfogel（2005）通过对美国数据的分析，发现无论是给租房者的补贴还是给建设者的补贴，政府对低收入者的住房补贴都会对住房市场产生影响，受政府补贴的住房每增加 1 个单位可以使市场上住房供给的总量提高 1/3 ~ 1/2 个单位，在住房紧张的地区对私人投资的挤出效应较小，而在住房相对宽松的地区挤出效应较大。董昕（2008）分析了我国政策性住房供应对正常商品住房市场价格的影响，发现政策性住房供应不仅具有对房价产生下降趋势影响的传导机制，而且具有对房价产生上涨趋势影响的传导机制。

（2）对住房保障和政府责任的定位。政府住房保障与住房市场的关系还体现在对住房保障和政府责任的定位上。谭臻尧、矫帅（2006）认为住房保障的实质是政府对住房市场价格与居民支付能力之间的差距承担一定的补助和保障责任。黄小彪（2002）则认为由于住宅的社会福利性质，以及住宅产业发展能够促进国民经济发展和经济结构调整，政府对住宅市场的干预已经超出了市场失灵的领域，我国是一个转型中的发展中国家，政府还肩负着培育住宅市场的重任。曹振良等人（2003）认为中国住房制度改革应充分体现市场的主体作用，政府由住房建设参与者转变为住房市场的管理者，通过市场需求引导市场供给，满足不同阶层家庭的住房需求。

2. 住房保障的规模与范围

（1）住房保障规模与范围的影响因素。Donnison 和 Ungerson（1982）将政府在住房保障方面的责任定位分为雏生型（Embryonic）、社会型（Social）、全面责任型（Comprehensive）三种模式，雏生型政府虽然已经开始对住房采取某些干预措施，倾向于采取消极的态度来面对住房需求，低收入者往往要靠自己来寻求住房的解决方法；社会型政府主要依靠市场机制解决住房问题，将市场视为解决住房问题最有效的办法，政府对市场的干预只是为了弥补市场机制的不足；全面责任型政府以满足全体国民的住房需求为己任，对住房市场进行大规模的介入与控制，住房保障涵盖面广。Gilbert（2004）通过对智利、哥伦比亚和南非三个国家的住房保障政策的分析，认为在较穷的国家需要住房帮助的家庭很多而政府掌握的资源很少，政府提供住房补贴的规模和数量受限于政府掌握的资源。褚超孚（2005）对城镇住房保障规模的影响因素进行了分析，认为城镇住房保障规模既受住房保障需要范围的影响，又受政府供给能力的约束；具体影响因素体现在人均财政收入、人均可支配收入、恩格尔系数、人均住房消费支出、商品房市场价格、居民人均使用面积、住房自有率、城市化率、住宅用地年供应量和房地产开发投资量等，并用浙江省的数据进行了实证分析。

（2）住房保障范围的具体划分。刘洪玉等（1999）提出在收入线标准暂难科学划分的情况下，我国可以暂按居民家庭成员的职业类别排序，以确定住房供应方式：市场价商品住宅购买者群体由高收入家庭组成；经济适用房购买者群体由中低收入家庭组成，主要包括党政机关的公务员、学校、医院、科研院所的教师和科研人员，社会团体等事业单位的从业人员，国有企业、集体企业以及新转制的联营企业和股份制企业职工等所在的家庭；廉租房使用者群体由低收入家庭组成，主要由不景气企业的职工、下岗而又没有重新就业的职工、残疾人家庭和无就业人口或供养人口过多的家庭组成。赵路兴、浦湛（2003）认为住房保障范围的确定只能以家庭住房支付能力为依据，并将房价收入比作为划分我国中低收入家庭住房保障收入线的重要指标。莫雪娟（2008）提出了适度住房保障规模的确定模型，并利用广州市的数据进行了实证分析，即先通过住房消费占收入比例、按收入水平划分的居民比例等的计算，确定住房保障需求量；再通过住房保障支出占GDP比例等的计算，确定住房保障供应量；最后综合供求两方面的结果，得出适度住房保障规模的上下限。

（3）住房保障范围与农民工。吕萍、周滔（2008）采用成本—效益的方法对包含农民工在内的统一住房保障政策体系进行分析，认为长远来看将农民工纳入城市住房保障体系统一考虑的效益将大于成本，主张建立包括农民工在内的城市统一住房保障体系。刘琳、罗云毅等（2009）采用家庭可支配收入的30%作为住房可支付性判断标准，估算面向包括农民工在内全部常住人口的城镇住房保障对象范围大约占城镇常住家庭总数的5%。翁清、孙智英（2009）认为在我国现有的廉租房、经济适用房、限价房的基础上，各地市在制定保障性住房供应模式时，还应稳步地扩大保障性住房的供应规模，将大量进城务工人员、高校毕业生或是流动性较大的专业人才等"夹心层"也纳入住房保障的范围内。

3. 住房保障的方式

住房保障的方式主要包括供给方补贴和需求方补贴两大类。供给方补贴（Demand-Side Housing Subsidies）是指政府直接介入房地产供给并提供财政补贴的房地产公共投资方式，也称为"砖头补贴"、生产者补贴（Producer Housing Subsidies）；需求方补贴（Supply-Side Housing Subsidies）是指政府向房地产需求者提供财政补贴的房地产公共投资方式，也称为"人头补贴"、消费者补贴（Consumer Housing Subsidies）。①

（1）对于这两种住房保障方式的比较。Howenstine（1986）通过分析欧洲多个国家的住房补贴政策来比较生产者补贴与消费者补贴，在设定的9个标准中，消费者补贴在减轻租房负担、降低住房成本、确保公平、促进住房的自由选择、提高现有住房的使用效率5个标准上占有优势，生产者补贴在改善住房条件、住房补贴的保值、管理简单3个标准上占有优势，在政治可行性标准方面不相上下。曼苏尔等（Mansur等，2002）利用住房市场的一般均衡模型检验了政府政策对于减少无家可归者的作用，认为降低住房租金或增加低收入者的收入都有利于减少无家可归者的数量，而且需求方补贴比供给方补贴更为有效。Sinai和Waldfogel（2005）对美国政府住房补

①为忠实于作者原著，书中将交替使用供给方补贴与生产者补贴、需求方补贴与消费者补贴等名称。

贴对市场影响的研究表明，在帮助无房者方面，基于租房者的需求方补贴其效率高于基于项目建设的供给方补贴。Eriksen（2009）认为向低收入者提供同等水平的住房支持，供给方补贴（如低收入住房税收抵免计划，即Low－Income Housing Tax Credit Program）比需求方补贴（如购房券，即Housing Vouchers）所需的支出更高，并以加利福尼亚州的数据表明，受LIHTC（Low－Income Housing Tax Credit Program）资助建设的公屋单位每平方英尺的建造价格比行业平均成本高出20%。但是，得出消费者补贴比生产者补贴优越的结论则过于简单且容易产生误导，正确评价这两种方法只能结合当前住房市场的条件来看：当住房供应短缺、有清理贫民窟的需要时，生产者补贴更为有效；当住房供应问题不严重，主要问题是对于低收入者来说住房负担过于沉重时，消费者补贴更为合适；实际上，各国政府对两种类型的补贴都是一直需要的，而且大部分政府在生产者补贴上比消费者补贴投入了更多的财政资源（Howenstine，1986）。卢有杰（2004）通过对国外经验和我国住房政策的比较，认为我国的“租赁住房补贴”类似于国外的“人头补贴”，“实物配租”类似于“砖头补贴”，而“租金核减”则介于两者之间。刘颖（2004）认为实物配租与租金补贴的经济效应存在较大差异，实物配租方式不但能够在短期内明显增加最低收入家庭的住房福利，有利于快速解决贫困家庭的住房困难问题，而且有利于减少土地的非法开发行为和维护城市规划的严肃性；租金补贴方式既能节约政府成本，又能避免私人住房市场受政府的过多干预。

（2）对于这两种住房保障方式在中国的运用。学者们的观点不一，主张供给方补贴为主和主张需求方补贴的都有，还有学者更多地强调的是政策的地方差异。徐虹（2008）提出在当前我国城市化处于快速发展、房地产价格持续攀升的背景下应优先采用供给方补贴的住房保障政策，但随着我国经济过热形势的好转，住房供不应求的态势有所转变，适当考虑需求方补贴的住房保障政策可以提高补贴效率，并适应我国低收入阶层庞大的现实。刘琳、罗云毅等（2009）则认为现阶段甚至未来一段时期，我国城镇化和住房市场提供的小面积住房比例相对支付能力不足的低收入阶层的人口比例是足够的，城镇住房保障方式应以“人头补贴”为主、“砖头补贴”为辅。卢有杰（2004）认为我国各地的经济和社会发展程度相差悬殊，应根据本地财政收入的盈余短缺和可用空置房屋的多寡分布及时调整两种保障方式所占的比例。宋博通（2002）提出制定我国低收入阶层住房政策时，不应只考虑低收入阶层本身的问题，应充分考虑政策的实施对整个市场运行效率的影响：凡是低等级住房供应较为均衡，或住房二级市场开放程度高、旧公房存量较多的城市，可采取房租补贴的方式，鼓励低收入阶层在住房市场中自主求租住房；对于一些旧房较多的老城市，低收入阶层房源短缺，应首先考虑充分开放二级市场，利用市场机制解决问题；对一些低等级住房严重短缺的新兴城市，短期内可采用“补砖头”政策建造一些低等级住房，长期看应逐渐向“人头补贴”过渡，以减少住房建设停滞、区域性弃置等问题的发生。

（3）农民工的住房保障方式。梅建明、王朝才（2007）认为农民工的住房保障体系应以使农民工居有定所为目标，主要由经济适用住房及廉租住房构成：将农民工纳入到城市经济适用住房供给体系之中，或者直接建造针对农民工群体的经济适用住房；以政府为主为农民工建造廉租住房也是解决他们在城市居住问题的重要选择。袁中友（2008）提出解决农民工城镇住房的路径选择是：短期模式以廉租房为主、经济适用房为辅；长期模式以经济适用房为主、廉租房为辅。刘琳、罗云毅等（2009）主张我国城镇住房保障方式应以政府向住房需求者提供补贴来提高中低收入群体住房支付能力的“人头补贴”为主。金三林（2010）认为解决农民工住房问题应充分发挥政府的主导作用、企业的社会责任和市场的调节功能，加快建立起“以低端市场租赁房为重点，以保障性住房和商品房为补充”的农民工住房供应体系，健全“农民工经济租用房、廉租房、经济适用房、限价商品房”四位一体的住房保障体系。

五、总体评价

从研究内容上看，国内外对于包括农民工在内的乡城移民的住房问题研究主要集中在住房状况（含区位和方式等）、住房选择的影响因素和住房保障三大方面，也有部分研究将农民工住房问题与其他社会经济问题的研究结合起来，如经济增长、土地制度等。从研究方法上看，定量分析以个别城市层面的农民工住房情况调研结果为主，全国层面的定量分析较少；定性分析以大多采用从现状分析——成因分析——对策建议的分析模式。从结论建议上看，学者们较为一致的观点是将农民工纳入城镇住房保障体系，但在具体的农民工住房保障方式等方面却存在着较大的分歧。

总体来说，农民工住房问题的相关研究已经取得了较为丰富的研究成果，但也存在一些不足。目前，对中国农民工住房问题的研究还缺乏历史发展脉络的分析和全国宏观层面的把握；研究结论基本局限于城市的视角，仅从拓展城镇住房保障范围的角度解决农民工住房问题，缺乏从统筹城乡的视角对农民工住房问题的深入探讨。本书的研究将尝试弥补已有研究的不足，将系统梳理农民工住房问题的发展历史，利用全国大样本数据分析农民工的住房问题，并在研究中注重对城乡统筹因素的分析。

第三节 研究内容与研究方案

一、相关概念界定

1. 农民工

如前所述，目前学术界对农民工概念的界定可以分为两类。一类认为，农民工概念界定的关键点在于户籍身份和所从事工作的产业类别；另一类认为，此外还应加入在劳动关系中所处的地位、收入来源、收入水平等判定标准。笔者认为，由于在劳动关系中所处的地位和收入来源等相对变化较大，不宜成为农民工概念界定中的判断标准。例如，在市场卖日杂百货的摊贩是自己投资经营的个体工商户，很可能由于收入欠佳转而被雇佣成为某企业的职工；被解雇的企业职工或者根本没机会、没条件成为企业职工的劳动者，也可能自谋生路成为个体户。因此，将农民工概念界定的关键点仅锁定在户籍身份和所从事工作的产业类别是更为妥当的。同时，考虑到工农的兼业问题，即部分农民工大部分时间不再从事农业生产，但在农忙的时候会回农村从事短时间的农业生产工作。因此，对农民工更为准确的概念界定应为具有农村户籍身份，而完全或主要从事非农业生产工作的劳动者。本书将以此为农民工的概念界定，展开相关研究。

2. 农民工住房问题

农民工住房消费的一大特点就是流入城市与流出农村的双重住房消费。住房问题实质上是住房支付能力不足的问题，农民工的住房支付能力不足，主要体现在其流入城市的收入不能满足社会普通标准的基本居住需要，而不是在流出农村的住房支付能力不足。因此，本书的农民工住房问题是指农民工在流入城市的住房问题，农民工在流出农村的住房情况作为影响因素和对比内容进行分析。

3. 住房保障

住房是一种生活必需品，保障居民的基本居住需要得到满足是政府的职责所在。住房保障，即政府住房保障，是与市场机制相对应的一种住房配置方式。当一个国家或地区的中低收入群体无法单纯通过市场解决住房问题时，就需要政府对市场进行干预，提供住房保障。实质上，住房保障是以政府为责任主体、以社会公平为目标的一种收入再分配，是政府向中低收入群体提供的程度不一的财政补贴，既包括供给方补贴，也包括需求方补贴。需要说明的是，住房保障与保障性住房不是同一概念，保障性住房作为供给方补贴，是住房保障的一种。

4. 农民工住房保障政策

住房政策大致可以分为住房产业政策、住房市场规范与监管政策、住房保障政策等几大类。住房产业政策，主要是引导住房产业发展方向、协调住房产业与其他产业关系等方面的政策。住房市场规范与监管政策，主要包括规范住房市场行为、维护住房市场秩序等方面的政策。住房保障政策，则是为了解决中低收入群体住房困难问题的政策，是一个国家或地区政府向无法单纯通过市场解决住房问题的中低收入群体提供住房保障的有关措施规定，是住房政策的重要组成部分。住房保障制度则是一系列住房保障政策的总称。农民工住房保障政策是涉及农民工住房保障的相关政策的总称，是农民工住房政策的重要组成部分。

二、研究目标与研究内容

本书的研究目标，即拟解决的关键问题，可以归纳为以下四个先后相连的问题：①中国农民工住房存在什么样的问题？②农民工住房问题的实质是什么？③已有的政策能否解决农民工的住房问题？④解决农民工的住房问题需要什么样的农民工住房政策？

本书内容共分为九章，围绕着以上四个问题展开研究。其中，第一章是本书的绪论；第二章（农民工住房问题的历史背景）和第三章（农民工住房问题的变迁与现状）重点分析了第一个问题，即中国农民工住房问题之所在；第四章（农民工的住房支付能力）重点分析了第二个问题，即农民工住房问题的实质；第六章（农民工的住房政策及评价）和第七章（农民工与中国城镇住房保障体系）重点回答了第三个问题，即已有的政策能否解决农民工的住房问题；第五章（农民工住房消费的影响因素分析）和第八章（住房政策的国际经验借鉴）重点分析了第四个问题，即需要什么样的农民工住房政策；第九章（结论与建议）则总括性地回答了上述四个问题。拟解决的关键问题与主要研究内容的对应关系如图 1－1 所示。

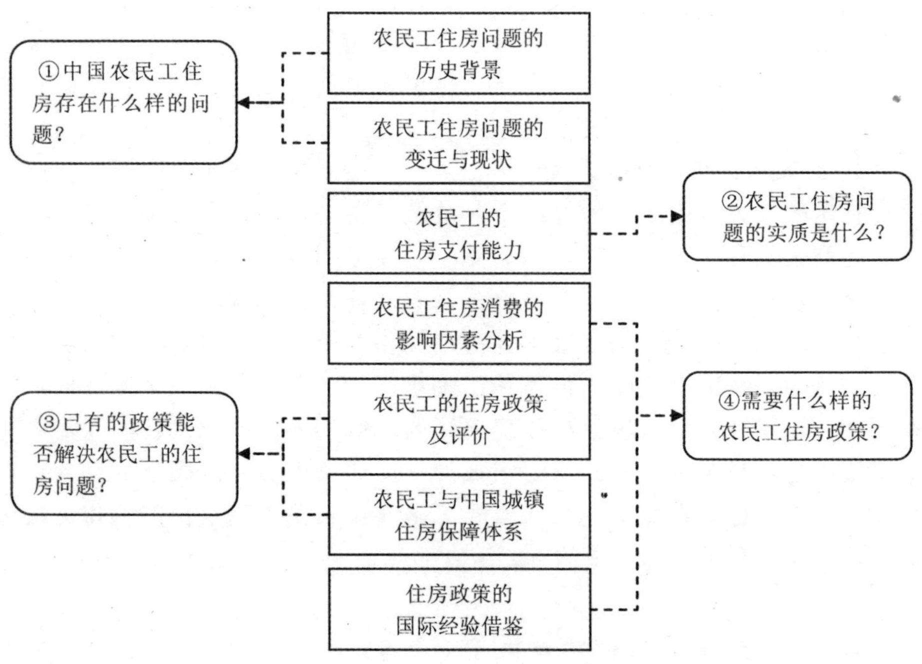

图 1－1　拟解决的关键问题与主要研究内容的对应关系

本书的具体结构如下：

第一章，绪论。在阐述本书的选题背景与意义之后，对国内外相关文献进行综述，界定相关概念，进而提出本书的研究目标、研究内容、研究方法，以及创新之处和研究展望。

第二章，农民工住房问题的历史背景。首先，从城市化进程、劳动力转移的视角界定农民工住房问题所处的历史阶段。其次，分别从农民工群体的发展历程和中国城镇住房市场的发展历程分析了农民工住房问题产生及发展的社会背景。最后，分析了中国现阶段的住房保障状况，为农民工住房政策的探讨提供了现实背景。

第三章，农民工住房问题的变迁与现状。通过对历史资料的系统梳理，发现农民工住房问题的发展阶段与中国城镇住房市场的发展阶段更为一致。由此，根据中国城镇住房市场的发展阶段，总结了农民工住房问题发展的阶段性特征，并根据大样本的调研数据对农民工住房和住房消费的现状特征进行了分析和总结。

第四章，农民工的住房支付能力。农民工住房问题的实质是住房支付能力不足，是否具有住房支付能力是划分市场配置与住房保障的分界线，而住房保障则是提高住房支付能力的政策手段。本章以对中国城镇住房市场整体住房支付能力的分析为基础，综合运用多个住房支付能力的衡量指标，对农民工的住房支付能力进行判断。

第五章，农民工住房消费的影响因素分析。住房消费是住房支付能力和住房支付意愿的综合体现。在论述农民工住房消费影响因素及作用机理的基础上，模型构建、选择变量对农民工住房消费的影响因素进行回归分析，其目标在于发现农民工住房政策的着力点。

第六章，农民工的住房政策及评价。在分析农民工住房政策演变过程的基础上，重点分析了典型城市的农民工住房政策与实践，进而从政策目标的合理性、与法律及其他政策的配合性、政策的适度性、可执行性以及实际效果等几方面对我国已有的农民工住房政策加以评价。

第七章，农民工与中国城镇住房保障体系。本章分别从住房保障的范围与对象、方式与标准、责任主体与资金来源等方面，分析了中国城镇住房保障体系的现状以及农民工与城镇住房保障体系之间的关系，并分析了住房保障对住房市场的影响。

第八章，住房政策的国际经验借鉴。本章分别从住房政策与住房保障范围、住房保障的方式、住房保障的资金来源等方面，对英国、德国、美国、日本、新加坡等国的住房政策进行分析，并对其相似之处与不同之处加以总结，以便为解决中国的相应问题提供国际经验的借鉴。

第九章，结论与建议。根据前文各章的论述，总括性回答本书拟解决的四个关键性问题，对农民工住房问题及政策进行总体判断，提出关于农民工住房政策的建议，既包括长期政策目标，也包括短期政策措施。

三、研究方法和技术路线

科学的研究方法是保证研究目标得以顺利实现的必要前提，本书采用的研究方法可以用“三个结合”来加以总结和概括。

首先是实证分析与规范分析相结合。简而言之，实证分析法回答的是“世界是什么样”的问题，规范分析法回答的是“世界应该是什么样”的问题；也就是说，区分规范分析和实证分析的标准是是否包含是非判断在其中。本书的研究过程中大量采用了实证分析与规范分析相结合的分析方法。

其次是理论分析与实践检验相结合。本书的理论分析主要体现在第一章对国内外研究进展整理中，以及各章相关问题的分析中。例如，第二章农民工住房问题的历史背景中对城市化进程、劳动力转移的分析，第四章农民工的住房支付能力中对住房支付能力与住房保障之间关系的分析，等等。实践检验则主要体现在第四、五、六、七章中对中国农民工住房支付能力、农民工住房消费影响因素、农民工的住房政策及评价、农民工与中国城镇住房保障体系的分析中。

最后是定性分析与定量分析相结合。本书在第六章对已有政策的评价中采用的是定性分析为主、定量分析为辅的研究方法；在第三、四、五章对于我国农民工住房问题的现状特征、农民工住房支付能力、农民工住房消费影响因素的分析中采用的则是定量分析为主，定性分析为辅的研究方法。

总而言之，以上“三个结合”并不能截然分开，这些研究方法在本书中的运用可以说是一种反复交替的思维过程，都是研究目标实现之不可或缺的必要工具。

具体而言，针对不同的研究内容所采用的研究方法有所不同，详见本书研究的技术路线图（图1－2）。

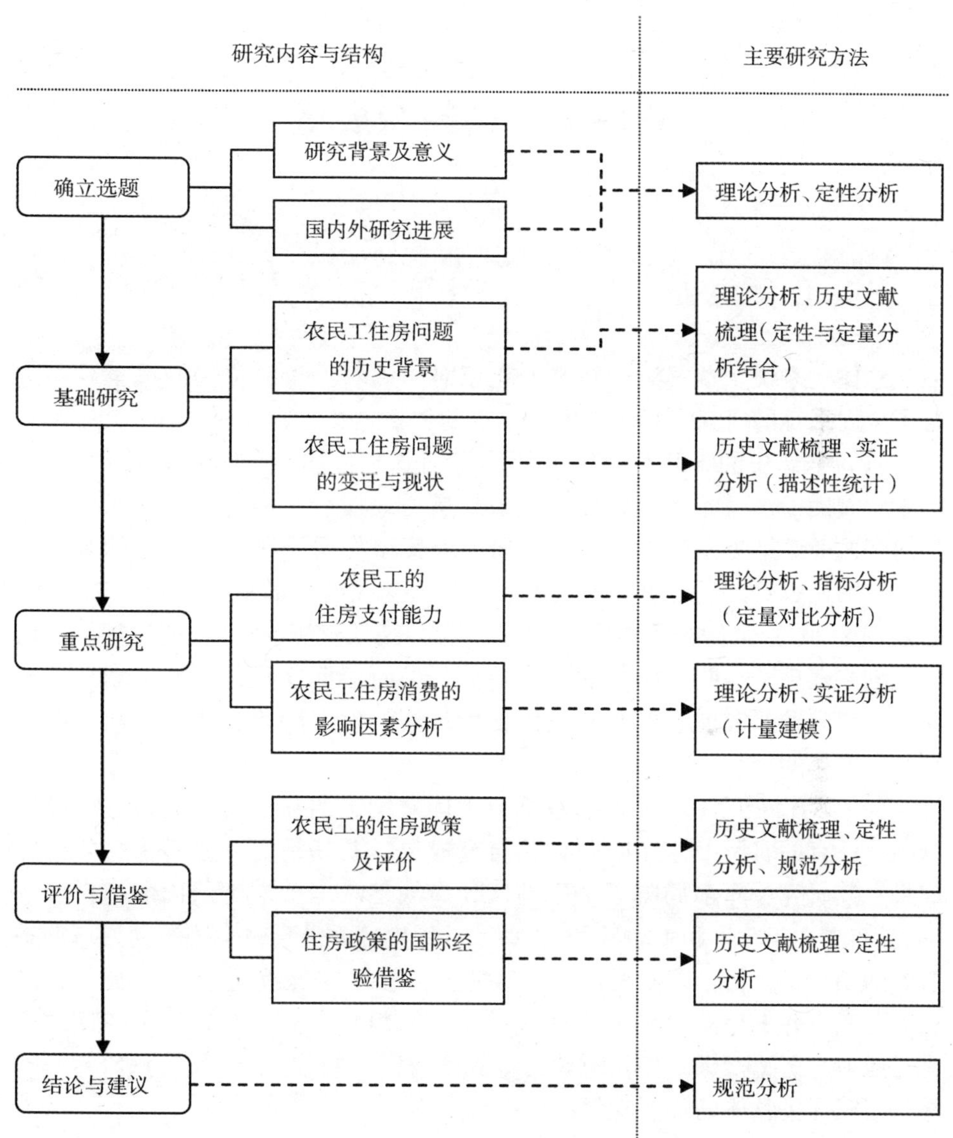

图 1－2 本书研究的技术路线图

第四节　创新与展望

一、创新之处

总体上来说，本书的创新之处在于对中国农民工的住房问题及政策进行了全面系统的研究。具体来说，本书的创新之处主要体现在以下几方面。

（1）从历史的维度对农民工的住房问题和住房政策进行阶段性总结。对中国农民工住房问题的研究一直缺乏历史发展脉络的分析，而对农民工住房问题及政策的发展历程研究是研究农民工住房问题不可或缺的基础背景。本书通过对大量历史文献数据的挖掘、相关政策的梳理以及逻辑推演，回顾了近30多年来中国农民工住房问题的发展历程及政策变迁过程。在历史文献中发现了一些规律性的共同特征，进而根据这些共同特征划分了农民工住房问题的发展阶段和农民工住房政策的发展阶段。这是在前人的研究中所未见的。

（2）利用全国106个城市数据对中国农民工的住房支付能力进行综合判断。已有的农民工住房问题相关研究成果，尤其是实证分析为主的研究成果，其研究层面多局限于个别地区，尚缺乏对全国宏观层面的把握。本书利用2010年5月和12月国家人口和计划生育委员会对全国流动人口动态监测的结果来分析全国农民工的住房情况，总样本量超过20万。此外，以往的研究中并未见对农民工住房支付能力的判断，本书率先利用各种住房支付能力的衡量指标，相互印证，对我国农民工的住房支付能力进行判断，并与城镇居民整体的住房支付能力进行对比分析。

（3）以城乡统筹的视角分析农民工在流入城市的住房问题，为农民工住房政策的制定提供依据。已有的农民工住房保障政策研究，结论基本局限于城市的视角，仅从拓展城镇住房保障范围的角度解决农民工住房问题。本书将农民工住房问题的研究视角拓宽至城乡统筹的视角，将农民工在农村老家的住房情况、收入情况等都纳入到分析范围内。以实证数据为基础，建立回归模型，分析农村老家住房情况、老家收入情况等对农民工在流入城市住房支付能力和支付意愿的影响，从而为农民工住房政策的制定提供依据。

二、展望与设想

本书研究的数据基础是2010年5月和12月国家人口和计划生育委员会对全国流动人口动态监测的结果。虽然具有规模大、样本量多、覆盖面广的优势，能较为全面地反映我国农民工的住房情况及其影响因素；但也相应地存在问题既定、深度不够，对住房情况及影响因素的针对性有限等问题。希望能有机会在进一步的研究中加以补充和完善。

本书的一些研究结论和建议有待于继续深化。例如，农民工住房保障政策如何与城乡统筹的土地制度与住房制度改革衔接，就需要对土地制度和住房制度更为专门和深入的研究。又如，住宅合作社、公私合营等解决中低收入家庭住房困难的途径在本书中也未展开探讨。在此，也希望能够有机会继续深化相关的研究工作。

第二章　农民工住房问题的历史背景

第一节　城市化水平与“刘易斯拐点”

一、快速城市化阶段：城市住房问题集中出现

城市化（Urbanization）又称城镇化，是一个国家或地区内的人口从农村向城市（城镇）转移，农业人口转变为非农业人口，农村地区逐步转变为城市地区，生活方式也随之转变的过程。不同国家和地区的历史经验表明，城市化进程存在着一定的规律性。1979 年，美国城市地理学家诺瑟姆（Ray M. Northam）将各国城市化发展过程所经历的轨迹概括为一条稍被拉平的“S”形曲线，但没有给出这条曲线的数学模型。焦秀琦（1987）对诺瑟姆提出的城市化发展“S”形曲线理论进行了数学模型推导，并利用全世界和部分国家 1800～1982 年约 180 多年来城市化发展水平的历史数据进行时间序列回归分析，建议划分城市化发展阶段的划分标准是：城市化水平在 30% 以下为初期阶段；30%～70% 为中期阶段；70% 以上为后期阶段。测度城市化水平的常用指标是城市人口或非农业人口占总人口的比重。城市化发展的“S”形曲线如图 2－1 所示。

城市化发展的不同阶段，在发展速度、产业结构、空间形态等方面都存在着差异。①城市化初期：城市化的发展速度较为缓慢；农村经济依然占主导地位，第一产业的就业比重高于第二、三产业；城市规模较小、数

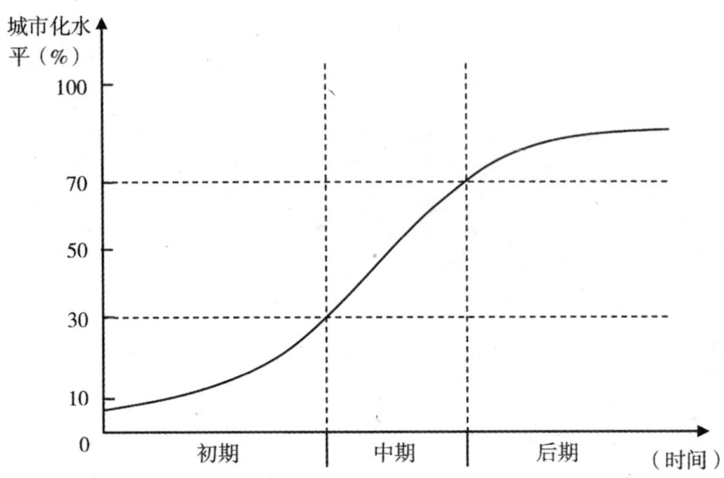

图 2－1　城市化发展的“S”形曲线

量较少，功能较为单一，空间形态上呈零星的“点”状结构。②城市化中期：城市化的发展速度明显加快；农村经济已退居次席，城市经济全民崛起，第一产业的就业比重持续下降，第二、三产业的就业比重相继上升；城市数量急剧增加，大城市和特大城市的发展尤为迅速，在其带动下发达地区的城市从松散的“点”发展成紧凑的“面”或“带”状结构，而欠发达地区的城市则发育迟缓。③城市化后期：可转移的农村剩余劳动力已基本被城市吸收，城市化发展速度回落，进入平稳阶段；城市产业结构发生革命性变化，第三产业大规模发展，其就业比重上升至首位；城市间的交流日益频繁，增强了城市的辐射力，地区间的空间不平衡大大缓解，城镇的空间形态从分离的“面”或“带”状发展为“网”状结构。

我国城镇人口占总人口的比重在 1996 年达到 30.48%，首次超过 30%。2000 年中国城镇人口的统计口径调整以后，经常居住在某一城镇达半年以上的农民工被算作是城镇人口，由此城镇化率大幅提高。2011 年，中国城镇化率达到 51.27%，城镇人口首次超过农村人口。[①] 2012 年，全国城镇人

①城镇化率取值为《中国统计年鉴 2011》中城镇人口数占总人口数的比重。

口为71182万人，占总人口比重为52.6%。[①] 按照城市化发展的“S”形曲线规律，我国正处于城市化的中期，即快速城市化阶段。在此阶段，人口流动的推力和拉力增加，大量人口在短时间内从农村流向城市，城镇的住房问题也集中出现。可见，农民工住房问题的出现与我国城市化进程所处的阶段密切相连。

二、“刘易斯拐点”：劳动力工资水平提高的转折点

二元结构是中国经济发展的重要特征。中国的农民工就是根植于城乡二元社会经济体制之上，户籍在农村而完全或主要从事非农业生产工作的劳动者。农民工既是我国工业化、城市化巨大的推动力量，也是城乡体制改革和冲破二元结构巨大的推动力量（韩长赋，2007）。近年来，从“民工潮”到“民工荒”的社会现象也引发了学者们对于中国“刘易斯拐点”是否到来的广泛讨论。

“刘易斯拐点”，又称“刘易斯转折点”，是劳动力从过剩向短缺的转折点，也是工业部门可以获得无限供给劳动力的终结点。在“刘易斯拐点”到来之前，由于农业劳动的边际产量为零，劳动力转移的机会成本也为零，农业劳动力投入的减少并不会引起农业产出的下降，非农部门的工资水平也没有实质性的提高（蔡昉，2009）。但是，当劳动力需求增长速度超过劳动力供给，从而经济发展超越了以不变工资为特征的劳动力无限供给阶段时，就意味着“刘易斯拐点”的到来。中国以农民工为代表的普通劳动者短缺进而工资明显提高，大约发生在2004年（蔡昉，2010）。

笔者较为认同中国“刘易斯拐点”已经到来的观点。在“刘易斯拐点”到来之后，劳动力工资水平的提高，农民工获得市民待遇，让包括农民工在内的全体城市居民享有平等的公共服务和社会福利势在必行。这也为解决农民工的住房问题提供了良好的时代背景。

---

①国家统计局：《中华人民共和国2012年国民经济和社会发展统计公报》，2013年2月22日，http://www.stats.gov.cn/tjgb/ndtjgb/qgndtjgb/t20130221_402874525.htm，2013年3月19日。

第二节　农民工群体的发展历程与趋势展望

中国农民工的产生与发展，是伴随着中国宏观经济制度的变迁和微观经济发展的需求而进行的；中国农民工的发展历程也随着一些标志性政策或事件的发生而呈现出阶段性的特征。中国农民工作为一个社会群体出现在1978年改革开放以后，发展至今已有30多年的时间。其间经历的关键结点主要有三个：其一是1992年邓小平的南方谈话；其二是1997年的东南亚金融危机；其三是2004年“民工荒”现象在全国出现。以这些标志性的政策或事件为关键结点，可以将农民工的发展历程划分为四个阶段，在这四个阶段中与农民工相关的政策也不断出台，与农民工发展的经济背景共同影响着农民工这一群体的发展。

一、初步发展阶段（1978～1991年）

1978年改革开放以前，我国施行的户籍管理制度严格限制农村人口向城市流动。虽然新中国成立初期我国尚未建立城乡分割的户籍管理制度，1954年的第一部《中华人民共和国宪法》还明确规定“公民有居住和迁徙的自由”，但是1957年中共中央、国务院联合发出《关于制止农村人口盲目外流的指示》，向城市流动的农民被称为“盲流”即来源于此。1958年颁布实施的《中华人民共和国户口登记条例》规定：“公民由农村迁往城市，必须持有城市劳动部门的录用证明，学校的录取证明，或者城市户口登记机关的准予迁入的证明”，标志着限制农民进城的户籍管理制度开始以立法的形式确定下来，中国户籍制度限制人口迁移、分割城乡的功能正式形成。随后又出台了一系列严格控制人口迁移的政策。直至1978年，我国户籍管理的主要特点就是严格限制农村人口向城市迁移，更通过精简职工、知识青年上山下乡、干部下放等措施压缩城市人口，出现了所谓的逆城市化运动。

1978年改革开放后，一方面是经济发展带动城镇对于劳动力的需求快速增加，另一方面是土地家庭承包经营制的实行解放了农村的富余劳动力。

在拉力和推力的双重作用下，农民工作为新兴的社会群体在中国的劳动力市场上出现，并得到了初步发展。在中国农民工的初步发展阶段，出现了两种发展模式：一是“离土不离乡，进厂不进城”，即不离开家乡但从农业生产领域转向工业等非农领域；二是“离土又离乡，进厂又进城”，即离开家乡去从事工业等非农领域的工作。“离土不离乡”的农民工发展模式与乡镇企业的蓬勃发展密不可分，1978～1991 年我国乡镇企业共吸纳劳动力 6782 万人，年均吸纳劳动力 522 万人。[①]“离土又离乡”的农民工发展模式则离不开广东等沿海地区经济增长的需求拉动，改革开放后深圳、珠海、汕头、厦门等经济特区相继设立，劳动密集型生产加工企业的发展、城市基础设施的建设、房地产的开发等都提供了大量的就业岗位，吸纳了数量众多的从农村转移出来的富余劳动力。1989 年，农村外出务工劳动力由改革开放初期不到 200 万人迅速增加到 3000 万人，由于大量跨区域就业的农民工春节返乡造成“春运”紧张，形成了蔚为壮观的“民工潮”。[②] 随后的 1989～1991 年，由于政策的调整转向控制农民工外出，加之乡镇企业的发展受到“治理整顿”的影响增速放缓，农民工发展速度减慢并出现了小部分回流。

在这一阶段，对农民工流动管理的政策则体现出“先控—后放—再收”的变化。1981 年，国务院发出《关于严格控制农村劳动力就业务工和农业人口转为非农业人口的通知》，强调要严格控制从农村招工，认真清理企事业单位使用的农村劳动力。1984 年，国务院发出《关于农民进入集镇落户问题的通知》，要求各级人民政府积极支持有经营能力和有技术专长的农民进入集镇经营工商业，标志着实行了 20 多年严格限制农村人口向城市流动的户籍管理制度开始松动。农村劳动力大量向城市转移导致“民工潮”的出现，给铁路运输和城市基础设施带来了压力，政策再次缩紧。1989 年国务院办公厅发出了《关于严格控制民工外出的紧急通知》，要求各级人民政府采取有效措施，严格控制当地民工外出。1991 年国务院办公厅《关于劝阻民工盲目去广东的通知》要求各地人民政府要从严或暂停办理民工外出务工的手续。

①根据《中国统计年鉴 2011》的相关数据计算而得。

②韩长赋：《中国农民工的发展与终结》，中国人民大学出版社 2007 年版，第 13－14 页。

二、快速发展阶段（1992～1996年）

1992年初邓小平南方谈话后，我国的经济发展进入了一个新的时期，经济体制由计划经济向市场经济转变的进程加快，促使农村劳动力向非农领域转移的速度加快，农民工群体也随之快速发展壮大。由于缺乏农民工的统计数据，为了对比农民工的发展速度，选取乡镇企业就业人数作为农民工数量变化的代表性指标：1991年底至1996年底，我国乡镇企业的就业人数增加了3899万人，年均增加就业人数780万人，显著高于上一阶段（1978年底到1991年底）的年均增加就业人数522万人；尤其是1992年、1993年农民工数量经历了爆发性的增长，乡镇企业的就业人数就从1991年底的9609万人，增加到1993年底的1.23亿人，年均增长14%，即年均增加就业人数1368万人。①

这一阶段对农民工流动管理的政策也有所变化，由严格控制民工外出转向放宽农民进城务工。1992年8月，公安部发出《关于实行当地有效城镇居民户口制度的通知》，开始实行“当地有效城镇居民户口”制度（由于“当地有效城镇居民户口”的户口簿印签为蓝色，故也称“蓝印户口”），对在城镇有稳定住所和职业，并要求在城镇定居的农村人口，允许他们以蓝印户口的形式在城镇入户，统计为“非农业人口”，享受与城镇常住户口同等的待遇。1992年10月开始，广东、浙江、山东、山西、河南等10多个省先后以省政府名义下发了实行“当地有效城镇居民户口”的通知。一些大中城市也进行了户籍改革的尝试，如1992年浙江温州推行“绿卡制”、1993年上海颁布“蓝印户口”政策、1995年深圳施行“蓝印户口制”，以此吸引更多的人才和资金。1993年11月，中共中央《关于建立社会主义市场经济体制若干问题的决定》提出，鼓励和引导农村剩余劳动力逐步向非农产业转移和地区间有序流动。1994年11月，劳动部《关于农村劳动力跨省流动就业的暂行规定》首次规范了就业证卡管理制度。可见，我国农民非农化的就业政策开始从控制盲目流动向宏观调控下的有序流动转变。

①数据来源于《中国统计年鉴2011》及相关计算。

三、缓慢发展阶段（1997～2003年）

1997年东南亚金融危机爆发，我国经济发展速度放慢，很多乡镇企业破产；加之20世纪90年代中后期大量国有企业职工下岗，城市就业矛盾加剧，两种力量叠加，致使农民工出现明显回流，进入了缓慢发展阶段。在2000年前后，我国的经济发展逐渐企稳，农村劳动力转移的速度也随之有所提升。但总体来说，这一阶段农民工的发展速度与1997年以前相比显著下降，处于较为缓慢发展的态势之中。由于缺乏农民工的统计数据，在此以全国乡镇企业就业人数、城镇就业人数、全部就业人数的变化来分析农民工数量变化的情况。1997年、1998年我国乡镇企业就业人数减少了971万人，比1996年底减少了7.2%，年均减少486万人；虽然1999年我国乡镇企业就业人数由降转升，但截至2003年年底，4年间共增加了869万人，年均增加仅217万人；1996年年底至2003年年底，我国乡镇企业的就业人数仅仅增加了65万人，年均增加9万人。与此同时，1997～2000年我国的城镇就业增长率从4.31%逐年下降到3.30%，2001年开始我国的城镇就业增长率虽然转升，但包括城镇和乡村在内的全部就业人口增长速度却仍在下降，即从2001年的0.99%下降为0.62%。①

这一阶段对农民工流动管理的政策随着经济发展的变化，在2000年前后发生了较大的转变，可以先后分为两个时期，先是鼓励返乡而限制进城的时期，后是鼓励返乡也鼓励进入小城镇的时期。①鼓励返乡而限制进城的时期（1997～2000年）。1997年11月，国务院办公厅转发劳动部等部门《关于进一步做好组织民工有序流动工作意见的通知》，要求地方政府要引导和组织民工按需流动，继续发挥乡镇企业吸纳农村剩余劳动力的主渠道作用，鼓励和吸引外出民工回乡创业，带动农村剩余劳动力就地就近转移。1998年以后，由于城市下岗职工的大量增加，实施再就业工程已成为各级政府的重要任务。1998年6月，中共中央、国务院《关于切实做好国有企业下岗职工基本生活保障和实施再就业工作的通知》要求，鼓励和引导农村剩余劳动力就地就近转移，合理控制进城务工规模。在这种背景下，部分省市出台了各种限制农村劳动力进城及外来劳动力务工的规定和政策。

①数据来源于《中国统计年鉴2011》及相关计算。

②鼓励返乡也鼓励进入小城镇的时期（2000～2003年）。2000年后，随着经济发展的企稳，农民工政策也出现了一些积极的变化。2000年6月，中共中央、国务院下发了《关于促进小城镇健康发展的若干意见》，“为鼓励农民进入小城镇，从2000年起，凡在县级市市区、县人民政府驻地镇及县以下小城镇有合法固定住所、稳定职业或生活来源的农民，均可根据本人意愿转为城镇户口，并在子女入学、参军、就业等方面享受与城镇居民同等待遇，不得实行歧视性政策”。2000年7月，劳动和社会保障部《关于进一步开展农村劳动力开发就业试点工作的通知》中，提出要建立外出务工和返乡创业双向流动机制，在试点地区范围内取消对农村劳动者流动就业的限制；在外出务工农村劳动力多的劳动力输出地区，采取多种措施，鼓励和扶持外出务工人员返乡创业。2001年，3月15日全国人大批准的《中华人民共和国国民经济和社会发展第十个五年计划纲要》中提出，要打破城乡分割体制，改革城镇户籍制度，取消对农村劳动力进入城镇就业的不合理限制，引导农村富余劳动力在城乡、地区间的有序流动，逐步建立市场经济体制下的新型城乡关系；随后的3月19日，国务院批转了公安部《关于推进小城镇户籍管理制度改革的意见》，对办理小城镇常住户口的人员，不再实行计划指标管理。

四、公平发展阶段（2004年至今）

2004年初，广东、福建、浙江等东南沿海经济发达地区的企业同时出现了招工难的现象，也就是媒体所谓的“民工荒”；进入2004年下半年，这种情况在全国范围内蔓延，各地出现了不同程度的“民工荒”，在一些惯常是农民工输出地的内陆省份，如江西、湖南等地，也都出现了企业招工难的现象。以蔡昉（2010）为代表的学者认为2004年就是劳动力需求增长速度超过供给增长速度的“刘易斯转折点”，因为从2004年开始出现了全国性的劳动力短缺，而且2004年以后的工资水平提高速度明显加快。2004年，国家统计局在全国31个省（区、市）对6.8万个农村住户和7100多个行政村抽样调查，推算出当年外出就业农民工约为1.18亿人，占农村劳动力的23.8%；如果加上在本地乡镇企业就业的农村劳动力，农民工总数大约为2亿人。[①] 国家统计局于2008年底建立了农民工统计监测调查制度，2010年3月发布的《农民工监测调查报告》显示，2009年度全国农民工总量为22978万人，其中外出农民工14533万人，与2008年度相比，农民工总量增加436万人，增长1.9%。[②] 从2010年开始，国家统计局的《国民经济和社会发展统计公报》中开始公布农民工总量数据（详见表2-1）。到2012年末，全国农民工总量为26261万人，比上年增长3.9%。其中，外出农民工16336万人，增长3.0%；本地农民工9925万人，增长5.4%。[③] 由上述数据估算，2004~2012年，我国农民工总量增加了6000多万人，8年间年均增加约近800万人。尽管每年农村新增劳动力主要会加入到农民工的行列中，但农民工年龄结构的变化，也说明农民工的"无限供给"状况在改变。国家统计局《2011年我国农民工调查监测报告》显示，2008~2011年，40岁以上农民工所占比重逐年上升，由2008年的30.0%上升到2011年的38.3%，3年中农民工平均年龄也由34岁上升到36岁。

表2-1 中国农民工数量（2009~2012）

单位：万人、%

	2009年		2010年		2011年		2012年	
	数量	比上年增长	数量	比上年增长	数量	比上年增长	数量	比上年增长
农民工总量	22978	1.9	24223	5.4	25278	4.4	26261	3.9
外出农民工	14533	3.5	15335	5.5	15863	3.4	16336	3.0
本地农民工	8445	-0.7	8888	5.2	9415	5.9	9925	5.4

资料来源：国家统计局发布的《2009年农民工监测调查报告》，2010年、2011年、2012年的《国民经济和社会发展统计公报》。

这一阶段的农民工政策明显体现出谋求城乡公平发展的目标。2004年，

①国务院研究室课题组：《中国农民工调研报告》，中国言实出版社2006年版。

②国家统计局农村司：《2009年农民工监测调查报告》，2010年3月19日，http://www.stats.gov.cn/tjfx/fxbg/t20100319_402628281.htm，2012年4月22日。

③国家统计局：《中华人民共和国2012年国民经济和社会发展统计公报》，2013年2月22日，http://www.stats.gov.cn/tjgb/ndtjgb/qgndtjgb/t20130221_402874525.htm，2013年3月19日。外出农民工是指调查年度内在本乡镇地域以外从业6个月及以上的农村劳动力；本地农民工是指调查年度内在本乡镇内从事非农活动（包括本地非农务工和非农自营活动）6个月及以上的农村劳动力。下文外出农民工、本地农民工的概念与此相同。

中共中央、国务院发布的《关于促进农民增加收入若干政策的意见》（即当年的中央1号文件）中明确提出“进城就业的农民工已经成为产业工人的重要组成部分，为城市创造了财富、提供了税收”，对农民工的地位与作用加以肯定，要求各地区和有关部门要采取更得力的措施及时兑现进城就业农民工资、改善劳动条件、解决子女入学等问题，同时在此前小城镇户籍制度改革的基础上，又提出要“推进大中城市户籍制度改革，放宽农民进城就业和定居的条件”。2004年5月至6月，劳动和社会保障部、公安部、国家工商行政管理总局、全国总工会四部委组织开展了主题为“认真贯彻《劳动法》、切实维护农民工合法权益”的专项检查活动。2006年3月，国务院《关于解决农民工问题的若干意见》中，再次重申了农民工作为产业工人重要组成部分的地位与作用，提出做好农民工工作的基本原则之一就是“公平对待，一视同仁。尊重和维护农民工的合法权益，消除对农民进城务工的歧视性规定和体制性障碍，使他们和城市职工享有同等的权利和义务”，要“着力完善政策和管理，推进体制改革和制度创新，逐步建立城乡统一的劳动力市场和公平竞争的就业制度”。

五、农民工的发展趋势展望

1. 农民工作为特殊的社会群体将在较长的历史时期内存在

截至2012年年末，我国的城镇化率为52.6%，[①] 这一数据中对城镇人口的统计包含了经常居住在某一城镇达半年以上的农民工在内。从国际经验来看，当一个国家或地区的城市化率超过70%以后，该国家或地区便进入了城市化的稳定阶段或者说是成熟阶段，按照我国城镇化率每年提高1%的速度计算，我国还需要近20年的时间才能达到城市化的稳定阶段，在此期间农村劳动力向城镇转移的规模还将进一步扩大。农民工作为农村劳动力向城镇转移过程中的重要组成部分和过渡性的中间群体，还将在较长的历史时期内存在，而且农民工的总体规模也将进一步扩大。

但是，在农民工群体规模扩大的同时，农民工数量增加的速度会出现下降的趋势。“九五”期间（1996~2000年），我国农村劳动力年均增加

---

①国家统计局：《中华人民共和国2012年国民经济和社会发展统计公报》，2013年2月22日，http://www.stats.gov.cn/tjgb/ndtjgb/qgndtjgb/t20130221_402874525.htm，2013年3月19日。

584 万人，年均增长 1.3%；“十五”期间（2001～2005 年），我国农村劳动力年均增加 433 万人，年均增长 0.9%；与“九五”相比，“十五”年均新增农村劳动力数量减少了 150 万人左右，年均增速下降了 0.4 个百分点。[①]农村新增劳动力的减少也预示着农民工增长速度的减缓。国务院发展研究中心通过全国可计算一般均衡模型（DRCCGE）推算，2006～2030 年我国的城镇化水平将每年提高 0.55～0.85 个百分点，到 2030 年非农就业率达到 73%左右、城镇化率达到 61%，2010～2020 年每年新增农村劳动力转移人数为 550 万～650 万人，而 2020～2030 年每年新增农村劳动力转移人数为 400 万～550 万人。[②]

2. 农民工的内部差异增大并将逐渐分化为不同的社会群体

随着农民工群体发展时间的增加，农民工的内部差异也不断增大。农民工的内部差异主要体现在两大方面，一是收入上的差异，二是年龄上的差异。

收入上的差异增大使农民工这一群体内部原有的低收入这一同质性被打破，从而逐渐演化为不同的社会群体。从雇佣关系上看，原来的农民工群体现在已经演化成三大阶层，一是雇佣他人劳动的老板，二是自我雇佣的个体户，三是被雇佣的打工仔。其中，老板收入水平一般较高，有的已经在包含城镇户籍人口的全社会范围内成为中高收入阶层；打工仔的收入水平则普遍较低，相当一部分难以承受城市过高的生活成本。

年龄上的差异增大使农民工这一群体内部产生了明显的代际差异，新、老两代农民工在成长背景、价值取向、留城意愿等方面都存在着较大的差异。关于新、老两代农民工的界定，目前学界较为一致的观点是将出生在 20 世纪 80 年代以后的农民工定义为“新生代农民工”或“第二代农民工”，而将此前出生的农民工定义为“老一代农民工”或“第一代农民工”。国家人口和计划生育委员会 2010 年上半年对流动人口动态监测调查数据表明，在 10.26 万人的农民工样本中，16～30 岁的新生代农民工占 47.0%。[③]可见，新生代农民工已经成为农民工群体中的重要组成部分，而且随着时间的推移，其所占比重还将进一步增加。

---

①韩长赋：《中国农民工发展趋势与展望》，《经济研究》2006 年第 12 期。

②中国农民工战略问题研究课题组：《中国农民工现状及其发展趋势总报告》，《改革》2009 年第 2 期。

③段成荣、马学阳：《当前我国新生代农民工的“新”状况》，《人口与经济》2011 年第 4 期。

农民工内部差异的增大也使得农民工与城镇人口之间的差异相对减小。如农民工中的打工仔与城镇户籍的低收入人群之间的差异可能小于打工仔与老板之间的差异，而新一代农民工与城镇户籍的年轻人之间的差异也可能小于新、老两代农民工之间的差异。这在某种程度上也表明农民工的社会融合度有所提高。随着户籍制度改革、公共服务均等化改革的推进，慢慢地农民工这一群体将逐渐分化为不同的社会群体，农民工将不再作为特殊的社会群体存在。

农民工的内部差异增大并将逐渐分化为不同的社会群体，一方面决定了在制定城镇住房政策时，必须考虑到农民工内部差异的存在；另一方面也决定了看待农民工住房问题的视角，必须是全局性的、整体性的。

第三节　中国城镇住房市场的发展阶段

综观新中国成立以来中国城镇住房市场的发展与变迁，与经济体制改革的进程密切相关、与土地制度改革和住房制度改革的进程密切相关。从1978 年改革开放至今 30 多年的时间，我国城镇住房市场的发展经历了从计划经济向市场经济的转变。其间，有两个关键性的结点，一是 1998 年住房分配货币化改革，二是 2007 年保障性住房被重新赋予重要地位。这两个关键性的结点将我国城镇住房市场的发展划分为三个阶段，即 1978 ~ 1997 年的住房由福利分配向市场配置的过渡阶段，1998 ~ 2006 年的住房高度市场化阶段，以及 2007 年至今的加强政府住房保障阶段。

一、由计划向市场过渡阶段（1978 ~ 1997 年）

1978 年党的十一届三中全会在北京举行，自此中国迈出了改革开放的步伐，开始了从“以阶级斗争为纲”到以经济建设为中心、从僵化半僵化到全面改革、从封闭半封闭到对外开放的历史性转变。随着经济体制改革的进行，中国城镇住房的配置方式也开始由计划向市场转变，这种转变是在土地制度改革和住房制度改革推动中进行的。

土地制度改革方面，主要的改革举措包括土地有偿使用、土地所有权与使用权分离、土地产权可流转等。随着一系列法规政策的出台和各地的突破性实践，我国的土地资源由无偿、无期限、无流动使用的状态开始向有偿、有期限、有流动使用转变。①土地有偿使用。1979 年 7 月，第五届全国人民代表大会第二次会议通过的《中华人民共和国中外合资企业经营法》中规定“如果场地使用权未作为中国合营者投资的一部分，合营企业应向中国政府缴纳使用费”，从而首次提出了土地有偿使用的概念。1980 年 7 月，国务院颁布《关于中外合营企业建设用地的暂行规定》进一步指出“中外合营企业用地，不论新征用土地，还是利用原有企业的场地，都应计收场地使用费。场地使用费的计算，应该包括征用土地的补偿费用，原有建筑物的拆迁费用，人员安置费用”。1982 年 1 月 1 日开始施行的《深圳经济特区土地管理暂行规定》则具体提出了不同用途土地各自使用最长年期和不同用途不同地区每年每平方米土地使用费标准，正式开始征收土地使用费。1984 年以后，抚顺、广州等城市也开始推行土地有偿使用制度。②土地所有权与使用权分离。1982 年我国第一次以宪法的形式确定了土地所有权性质，将我国的土地划分为城市和农村两大组成部分，分别归国家和集体所有。此后，土地所有权和使用权分离的思想逐步明晰，1986 年的《中华人民共和国土地管理法》明确提出土地所有权与使用权的划分、归属、确权与管理，尽管带有浓厚的计划经济色彩，但是将我国土地管理工作纳入依法管理的轨道，并为土地产权的交易奠定了法律基础。③土地产权可流转。1988 年的《中华人民共和国宪法修正案》删去了 1982 年宪法第十条第四款中不得“出租”土地的规定，增加了“土地的使用权可以依照法律的规定转让”的规定，承认了土地使用权的商品属性，是我国土地使用制度的根本性变革。随后，《土地管理法》也作了相应的修改。1990 年 5 月国务院发布《中华人民共和国城镇国有土地使用权出让和转让暂行条例》，对土地使用权的出让、转让、出租、抵押等以及划拨土地的使用权问题做了具体的规定，标志着国家有偿有限期土地出让使用权政策实施，为土地使用权有偿出让提供了具体依据，为建立可流转的房地产市场奠定了基础。

住房制度改革方面，主要的改革举措包括出售公房、提租补贴、新建商品房、建立住房公积金制度等。住房商品化进程不断加深，产权公有、实物分配、低租金使用的福利住房制度被打破，通过市场来解决住房问题逐步被认可。①出售公房。1978 年邓小平同志提出了房改的问题——“解决住宅问题能不能路子宽些”，并于1980年在关于建筑业和住宅问题的讲话中，指出了我国城镇住房制度的改革方向和基本思路。住房制度改革的实践始于1979年，在西安、南宁、柳州、桂林、梧州5个城市试行中央拨款建设，以土建成本价向居民出售住宅。到1981年，试点城市扩大到全国50多个中小城市，但是由于当时我国整体工资收入水平较低，居民有效购买能力有限，在依然存在可以享受国家分配低租住房的情况下，这种全价售房的改革并没有推广开来。于是在1982年在常州、郑州、沙市、四平4个城市开始“三三三制”分担机制下的住宅出售试点，即个人、企业和国家各负担房屋售价的1/3。1984年，国务院批转城乡建设环境保护部《关于扩大城市公有住宅补贴出售试点的报告》（国发［1984］第140号）显示，这4个城市已补贴出售住宅2140套住房，建筑面积11.45万平方米，投资1640万元。到1985年底，全国共有27个省、自治区、直辖市的160个城市和300个县镇实行了向个人补贴出售住宅。[①] 由于“三三三制”国家和单位的补贴量大，资金不能实现自我循环，政府负担较重，因而于1986年停止。出售公房的种种尝试，从理论上、认识上打破了传统住房制度的束缚，为住房商品化、分配货币化积累了一定经验。②提租补贴。1986年“国务院住房制度改革领导小组”成立，负责领导和协调全国的房改工作。我国的住房制度改革开始转向传统福利住房制度的核心之一——低租金，提出了“提租补贴”的改革思路，即提高公房租金，增加工资，变暗贴为明补，以此激励个人购买住房。1988年，国务院出台《在全国城镇分期分批推行住房制度改革的实施方案》，明确了“我国城镇住房制度改革的目标是：按照社会主义有计划的商品经济的要求，实现住房商品化。从改革公房低租金制度着手，将现在的实物分配逐步改变为货币分配，由住户通过商品交换，取得住房的所有权或使用权，使住房这个大商品进入消费品市场，实现住房资金投入产出的良性循环”。由于提租补贴改革受当时工资改革缓慢的影响，加之进入1988年第二季度后，国民经济开始出现严重通货膨胀，如果继续实施提租补贴方案，在成本推动效应的作用下，有可能导致进一步的通货膨胀，于是原计划用3~5年完成的提租补贴方案，未能得到全面推行。③新建商品房。1991年6月国务院发布《关于继续积极稳妥地进行住房制

①《1984年：扩大城市公有住房补贴出售试点》，http://news.dichan.sina.com.cn/2009/09/30/70090.html。

度改革的通知》（以下简称《通知》），提出要在合理调整现有公有住房的租金、出售公有住房的同时，实行新房新制度，使新建住房不再进入旧的住房体制，实行新房新租、先卖后租。从而，减小存量住房提租的阻力，通过在新建商品住房实行增量房改。同年 10 月，国务院批转了国务院住房制度改革领导小组起草的《关于全面推进城镇住房制度改革的意见》，提出了城镇住房制度改革的总目标：城镇住房制度改革是经济体制改革的重要组成部分，其根本目的是要缓解居民住房困难，不断改善住房条件，正确引导消费，逐步实现住房商品化，发展房地产业；并重申 6 月国务院《通知》的有关政策。1992 年，在邓小平南方谈话的带动下，我国对外开放及市场化改革的步伐加快，房地产业的发展进入快速扩张期，新建商品房随之增加。④建立住房公积金制度。1991 年开始上海试点住房公积金制度，随后逐步推广到全国。1994 年 7 月发布的《国务院关于深化城镇住房制度改革的决定》，将全面推行住房公积金制度作为首要的城镇住房制度改革任务之一。住房公积金制度的建立，一方面可以归集住房资金、使居民进行强制性住房储蓄用于住房消费，推进了住房制度改革；另一方面也为商业住房贷款的起步积累了经验，是我国住房金融发展的重要里程碑。

1978～1997 年这一阶段，在土地制度改革和住房制度改革的双重推动下，我国房地产业经历着由计划经济向市场经济的转变，万科、中海、保利、恒大等房地产企业在此期间成立并快速发展，正如 1992 年 11 月国务院发布的《关于发展房地产业若干问题的通知》中所说的“房地产业在我国是一个新兴产业，是第三产业的重要组成部分，随着城镇国有土地有偿使用和房屋商品化的推进，将成为国民经济发展的支柱产业之一”。住房由国家的计划统一提供转变为国家、集体、个人三者分担，中国城镇住房市场开始逐步形成。

二、高度市场化阶段（1998～2006 年）

为了应对 1997 年东南亚经济危机给我国经济带来的不利影响、拉动内需、刺激经济增长，加之我国的住房制度改革基础已经较为成熟，1998 年 7 月，国务院发布《关于进一步深化城镇住房制度改革加快住房建设的通知》，明确要求各省、自治区、直辖市 1998 年下半年开始停止住房实物分配，逐步实行住房分配货币化。至此，中国城镇住房市场才真正形成。由此，我国的土地制度改革与住房制度改革进一步深化，我国城镇住房配置的市场化程度逐步提高，进入高度市场化的发展阶段。

土地制度改革方面，重点改革的是土地出让方式，由协议出让为主转向招标、拍卖、挂牌公开出让的方式。在协议出让的情况下，具有良好政府关系或者支付了“寻租”成本的企业和个人，就能以低价获取优质的土地资源，导致国有土地资产流失；而招、拍、挂引入了公开竞争，让市场机制在土地资源配置中发挥基础性作用。①公开出让土地的规定日益严格。2002 年 7 月 1 日开始施行的国土资源部颁布的《招标拍卖挂牌出让国有土地使用权的规定》，要求“商业、旅游、娱乐和商品住宅等各类经营性用地，必须以招标、拍卖或者挂牌方式出让。前款规定以外用途的土地的供地计划公布后，同一宗地有两个以上意向用地者的，也应当采用招标、拍卖或者挂牌方式出让。”这一规定被房地产业内称为第二次“土地革命”。2004 年国土资源部、监察部《关于继续开展经营性土地使用权招标拍卖挂牌出让情况执法监察工作的通知》要求各地严格执行经营性土地使用权招标拍卖挂牌出让制度；在 2004 年 8 月 31 日前将历史遗留问题界定并处理完毕；8 月 31 日后，不得再以历史遗留问题为由采用协议方式出让经营性土地使用权。②工业用地纳入公开出让的范围。2004 年出台的《国务院关于深化改革严格土地管理的决定》中提出：禁止非法压低地价招商，工业用地也要创造条件逐步实行招标、拍卖、挂牌出让。2006 年出台的《国务院关于加强土地调控有关问题的通知》要求：工业用地必须采用招标拍卖挂牌方式出让，其出让价格不得低于公布的最低价标准。2006 年 12 月 27 日，国土资源部发布《全国工业用地出让最低价标准》，并将从 2007 年 1 月 1 日起实施。

住房制度改革方面，改革的主要内容包括住房分配货币化、购房金融支持、规范市场交易等政策措施。①住房分配货币化。在 1998 年国务院《关于进一步深化城镇住房制度改革加快住房建设的通知》停止住房实物分配的要求下，各地陆续停止福利分房，住房分配货币化逐步推广，房地产市场得到快速发展。到 2000 年，住房实物分配已经在全国范围内停止。②购房金融支持。1998 年 5 月中国人民银行颁布《个人住房贷款管理办法》，倡导贷款买房，并特意安排 1000 亿元的贷款指导性计划。1999 年 2 月中国人民银行下发《关于开展个人消费信贷的指导意见》，提倡“积极开展个人消费信贷”，稳步推进和拓展消费信贷业务，加大消费信贷投入，购

房首期付款比例也由之前要求的所购住房全部价款的30%降为20%。此后，按揭贷款购房被越来越多的居民所接受和使用。③规范市场交易。1999年4月，建设部发布《已购公有住房和经济适用住房上市出售管理暂行办法》及《城镇廉租住房管理办法》，国务院发布《住房公积金管理条例》。2001年，建设部发布我国第一部《商品房销售管理办法》，重点解决商品房销售环节中存在的广告、定金、面积纠纷以及质量等问题。这一系列的政策法规较系统地规范了房地产市场的交易规则，对住房制度改革的深入起到了积极作用。

随着房地产业和房地产市场的发展，房地产价格和投资增长过快等问题较为突出，于是从2003年开始我国政府房地产政策的导向，由刺激住房消费转向抑制房价过快增长和投资过热。国家对房地产业的宏观调控措施主要包括：中国人民银行《关于进一步加强房地产信贷业务管理的通知》（银发［2003］121号），国务院《关于促进房地产市场持续健康发展的通知》（国发［2003］18号），国务院办公厅《关于切实稳定住房价格的通知》（国办发明电［2005］8号，简称国八条），国务院办公厅转发建设部等七部委《关于做好稳定住房价格工作意见的通知》（国办发［2005］26号），银监会《加强信托投资公司部分业务风险提示的通知》（银监办发［2005］212号），国务院办公厅转发建设部等九部委《关于调整住房供应结构稳定住房价格意见的通知》（国办发［2006］37号，简称国六条），建设部等六部委《关于规范房地产市场外资准入和管理的意见》（建住房［2006］171号），国税总局《关于个人住房转让所得征收个人所得税有关问题的通知》（国税发［2006］108号），国税总局《关于房地产开发企业土地增值税清算管理有关问题的通知》（国税发［2006］187号）等。这些宏观调控政策从资金、土地、税收、交易限制等方面对房地产业进行规范，旨在抑制房价高涨和投资过热的问题。

1998～2006年，我国的住房市场逐步建立并快速发展，形成了商品房占绝对主体地位的住房体系。在这一高度市场化阶段中，我国城市居民的住房条件得到了较大改善：《中国统计年鉴》的数据显示，1988～1997年城市人均住宅建筑面积由13.0平方米增至17.8平方米，同比年均增长3.68%，环比年均增长3.39%；1998～2006年城市人均住宅建筑面积由18.7平方米增至27.1平方米，同比年均增长5.03%，环比年均增长4.81%。在城市居民平均住房条件得到较大改善的同时，由于住房保障的缺位使中低收入群体的住房需求问题也日益突显。

三、加强政府住房保障阶段（2007 年至今）

2007 年 8 月 7 日，国务院颁发《关于解决城市低收入家庭住房困难的若干意见》，提出：进一步建立健全城市廉租住房制度，逐步扩大廉租住房制度的保障范围；改进和规范经济适用住房制度，合理确定经济适用住房供应对象、标准；逐步改善其他住房困难群体的居住条件等。这一政策标志着我国保障性住房被重新赋予重要地位，住房供应从“重市场、轻保障”转向“市场、保障并重”，住房消费模式从“重买房、轻租房”转向“租房、买房并举”。

土地制度改革方面，在这一阶段主要是在原有改革基础上的深化以及根据保障性住房建设需要所做的调整。具体包括：①土地出让方式上升到法律的高度。将 2007 年 3 月由中华人民共和国第十届全国人民代表大会第五次会议通过的《中华人民共和国物权法》标志着土地公开出让方式由国家政策上升为国家法律，明确规定“工业、商业、旅游、娱乐和商品住宅等经营性用地以及同一土地有两个以上意向用地者的，应当采取招标、拍卖等公开竞价的方式出让”。②扩大土地有偿使用范围。2008 年 1 月，国务院《关于促进节约集约用地的通知》（国发［2008］3 号），要求深入推进土地有偿使用制度改革，严格落实工业和经营性用地招标拍卖挂牌出让制度，严格限定划拨用地范围，除军事、社会保障性住房和特殊用地等可以继续以划拨方式取得土地外，对国家机关办公和交通、能源、水利等基础设施（产业）、城市基础设施以及各类社会事业用地要积极探索实行有偿使用。③加强土地利用的管理与计划。国发［2008］3 号文件，还强调要严格执行闲置土地处置政策，土地闲置满两年、依法应当无偿收回的，坚决无偿收回，重新安排使用；完善建设用地储备制度，储备建设用地必须符合规划、计划，并将现有未利用的建设用地优先纳入储备。2008 年 10 月国务院批准实施国土资源部会同有关部门编制的《全国土地利用总体规划纲要（2006～2020 年）》。随后，《关于部署运行土地市场动态监测与监管系统的通知》（国土资发［2008］284 号）、《关于印发市县乡级土地利用总体规划编制指导意见的通知》（国土资厅发［2009］51 号）、《关于严格建设用地管理促进批而未用土地利用的通知》等一系列加强土地利用管理与计划的政策相继出台。④推进土地城乡一体化进程。2008 年 10 月党的第十七届中央委员会第三次会议通过《中共中央关于推进农村改革发展若干重大问题的决定》，提出要逐步建立城乡统一的建设用地市场，对依法取得的农村集体经营性建设用地，必须通过统一有形的土地市场、以公开规范的方式转让土地使用权，在符合规划的前提下与国有土地享有平等权益；抓紧完善相关法律法规和配套政策，规范推进农村土地管理制度改革。⑤强调保障性住房用地供应。与加大保障房建设相配合，2009 年 5 月国土资源部发出《关于切实落实保障性安居工程用地的通知》，要求各地分类确定城市廉租住房建设、林区、垦区、矿区棚户区改造和农村危房改造等三类保障性安居工程用地的供应标准、规模及时序，并落实到具体地块；土地利用年度计划指标紧张，已有保障性住房建设用地计划不能满足需要的市县，要统筹协调及时调整土地供应结构，扩大民生用地的比例，确保保障性住房用地的需求。

住房制度改革方面，以 2007 年 8 月国务院《关于解决城市低收入家庭住房困难的若干意见》为转折点，住房制度改革的重点转向保障性住房，相关政策措施也以保障房建设为重心展开。①建立保障性住房管理体系。2007 年 11 月九部委联合出台《廉租住房保障办法》，对保障方式、保障资金及房屋来源、申请与核准、监督管理等方面都做出了规定。2008 年 3 月住房和城乡建设部成立后，随即发布了《关于加强廉租住房质量管理的通知》，提出要通过严格建设程序、落实有关方面责任、强化竣工验收工作、加强监督检查工作等措施，加强保障性住房建设的质量管理。2008 年 4 月五部委联合发布关于印发《城市低收入家庭住房保障统计报表制度》的通知，强调城市低收入家庭住房保障统计这一建立住房保障体系的基础性工作，以便科学制定住房保障发展规划和年度计划、合理安排住房保障资金和建设用地。②配套资金、税收政策。2008 年 1 月中国人民银行、银监会出台《经济适用住房开发贷款管理办法》，对经济适用住房开发贷款条件、期限等做出了规定，提出经济适用住房开发贷款利率可按中国人民银行利率政策在 10% 的范围内适当下浮。2008 年 3 月财政部、国税总局发出《关于廉租住房经济适用住房和住房租赁有关税收政策的通知》，明确了廉租住房、经济适用住房建设的税收优惠政策，以及鼓励个人及单位租赁住房的税收优惠。2008 年 12 月中国人民银行、银监会联合发布的《廉租住房建设贷款管理办法》提出廉租住房建设贷款利率在基准利率水平上下浮 10% 执行，将新建廉租住房项目资本金比例下调至项目总投资的20%。③制定具体计划。2009年5月住建部、发改委、财政部《关于印发2009～2011年廉租住房保障规划的通知》提出了总体目标和年度工作任务：从2009年起到2011年，基本解决747万户现有城市低收入住房困难家庭的住房问题，其中，2008年第四季度已开工建设廉租住房38万套，2009～2011年各年依次解决260万、245万、204万户城市低收入住房困难家庭的住房问题，并按年将任务分解到各省、自治区、直辖市和新疆生产建设兵团。

由于经济危机的影响以及2009年房价的快速上涨，使这一阶段我国房地产业政策在强调保障性住房的主线下，对商品房的政策有所变化。这种变化通过对比国务院办公厅在2008年12月《关于促进房地产市场健康发展的若干意见》（国办发［2008］131号）与2010年1月《关于促进房地产市场平稳健康发展的通知》（国办发［2010］4号）的两份文件内容就可以明确地体现出来：为了抵御经济危机、拉动经济增长，2008年12月的131号文件在要求加大保障性住房建设力度的同时，提出要进一步鼓励普通商品住房消费、支持房地产开发企业积极应对市场变化；为了应对房价上涨过快、稳定市场预期，2010年1月的4号文件则提出要同时增加保障性住房和普通商品住房有效供给，合理引导住房消费抑制投资投机性购房需求，要求金融机构和政府部门加强风险防范和市场监管。

2007年至今的这一阶段，我国房地产业的主旋律是增加保障性住房的建设，旨在解决在1998～2006年房屋高度市场化阶段政府住房保障缺位的问题，政府重新承担起满足中低收入群体住房需求的责任。

第三章　农民工住房问题的变迁与现状

第一节　农民工住房问题的变迁

农民工住房问题的产生与变化，一方面与农民工群体的发展息息相关，另一方面也与城镇住房市场的发展密不可分。相比而言，农民工住房问题的发展阶段与城镇住房市场的发展阶段更为一致。农民工住房问题的阶段性变化特征从当时学者或政府部门调查的结果也可以得到印证，虽然不同的学者和政府部门采用的调查方法存在着差异，但是却仍然可以反映出不同阶段农民工住房问题的一些共性。由于农民工的住房问题集中于“离土又离乡”的进城农民工，因而下文关于农民工住房问题的分析将侧重于离乡进城的农民工，主要从住房来源、住房支出、住房条件等几方面进行论述。

一、住房配置向市场过渡阶段：农民工住房问题并不突出

1978～1997年是我国城镇住房从福利分配向市场配置过渡的阶段，也是农民工群体的初步发展阶段和快速发展阶段。这一阶段，农民工的住房问题并不突出。这一方面是由于“离土不离乡”的农民工大多可以回乡居住，而“离土又离乡”的农民工大多由雇主提供“包吃包住”的住宿条件，

住房支出普遍较低；另一方面是由于农民工单身进城的多，家庭随迁的少，对住房条件的要求较低，“包吃包住”的集体宿舍基本可以满足居住需求，相比而言，就业机会、工资水平、工伤事故等问题更为严峻。与此同时，我国的城镇住房制度改革正处于探索阶段，住房从福利分配逐渐向市场配置过渡，住房商品化尚未完全实现，也未出现住房价格与城镇居民收入水平的严重背离。因此，农民工的住房问题就显得并不突出。

1. *住房来源*

这一阶段农民工的住房来源主要依靠回村居住或单位提供宿舍，靠租房来解决住房的农民工比例很低。从当时学者或政府部门调查的结果看，回村居住或单位提供宿舍的占70%～80%，而租房的占10%～20%。

（1）农民工的初步发展阶段，“离土不离乡”的农民工较多。对于“离土不离乡”的农民工来说，大部分因为工作地与原居住地较近，仍能回村居住；少部分没有宿舍离家又远的农民工，有的借宿在亲友家，有的在镇区建房、买房、租房，但比例很低。有学者的调查结果证明了这一情况，如1987年对内蒙古翁牛特旗6个城镇的1300户镇区家庭的调查结果表明，进镇做工经商的农民中，只有一小部分人已在镇区购买或建造了房子，而绝大多数人采取“白天进镇做工，晚上回村居住”的生活方式，其中农民工集中的镇机关和企业雇用的合同工、临时工中有78.7%的人晚上回村居住（马戎，1988）。

（2）随着农民工群体的发展，“离土又离乡”的农民工逐渐增加。对于“离土又离乡”的农民工来说，由用工单位提供宿舍是解决其住房需求的主要方式。这一时期，“进厂”是大多数农民工离开土地后的出路，而“包吃包住”再加上每月几百元的工资，则是进厂的“标准”待遇。如1994年对深圳、珠海、东莞、中山、南海、广州6个市所辖的9个镇149个工厂的1021份问卷反映出，珠江三角洲的企业为打工者提供集体宿舍的做法相当普遍，有82.9%的人住工人宿舍，15.8%的人租房住，1.3%的人借住在亲友家（外来农民工课题组，1995）。同年，对湖南岳阳市196个农民工的调查结果显示，63.77%的农民工住单位集体宿舍，到亲戚或朋友家借宿者占10.63%，与同事或朋友合伙租房者占8.7%（田凯，1995）。1997年对湖北宜昌市346个外来农民工的调查问卷反映，有86.1%的人居住在厂家或企业提供的集体宿舍，另外10%的人在厂外或市内租有住房（冯桂林、李淋，1997）。《中国工会统计年鉴1998》中的1997年中国农民工问题调查数据显示，由单位提供集体公房的占 68.7%、租用私房的占 19.6%、住在临时搭盖工棚的占 11.7%。

2. 住房支出

这一阶段农民工的住房支出相对较低。根据相关文献数据进行大致的推测，当时的农民工住房支出占其收入的比重应该低于 10%。这与大多数农民工由雇主提供住宿或回村居住有关，即使需要通过租房解决居住问题的，由于当时的土地市场和房地产市场尚处于初步形成阶段，房租价格也是较为低廉的。《中国工会统计年鉴 1998》中的 1997 年中国农民工问题调查数据反映，每月工资收入最为集中的分档是 400～500 元（19.7%）、600～800 元（19.7%），而进城务工交通及住宿费支出最为集中的分档是 20 元以下（21.5%）、20～50 元（24.6%）。1997 年对湖北宜昌市 346 个外来民工的调查结果是 86.1% 的人居住在厂家或企业提供的集体宿舍，相应的月住宿支出在 5 元以下（冯桂林、李淋，1997）。

3. 住房条件

这一阶段农民工的住房条件较差，但住房满意度较高。其主要原因是这一阶段举家进城的农民工较少，进城务工的目的多是挣钱寄回农村家乡，而对在城市的生活条件要求不高，大多数农民工认为能满足基本的生存需要就行。1994 年对深圳、珠海、东莞、中山、南海、广州 6 市 1021 个打工者的调查结果显示，其所住房间的大小平均为 26.0 平方米，而房间里的居住人数平均为 12.6 人，人均居住面积只有 2 平方米，居住面积狭小，但就打工者对住房条件的主观看法和满意程度来看，认为自己的住房条件很好的占 11.4%、较好的占 51.1%、不太好的占 35.9%、很不好的占 13.3%，即认为住房条件很好或较好的占 62.5%（外来农民工课题组，1995）。1994 年对湖南岳阳市农民工住房条件的调查发现，在建筑工地干活的民工，一般都住在工地的简易工棚里；农民工居住的单位集体宿舍，普遍存在着住房拥挤，卫生状况、采光、通风及干湿状况较差的情况（田凯，1995）。《中国工会统计年鉴 1998》中的 1997 年中国农民工问题调查数据反映，被调查的农民工中，已婚的占 52.7%，而配偶与子女一起进城的仅占 19.7%；认为劳动环境和居住条件差是进城务工后最易引起的苦恼的仅占 2.4%，远远低于认为最苦恼的是城乡贫富悬殊（41.3%）、节假日思念亲人（38.4%）。

二、住房配置高度市场化阶段：农民工住房问题不断累积

1998～2006年是我国城镇住房配置高度市场化的阶段，也是农民工群体发展速度放缓并逐步走向公平发展的阶段。这一阶段，农民工的住房问题不断积累。一方面，随着房地产市场的逐渐发展，住房价格不断上涨；另一方面，农民工的住房消费仅被作为经济增长点来看待，而忽视了低收入农民工的住房困难需要政府提供保障，加之农民工进城后的就业范围不再局限于“包吃包住”的行业、家庭随迁比例提高，单纯依靠市场已经难以解决农民工的住房问题。因此，在此阶段农民工的住房问题正在不断地积累和膨胀。

1. *住房来源*

这一阶段农民工的住房来源中租房的比例不断提升，而单位提供住宿的比例不断减少。从当时学者的调查结果看，有的城市农民工租房居住的比例已经超过了居住在单位或雇主提供宿舍里的比例。例如：2002年对南京市578名农民工的调查发现，租房者占59.69%、自己买房者占10.67%、住单位宿舍者占10.38%、住工棚者占6.57%、借用亲戚朋友的住房者占3.28%、住自己搭的房屋的占6.92%、住在老板家里的占4.67%（钱雪飞，2003）。2004年对浙江省杭州、温州、台州、嘉兴、绍兴、宁波、金华7个地区的建筑工地、码头、工厂等农民工聚集区的718份调查问卷显示，有36.35%的农民工住在单位提供的集体宿舍，49.79%的农民工与别人一起租房子，但是11.03%的农民工则住在工地简棚等临时搭建的简易住房里（张戈，2005）。2005年对南昌市897位样本农民工的调查结果是：租房的占47%，集体居住的（包括居住在工厂、企业内部和建筑工地临时居住点）占33%，借宿的占13%，买房的占7%（宗成峰、朱启臻，2007）。2006年复旦大学人口研究所对上海市农民工抽样调查（样本人数为1026）资料显示，农民工住在出租房的占68.0%、单位宿舍的占15.6%、单位工棚的占1.3%、自己买房子的占6.4%、寄住亲友家的占3.9%、雇主家的占2.2%、自搭建简易房的占0.6%、其他占2.2%（王桂新、沈建法、刘建波，2008）。

2. 住房支出

这一阶段农民工的住房支出相对提高。根据相关文献数据进行大致的推测，当时的农民工住房支出占其收入的比重为10%～20%。这与我国城镇住房市场化进程有着直接关系，住房的市场化程度不断提高，住房销售价格和出租价格上涨，而单位提供宿舍的比例不断减少，住房更多地实物福利转化为货币收入，相应地住房支出占收入的比重也随之提高。2002年对南京市578名农民工的调查结果显示，农民工的月均消费580.3元，其中吃饭开支平均201.48元，占34.72%；房租平均162.29元，占27.96%；水电气费为42.23元，占7.27%；交通费用为30.65元，占5.28%；而其平均月收入为850.88元，月均房租支出占月均收入的比例为19.07%（钱雪飞，2004）。2006年对南京、镇江、常州、无锡、苏州、扬州、泰州、南通8个城市1816份农民工问卷的分析表明，除了少部分人（约9%）有私房，多数人租房或住单位房子，房租水电费的开支较大，受访农民工人均月房租水电费为174.38元，一年约1555.92元，占人均年消费总额7339.08元的21.20%，占人均年收入14524元的10.71%（严翅君，2007）。

3. 住房条件

这一阶段农民工的住房条件依然较差，住房满意度下降。居住地主要集中于城乡结合部及"城中村"，一些城市边缘地带形成了以地缘、血缘为纽带的外来务工人员集中居住地，如"新疆村"、"安徽村"、"浙江村"等；居住面积小，环境质量差的情况普遍存在。2002年对南京市578名农民工的调查发现，所住房子的面积在7平方米以下的占20.2%、在8～20平方米的占39.4%，即有59.6%的人所住房子的面积在20平方米以下，而且80%左右的人是多人合住，住房狭窄、拥挤是南京市外来务工、经商人员住宿处的基本特征；住宿处仍有13.5%没有自来水、10.2%没有电、51%没有煤气、61.1%没有卫生间或厕所、57.1%没有厨房、78.9%没有客厅、81.5%没有阳台，住处往往只有一张床、一只煤炉等基本生活必需品，居住条件差在南京市的外来务工人员中具有相当高的同质性（钱雪飞，2003）。2004年对浙江省杭州、温州、台州、嘉兴、绍兴、宁波、金华7个地区718份农民工调查问卷中，11.03%的农民工住在工地简棚等临时搭建的简易住房里，而这些房子一般来说是不太安全的，容易发生火灾，如果遇上强台风，还有发生倒塌的危险（张戈，2005）。2005～2006年，建设部先后对18个省（区、市）解决务工人员住房问题进行了调查，湖南省64%

的务工人员居住在城乡结合部，7%居住在郊区；深圳市务工人员住所的人均建筑面积为6.8平方米（不包括违章建筑），居住在集体宿舍中的务工人员，人均建筑面积仅为5.0平方米，还有300万务工人员居住在城中村及其他违章建筑中；上海市务工人员住房人均建筑面积不足7平方米的占47.0%，8~10平方米的占29.8%；重庆市务工人员所租房屋中有46%不同程度地存在阴暗潮湿现象和安全隐患，其中17%没有自来水，61%不附带卫生间，57%不附带厨房；各地建筑施工企业务工人员居住条件尤为简陋，部分施工企业仍采用大工棚、大通铺，一个房间一般居住10人左右，有的甚至超过20人，人均建筑面积不足3平方米，普遍不具备洗浴等基本生活设施（国务院研究室课题组，2006）。

与此同时，随着农民工举家迁移的比例增加，农民工的居住需求中更多地体现出家庭生活的需要，对住房面积、教育配套等的要求不断提高，而农民工居住条件的改善有限，与农民工的居住需求之间存在着较大的差异，因而这一阶段农民工对住房的满意度水平比前一阶段有所下降。例如：2002年对南京市被调查的578名农民工中，有34.1%的人与配偶同住、82.2%的人与孩子同住、6.4%的人与父母同住、4.2%的人与兄弟姐妹或者他们的配偶同住（钱雪飞，2003）；同时，在回答“感觉到在南京生活最大的困难是什么”的问题时，选择最多的是消费水平高，难以承受（20.9%），认为住房小的比例（18.5%）排在第二位，而认为最大生活困难是住房小的比例高于工作难找（12.6%），也高于孩子上学难（11.9%）（钱雪飞，2004），可见，农民工对住房条件不满意的比例已经相当高。2006年北京市流动人口家庭户调查也反映出农民工举家迁移的情况，2017户外来农民工的在京家庭类型以夫妇携子女家庭（34.7%）、夫妇二人家庭（30.3%）为主，两者合计占65.0%（洪小良，2007）。

三、加强政府住房保障阶段：农民工住房问题日益突显

2007年至今，是我国城镇住房加强政府保障的阶段，也是农民工群体谋求公平发展的阶段。这一阶段，农民工的住房问题日益突显。租赁住房已经成为解决农民工住房需求的主要途径之一，但是城镇住房租赁市场的

供给结构存在着两极化的问题，使得农民工租赁的住房集中于城中村、城乡结合部或地下室等居住条件较差的地方。城镇住房租赁市场供给结构中的两极：一极是指居住条件较好的商品房、房改房等，其价格超越了农民工收入所能承受的范围；另一极是指居住条件恶劣的城中村、城乡结合部或地下室，其价格低廉，在农民工的支付能力范围内。这两类住宅组成了城镇住房租赁市场的主要部分，而中间价位的住房供给存在着一定程度的缺位。加之农民工的流动性较强、工作收入的稳定性较差，住房支付意愿较低，所以使城中村、城乡结合部或地下室成为农民工租住的聚居地。由此，农民工的住房问题日益突显。

1. 住房来源

这一阶段农民工的住房来源中租房和单位提供住宿是农民工解决住房需求的主要途径。从学者和政府部门的调查结果看，有的城市农民工租房的比例大于单位提供住宿的比例，有的城市单位提供住宿的比例大于租房的比例，但总体上说，绝大部分农民工都是通过租房和单位提供住宿这两种主要途径解决住房需求的。从国务院发展研究中心课题组 2007 年在北京、广州、南京、兰州 4 个城市的问卷调查数据来看，北京、广州、南京、兰州被调查的农民工中住在宿舍里的比例分别是 50.1%、54.6%、51.2%、41.0%，而租房居住分别占 35.1%、39.6%、40.8%、45.6%，住在工棚里的比例分别是 12.5%、2.2%、5.3%、11.0%（农民工城市贫困项目课题组，2008）。2007 年对 248 名重庆市农民工的调查显示，有 44.5% 的农民工住在单位的工棚或集体宿舍内，自己单独租房或与人合租的有 42.9%，仅有 7.1% 的农民工已自己购房（梅洪常、周莉、陈丽新，2008）。2007 年对杭州市农民工的 725 份调查问卷结果表明，农民工的居住方式以市场租赁为主（占 61%），其次是单位自建宿舍（占 10%）、单位租赁（占 9%）、工棚（占 9%）、雇主家（占 3%）及经营用房（占 3%）、单位改造宿舍（占 2%）、寄借宿（占 2%），最少的是自购商品房（占 0.6%）、政府提供宿舍（占 0.2%）和露宿（占 0.1%）（马万里、陈玮，2008）。2008 年、2009 年对武汉市 480 名农民工的抽样调查反映出，农民工自行租房的比例超过 60%，用人单位提供的住房比例为 31%，自购房的仅为 3%，投靠亲戚朋友等其他方式解决住房的约占 5%（黄烈佳、童心、王勇，2010）。国家统计局农村司发布的《2009 年农民工监测调查报告》显示：国家统计局 2009 年对全国 31 个省（区、市）（不包括港澳台地区）6.8 万个农村住户和7100多个行政村的农民工监测调查结果显示，外出农民工的住房来源中，租赁住房的占34.6%，由雇主或单位提供宿舍的占33.9%，在工地或工棚居住的占10.3%，在生产经营场所居住的占7.6%，有9.3%的外出农民工在乡镇以外从业但每天回家居住，仅有0.8%的外出农民工在务工地自购房。

2. 住房支出

这一阶段农民工的住房支出相对收入而言所占比例不高，但农民工感觉房租负担重。从国家统计局《2009年农民工监测调查报告》中的数据看，50.5%的农民工由雇主或单位提供免费住宿；7.4%的农民工雇主或单位不提供住宿，但有住房补贴；42.1%的农民工雇主或单位不提供住宿也没有住房补贴；其中，雇主或单位不提供免费住宿的农民工每人月均居住支出245元，约占外出农民工月平均收入为1417元的17.3%。2009年对北京市404份农民工调查问卷的分析结果是，整体上的住房租金与收入比为26.9%（张智，2010b）。2008年、2009年对武汉市480名农民工的抽样调查结果显示，35%的人住房开支比重是10%以下（主要是单位提供住宿者），25%的人住房开支比重是10%～15%，18%的人住房开支比重是15%～20%，14%的人住房开支比重是20%～30%，仅有8%的人住房开支比重在30%以上，也就是说有92%的人住房支出占收入的比例低于30%；调查中还发现相当一部分农民工认为房租太高，房租高导致经济压力大是其对城市居住不满意的重要因素，也是他们提前返乡的直接因素（黄烈佳、童心、王勇，2010）。2007年对杭州市农民工的725份调查问卷结果也表明，房租贵已经成为农民工对居住总体满意度差的主要原因之一（马万里、陈玮，2008）。

3. 住房条件

这一阶段农民工的住房条件没有明显改善，住房满意度也不高。住房面积小、配套设施简陋、生活环境差等仍然是农民工住房的普遍情况，对此农民工的满意度也不高。国务院发展研究中心课题组2007年在北京、广州、南京、兰州4个城市的调查显示，有10.6%的农民工住所不到5平方米，31.9%的为5～8人共同居住，大约20%的农民工居住在9人及以上的宿舍中；尤其在北京有12.3%的农民工租住的是地下室，10%的租用房中没有自来水，有超过一半的农民工宿舍冬季没有供暖设施（农民工城市贫困项目课题组，2008）。2007年对杭州市725名农民工的调查结果反映出，

农民工所住房屋的自来水普及率为 89.4%，也就是说，有 10.6% 的农民工住房中没有自来水（马万里、陈玮，2008）。2008 年、2009 年对武汉市 480 名农民工的抽样调查表明，18% 的农民工人均住房面积不到 3 平方米（黄烈佳、童心、王勇，2010）。2009 年对北京市 404 份农民工调查问卷的分析显示，63% 的人居住在城中村中的原有农房或房主自行搭建的房屋以及农村地区的农房中，19% 的人住在地下室以及经营场所的房间内，72% 的农民工人均居住面积低于 5 平方米（张智，2010b）。在住房满意度方面，2007 年对重庆市 248 名农民工的调查反映，对现有居住条件“满意”和“很满意”的仅占 17.9%，而“不满意”和“很不满意”的则占 40.6%（梅洪常、周莉、陈丽新，2008）。2007 年对杭州市 725 名农民工的调查发现，对住房条件非常满意的占 4%、比较满意的占 21.7%、一般的占 44%、比较不满意的占 27.3%、非常不满意的占 3%，导致不满意的主要因素是房间太小、太脏、住得太拥挤、设施太简陋，但也有相当一部分农民工认为，在外生活不易，居住只要满足需求即可，房租便宜、设施差点无所谓，因此并没有太多的不满意（马万里、陈玮，2008）。

由上述可知，农民工是城镇低收入群体的重要组成部分，农民工的住房问题是城镇住房领域的重要问题，农民工住房问题产生与变化的阶段性特征也基本同城镇住房市场的发展阶段相一致。

第二节　农民工住房的现状特征

本书对我国农民工的现状分析，是基于 2010 年 5 月和 12 月国家人口和计划生育委员会对全国流动人口①动态监测的结果。这两次对全国流动人口的监测调查中，调查对象是农业户籍流动人口的有效样本分别是 93666 份和 105768 份，农业户籍流动人口可近似地作为全国农民工的代表。为保证调查的连续性和可比性，这两次调查的城市是相同的。本着以流入城市为主

①调查中的流动人口，是指在调查前一个月来本市居住、非本区（县）户口且年龄在 16～59 岁的流入人口，不包括调查时在车站、码头、机场、旅馆、医院等地点的流入人口，但包括在非正规场所（临时工地、废弃厂房、路边、水边、山洞等）居住的流入人口。

的原则，调查选择在全国的106个城市进行，其中包括36个直辖市、省会城市、计划单列市，以及位于流动人口集中的产业带、城市圈和部分边境少数民族地区的46个地级市、24个县级市。[①] 抽取样本的标准是：直辖市、其他省会城市、计划单列市，每个城市2000人；地级市，每个城市1000人；县级市，每个城市200人。

这两次动态监测的调查对象（有效样本）中，除农业户籍的流动人口外，还分别包括非农业户籍流动人口17562人和16590人。两次调查的流动人口有效样本总量分别达到11.12万人和12.23万人。由于这两次调查问卷的内容并不完全相同，因此下文将根据论述需要选取数据，并在书中标注数据的具体来源。

对我国农民工住房的现状及特征分析，主要是通过对比上述106个城市的农业户籍流动人口与非农业户籍流动人口的住房情况而得出的。

一、住房来源

在住房来源方面，大部分的农民工都是通过租住私房来解决居住需求的，其次是住在单位或雇主提供住房的农民工相对较多，已购房的农民工比例很低，享受政府住房保障的农民工极少。

从2010年12月国家人口和计生委对全国106个城市的调查结果来看：农业户籍的流动人口中，有70.5%的人通过租住私房来解决住房需求；有23.2%的人居住在单位或雇主提供的住房内，其中13.2%的人住在单位或

---

①106个城市具体包括：北京、天津、上海、重庆4个直辖市；石家庄、太原、呼和浩特、沈阳、长春、哈尔滨、南京、杭州、合肥、福州、南昌、济南、郑州、武汉、长沙、广州、南宁、海口、成都、贵阳、昆明、拉萨、西安、兰州、西宁、银川、乌鲁木齐27个省会城市；大连、宁波、厦门、青岛、深圳5个计划单列市；河北的唐山，山西的大同，辽宁的丹东、锦州、营口，吉林的吉林，黑龙江的黑河、鹤岗，江苏的无锡、苏州、南通、盐城、常州、扬州，浙江的温州、嘉兴、台州，安徽的马鞍山、铜陵，福建的泉州，江西的赣州、上饶，山东的烟台、潍坊，河南的洛阳、安阳、平顶山，湖北的黄石、宜昌，湖南的株洲、郴州，广东的东莞、佛山、珠海、中山、清远，广西的柳州，海南的三亚，四川的绵阳，贵州的遵义，云南的丽江、红河，陕西的咸阳、榆林，甘肃的天水，宁夏的石嘴山46个地级市；河北的霸州、高碑店，山西的侯马，内蒙古的满洲里，辽宁的海城，吉林的延吉，黑龙江的绥芬河，江苏的靖江，浙江的上虞、义乌，福建的永安，江西的丰城，山东的荣成，湖北的恩施，湖南的吉首，广东的鹤山，广西的东兴、凭祥，海南的琼海，四川的西昌、阆中，云南的景洪，陕西的韩城，新疆的伊宁24个县级市。

雇主提供的免费住房内，10.0%的人则租住在单位或雇主的住房内。农业户籍流动人口已购商品房的比例只有3.4%，远低于22.3%的非农业户籍流动人口已购商品房比例。农业户籍的流动人口中，仅有0.5%住在政府提供的廉租住房内，0.1%已经购买了政策性保障房，可见，或租或买享受政府保障性住房的农民工只是极少数，如表3－1所示。

表3－1　全国106个城市流动人口的住房来源情况

单位：%

住房来源	农业户籍流动人口	非农业户籍流动人口
1. 租住单位/雇主房	10.0	10.0
2. 单位/雇主提供免费住房	13.2	10.6
3. 政府提供廉租住房	0.5	0.2
4. 租住私房	70.5	52.7
5. 已购商品房	3.4	22.3
6. 已购政策性保障房	0.1	0.4
7. 其他	2.3	3.8
合计	100	100

数据来源：2010年12月国家人口和计生委对全国106个城市的调查结果。

2010年5月国家人口和计生委对全国106个城市的调查结果与上述结果类似：农业户籍的流动人口中，租住私房的占68.6%，单位雇主提供免费住房的占17.8%，租住单位雇主房的占8.4%，已购商品房的占3.5%，已购经济适用房的占0.2%，其他占1.3%。2010年5月国家人口和计生委对全国106个城市的调查结果还表明：有12.8%的农业户籍流动人口住房兼做经营或生产。

国家统计局发布的《2011年我国农民工调查监测报告》① 也显示：以受雇形式从业的外出农民工，租赁住房的占33.6%（包括与他人合租住房的占19.3%、独立租赁住房的占14.3%），由雇主或单位提供宿舍的占32.4%，在工地或工棚居住的占10.2%，在生产经营场所居住的占5.9%，

①调查范围：全国31个省（自治区、直辖市）（不包括港澳台地区）、899个调查县、7500多个村和近20万名农村劳动力。

仅有0.7%的外出农民工在务工地自购房，另有13.2%的外出农民工在乡镇以外从业但每天回家居住，其他住房来源的占4.0%。可见，租赁住房已成为农民工住房最主要的来源。

二、居住区位

从居住区位来看，农民工所居住的房屋位于市郊、城乡结合部以及农村的相对较多，而市郊、城乡结合部以及农村的教育、医疗等配套设施和公共服务条件普遍较差。2010年12月国家人口和计生委对北京、郑州、成都、苏州、中山、韩城6个城市的调查中发现，居住在市郊、城乡结合部和农村的农业户籍流动人口比例均超过了50%。其中，城市规模相对较大的北京、郑州、成都、苏州4个城市的农业户籍流动人口住在市郊或城乡结合部的比农村的多，而城市规模相对较小的中山、韩城2个城市的农业户籍流动人口住在农村的比市郊或城乡结合部的多，具体情况如表3-2所示。

表3-2 6城市农业户籍流动人口的住房位置情况

单位:%

住房位置	北京	郑州	成都	苏州	中山	韩城
1. 市区	25.1	47.9	48.1	6.7	1.5	1.0
2. 市郊/城乡结合部	52.8	40.9	38.0	53.2	18.4	44.4
3. 农村	22.1	11.2	13.9	40.1	80.1	54.6
合计	100	100	100	100	100	100

数据来源：2010年12月国家人口和计生委对北京、郑州、成都、苏州、中山、韩城的调查结果。

三、社区类型

从所居住的社区类型来看，农民工大多数居住在农村社区或城中村。但大中城市与小城市的情况略有不同，大中城市农民工的主要居住社区类型为农村社区、城中村和普通商品房社区，小城市农民工的主要居住社区类型为农村社区、城中村和工矿企业社区。2010年12月，国家人口和计生委对北京、郑州、成都、苏州、中山、韩城6个城市的调查表明：北京、郑州、苏州、中山4个城市均有半数以上的农业户籍流动人口住在农村社区或城中村中，其次住在普通商品房社区的较多。其中，北京的农业户籍流动人口住在农村社区的占46.9%、住在城中村的占16.6%、住在普通商品房社区的占18.9%。郑州的农业户籍流动人口住在城中村的占55.5%、住在农村社区的占12.0%、住在普通商品房社区的占24.7%。苏州的农业户籍流动人口住在农村社区的占62.1%、住在城中村的占6.1%、住在普通商品房社区的占15.5%。中山的农业户籍流动人口住在农村社区的高达84.2%、住在城中村的占4.0%、住在普通商品房社区的占5.1%。成都的农业户籍流动人口住在农村社区或城中村的比例虽然没有超过半数，但居住在农村社区的比例依然是在各类社区中比例最高的，约为36.2%；其次是居住在普通商品房社区的占34.5%。陕西韩城作为此次调查中县级市的代表，其农业户籍流动人口住在工矿企业社区的占52.0%、住在农村社区的占35.2%、住在城中村的占12.8%，如表3－3所示。

表3－3　6城市农业户籍流动人口的居住社区类型①

单位:%

居住社区类型	北京	郑州	成都	苏州	中山	韩城
1. 别墅区或高级住宅区	0.4	0.0	0.1	0.2	0.0	0.0
2. 普通商品房社区	18.9	24.7	34.5	15.5	5.1	0.0
3. 经济适用房社区	3.3	1.2	5.3	6.5	1.8	0.0
4. 机关事业单位社区	1.8	1.3	0.9	0.0	0.0	0.0
5. 工矿企业社区	2.0	1.3	0.1	2.2	0.0	52.0
6. 未经改造的老城区	9.0	3.8	12.0	1.5	4.5	0.0
7. 城中村	16.6	55.5	8.4	6.1	4.0	12.8
8. 棚户区	0.1	0.2	0.1	0.0	0.2	0.0
9. 农村社区	46.9	12.0	36.2	62.1	84.2	35.2
10. 其他	1.1	0.2	2.5	5.9	0.1	0.0
合计	100	100	100	100	100	100

数据来源：2010年12月国家人口和计生委对北京、郑州、成都、苏州、中山、韩城的调查结果。

①此表中部分合计数与分项数加总不相等的原因是各分项数按四舍五入保留至小数点后一位造成的，并非数据有误。下文各表中出现合计数与分项数加总不相等的原因均与此相同，不再一一说明。

四、住房条件

1. 建筑形式

从建筑形式来看，虽然大部分农民工居住在地面以上的楼房里，但仍有小部分农民工居住在工棚等临时性建筑和地下室内。2010 年 12 月国家人口和计生委对全国 106 个城市的调查结果显示，农业户籍流动人口中，有 71.4% 的人居住在地面以上的楼房里，25.6% 的人居住在平房里，还有 1.8% 的人居住在工棚等临时性建筑内，0.9% 的人住在地下室或半地下室内。与非农业户籍的流动人口相比，农业户籍流动人口的住房条件总体上更差一些，如表 3－4 所示。

表 3－4　全国 106 个城市流动人口的住房建筑形式

单位：%

住房建筑形式	农业户籍流动人口	非农业户籍流动人口
1. 楼房（地面以上）	71.4	89.1
2. 平房	25.6	8.8
3. 临时建筑（工棚等）	1.8	0.8
4. 地下室/半地下室	0.9	1.1
5. 其他	0.3	0.2
合计	100	100

数据来源：2010 年 12 月，国家人口和计生委对全国 106 个城市的调查结果。

2. 居住面积与人数

从居住人数来看，农民工现有住房内同住人数多为 3 人及以下。2010 年 5 月国家人口和计生委对全国 106 个城市的调查结果表明，农业户籍流动人口住房内同住人数的平均数为 3.06 人、中位数为 3 人。其中，独自居住的占 13.4%，同住人数为 2～3 人的占 60.1%，同住人数为 4～5 人的占 19.5%，同住人数大于 5 人的占 7.0%。

从居住面积来看，仍有相当比例的农民工居住在狭小拥挤的空间里，人均居住面积显著小于非农业户籍的流动人口。2010 年 5 月，国家人口和计生委对全国 106 个城市的调查结果表明，农业户籍流动人口住房面积的平

均数为32.56平方米、中位数为20平方米。其中，有19.4%人均居住面积在5平方米及以下，而非农业户籍流动人口人均居住面积在5平方米及以下的只有8.6%；人均居住面积在10平方米及以下的，农业户籍流动人口有64%，非农业户籍流动人口只有34%，如表3-5所示。

表3-5　全国106个城市流动人口的人均住房面积

单位:%

人均住房面积（平方米）	农业户籍流动人口	非农业户籍流动人口
(0，5]	19.4	8.6
(5，10]	44.6	25.4
(10，20]	24.5	29.2
(20，30]	7.2	19.2
(30，80]	4.2	17.5
合计	100	100

数据来源：2010年5月国家人口和计生委对全国106个城市的调查结果。

3. 生活设施

从住房内的生活设施来看，部分农民工住房内的生活设施简陋，有的连厕所都没有。自来水、厕所、厨房、浴室等都是衡量住房条件好坏的重要生活设施，而农民工所居住的住房内这些生活设施往往不是缺少这个就是缺少那个。2010年5月国家人口和计生委对全国106个城市的调查发现：农业户籍流动人口的住房内有22.9%没有厕所，22.5%与邻居合用厕所；非农业户籍流动人口住房内具有独立厕所的比例则显著高于农业户籍流动人口，没有厕所的比例则显著低于农业户籍流动人口，如表3-6所示。

表3-6　全国106个城市流动人口的住房设施情况

单位:%

住房设施	农业户籍流动人口	非农业户籍流动人口
1. 独立厕所	54.7	78.2
2. 邻居合用厕所	22.5	12.3
3. 没有厕所	22.9	9.5
合计	100	100

数据来源：2010年5月国家人口和计生委对全国106个城市的调查结果。

2010 年 12 月国家人口和计生委对北京、郑州、成都、苏州、中山、韩城 6 个城市的调查表明：北京、郑州、成都、苏州、中山、韩城 6 个城市农业户籍流动人口所居住的房屋内，没有独立管道自来水的分别占 53%、16%、23%、19%、12%、42%；没有独立卫生间的分别占 72%、25%、38%、45%、14%、66%；没有独立厨房的分别占 69%、31%、42%、52%、30%、76%；没有独立洗澡设施的分别占 77%、70%、61%、70%、46%、98%；上述生活设施全部没有的分别占 50%、14%、21%、14%、5%、37%（见表 3 – 7）。可见，作为特大城市代表的北京，农民工住房内的生活设施情况最差；作为县级市代表的陕西韩城，农民工住房内的生活设施情况也较差。

表 3 – 7　6 城市农业户籍流动人口住房内的生活设施情况

单位:%

住房设施	北京	郑州	成都	苏州	中山	韩城
无独立管道自来水	53	16	23	19	12	42
无独立卫生间	72	25	38	45	14	66
无独立厨房	69	31	42	52	30	76
无独立洗澡设施	77	70	61	70	46	98
以上均无	50	14	21	14	5	37

数据来源：2010 年 12 月国家人口和计生委对北京、郑州、成都、苏州、中山、韩城的调查结果。

4. 生活电器

由于大部分的农民工是租住在出租房屋内，因而住房内的生活电器往往是作为出租房屋的组成部分由房东提供，因而也可以视为住房条件的一部分。从生活电器的配备情况来看，大部分农民工所居住的房屋内配备了彩电，但大多数农民工所居住的住房内没有配备空调和冰箱，也有少部分农民工所居住的住房内彩电、空调、冰箱、洗衣机全部没有配备。2010 年 12 月国家人口和计生委对北京、郑州、成都、苏州、中山、韩城 6 个城市的调查表明：北京、郑州、成都、苏州、中山、韩城 6 个城市农业户籍流动人口所居住的房屋内，没有彩电的分别占 15%、19%、11%、15%、7%、17%；没有空调的分别占 66%、73%、89%、56%、83%、97%；没有冰箱的分别占 63%、70%、62%、69%、71%、91%；没有洗衣机的分别占 56%、44%、43%、65%、80%、59%；上述生活电器全部没有的分别占 11%、15%、10%、9%、6%、17%，如表 3－8 所示。

表 3－8　6 城市农业户籍流动人口住房内的生活电器情况

单位:%

生活电器	北京	郑州	成都	苏州	中山	韩城
无彩电	15	19	11	15	7	17
无空调	66	73	89	56	83	97
无冰箱	63	70	62	69	71	91
无洗衣机	56	44	43	65	80	59
以上均无	11	15	10	9	6	17

数据来源：2010 年 12 月国家人口和计生委对北京、郑州、成都、苏州、中山、韩城的调查结果。

以建筑形式、居住面积和人数、生活设施以及生活电器的配备等综合来看，我国部分农民工的住房条件还是较为恶劣的，难以满足基本的居住需求，有待于提升和改善。

五、老家住房

在农村老家住房情况方面，绝大多数的农民工在农村老家都拥有自建房，但是在农村老家拥有城镇商品房、集体集资建房、城镇保障性住房的人很少，还有小部分人在农村老家已经没有住房。2010 年 12 月国家人口和计生委对全国 106 个城市的调查结果显示，有高达 92.3% 的农业户籍流动人口在农村老家有自建房；在农村老家拥有城镇商品房、集体集资建房、城镇保障性住房的仅占 2.9%，远低于非农业户籍的流动人口拥有商品房的比例；也有 4.1% 的农业户籍流动人口在农村老家已经没有住房了，如表 3－9 所示。

表 3 -9　全国 106 个城市流动人口的老家住房情况

单位:%

老家住房	农业户籍流动人口	非农业户籍流动人口
1. 自建房	92.3	56.9
2. 集体集资建房	0.6	4.8
3. 城镇商品房	2.1	20.9
4. 城镇保障性住房	0.2	2.6
5. 无房	4.1	11.9
6. 其他	0.8	2.8
合计	100	100

数据来源：2010 年 12 月国家人口和计生委对全国 106 个城市的调查结果。

第三节　农民工的住房消费特征

一、居住支出水平及预期

在住房支出方面，我国农民工家庭的月居住支出大多数都在 500 元以下，月居住支出在 1000 元以上的农民工家庭很少。对住房支出的预期也是类似的情况，大多数农民工表示所能承受的住房月支出不超过 500 元，而表示所能承受的住房月支出超过 1000 元的非常少。

2010 年 12 月国家人口和计生委对全国 106 个城市的调查结果显示，农业户籍流动人口家庭每月居住支出①的平均数为 529 元，每月居住支出占其家庭每月总支出比例的平均数是 27.9%，占其家庭每月总收入比例的平均数是 15.8%。其中，每月居住支出在 500 元及以下的占 71.2%；500 ~ 1000 元的占 19.1%；1000 ~ 2000 元的占 7.2%；2000 元以上的仅占 2.5%。可

①调查中的居住支出，指被调查家庭用于生活居住住房的支出，例如房租、物业费、水费、电费、燃料费、暖气费等；暖气费一般按供暖季收取，应对暖气费总金额除以 12，计入每月居住支出中；住房贷款还款额不计入此项。由于农民工购房比例很低，房贷不计入的每月居住支出仍然可以较好地反映农民工的住房消费水平。

见，大多数农业户籍流动人口家庭月居住支出集中在500元以下，支付1000元以上租金的家庭则不足10%，如表3-10所示。相对于非农业户籍流动人口，农业户籍流动人口的家庭月居住支出水平较低，家庭月居住支出水平不超过500元的农业户籍流动人口比例明显高于非农业户籍流动人口的比例，而家庭月居住支出水平高于500元及以上各档的农业户籍流动人口比例均明显低于非农业户籍流动人口的比例。

表3-10　全国106个城市流动人口的住房支出

家庭月居住支出（元）	农业户籍流动人口（%）	非农业户籍流动人口（%）
≤500	71.2	51.1
501~1000	19.1	27.6
1001~1500	4.7	8.8
1501~2000	2.5	6.1
≥2001	2.5	6.4
合计	100	100

数据来源：2010年12月，国家人口和计生委对全国106个城市的调查结果。

据2010年5月国家人口和计生委对全国106个城市的调查结果，有83.1%的农业户籍流动人口表示在流入城市能承受的住房月支出最高不超过500元，表示能承受的住房月支出在500~1000元的占11.8%，表示能承受的住房月支出超过1000元的只有5.0%，如表3-11所示。从农业户籍流动人口和非农业户籍流动人口的情况对比可以看出，表示能承受住房月支出不超过500元的农业户籍流动人口比例远高于非农业户籍流动人口的比例，而表示能承受住房月支出超过500元及以上各档的农业户籍流动人口比例均低于非农业户籍流动人口的比例，说明农业户籍流动人口对住房支出的预期普遍低于非农业户籍的流动人口。

表3-11　全国106个城市流动人口的住房支出预期

能承受住房月支出（元）	农业户籍流动人口（%）	非农业户籍流动人口（%）
≤500	83.1	53.7
501~1000	11.8	23.5
1001~1500	2.6	7.5

续表

能承受住房月支出（元）	农业户籍流动人口（%）	非农业户籍流动人口（%）
1501～2000	1.4	7.2
≥2001	1.0	8.1
合计	100	100

数据来源：2010年5月，国家人口和计生委对全国106个城市的调查结果。

二、城乡双重住房消费计划

1. 在流入城市的住房消费计划

大多数的农民工打算在流入城市继续生活居住，没有打算返回户籍所在县市区就业。2010年5月，国家人口和计生委对全国106个城市的调查结果显示有78.2%的农业户籍流动人口没有打算返回户籍所在县市区就业，而且在近3年内农业户籍流动人口中打算在当前流入城市生活居住下去的占61.4%，不打算在当前流入城市生活居住下去的占8.6%，没想好取决于具体情况的占30.0%。

农民工在流入城市的住房消费计划中，打算以低价位租房的较多，其次是购买经济适用房。2010年12月国家人口和计生委对北京、郑州、成都、苏州、中山、韩城6个城市的调查显示，未来5年内在流入城市的住房消费计划中，打算以不超过500元的价格租房的比例分别为43.6%、23.6%、33.5%、36.1%、36.4%、20.4%，打算购买经济适用房的比例分别为10.2%、28.2%、19.3%、13.0%、11.7%、20.9%，购买商品房的比例分别为5.1%、10.6%、7.1%、10.0%、6.0%、7.7%，没什么打算的比例也较高，分别为31.3%、33.6%、36.9%、33.7%、38.4%、42.3%，如表3－12所示。

表3－12　6城市农业户籍流动人口未来5年内在流入城市的住房计划

单位：%

住房计划	北京	郑州	成都	苏州	中山	韩城
1～500元租房	43.6	23.6	33.5	36.1	36.4	20.4
501～1000元租房	6.2	2.1	2.2	4.3	2.3	1.5
1001～2000元租房	2.3	0.3	0.3	1.2	0.5	5.1

续表

住房计划	北京	郑州	成都	苏州	中山	韩城
2000 元以上租房	0.6	0.1	0.1	0.0	0.3	0.0
购买经济适用房	10.2	28.2	19.3	13.0	11.7	20.9
购买商品房	5.1	10.6	7.1	10.0	6.0	7.7
自建房/集体建房	0.3	0.7	0.5	0.6	3.5	2.0
没什么打算	31.3	33.6	36.9	33.7	38.4	42.3
其他	0.3	0.8	0.2	1.1	0.8	0.0
合计	100	100	100	100	100	100

数据来源：2010 年 12 月，国家人口和计生委对北京、郑州、成都、苏州、中山、韩城的调查结果。

2. *在户籍地的住房消费计划*

在买房或建房计划方面，选择在户籍地农村建房或户籍地城镇买房的农民工仍然较多，计划在流入城市买房的农民工相对较少。2010 年 5 月国家人口和计生委对全国 106 个城市的调查结果（见表 3－13）表明，农业户籍流动人口中，有 23.1% 的人打算在户籍地农村建房、19.2% 的人打算在户籍地城镇买房，两者合计 42.3%；农业户籍流动人口打算在流入城市买房的比例为 18.2%，显著低于非农业户籍流动人口打算在流入城市买房 41.1% 的比例；同时，没有买房或建房计划的农业户籍流动人口比例为 37.3%，这也在一定程度上说明农民工中有相当一部分人认可租房、单位提供宿舍等解决住房需求的方式。

表 3－13　全国 106 个城市流动人口的购建房计划

单位：%

购建房计划	农业户籍流动人口	非农业户籍流动人口
1. 在本市县区（流入城市）买房/建房	18.2	41.1
2. 在户籍地农村买房/建房	23.1	3.3
3. 在户籍地城镇买房/建房	19.2	22.2
4. 在其他地方买房/建房	2.1	3.6
5. 没想过买房/建房	37.3	29.8
合计	100	100

数据来源：2010 年 5 月，国家人口和计生委对全国 106 个城市的调查结果。

有较多的农民工计划在户籍地农村建房或户籍地城镇买房，反映了城乡双重住房消费这一农民工住房消费的显著特征。究其原因，主要有以下几方面：一是因为农民工仍与老家有着密切的联系。2010 年 5 月国家人口和计生委对全国 106 个城市的调查结果表明，农业户籍流动人口中，有超过 90% 的农业户籍流动人口在老家还有耕地，而且在老家的耕地由自己或家人耕种的占 66.9%，由他人代为耕种的占 16.9%，租给他人耕种的占 6.5%，无人耕种的占 4.4%，全部或部分土地被征用的占 1.5%，未曾有耕地的占 3.8%。二是因为部分农民工计划返乡。2010 年 5 月国家人口和计生委对全国 106 个城市的调查结果表明，有 21.8% 的农业户籍流动人口打算返回户籍所在地就业，其中打算返回户籍所在县市区就业的占 51.8%、返回户籍所在乡镇街道就业的占 25.7%、返回户籍所在村居委会就业的占 22.5%；就工作类型而言，计划返乡的农业户籍流动人口中，打算返乡经商做买卖的占 50.5%、去企业做工的占 20.0%、务农的占 16.7%、打杂工临工的占 4.8%、去机关事业单位工作的占 2.4%、开办工厂的占 2.3%、其他占 3.4%。三是因为部分农民工打算回乡养老。2010 年 12 月国家人口和计生委对北京、郑州、成都、苏州、中山、韩城 6 个城市的调查表明，农业户籍流动人口中，打算返回户籍所在地的农村或城镇养老的比例相对较高，而打算在流入城市养老的比例较低，打算返乡养老的比例是打算在流入城市养老比例的 4 ~9 倍；以北京市为例，农业户籍流动人口中，打算在户籍所在地的农村养老的占 35.1%，打算在户籍所在地的城镇养老的占 13.3%，在流入城市养老的占 8.8%，在其他地方养老的占 1.2%，看经济条件再定的占 19.6%，跟着子女的占 3.3%，没想过的占 18.7%。可见，在上述原因的驱动下，选择在户籍地农村建房或户籍地城镇买房的农民工仍然相对较多。

三、对政府住房保障的期望

农民工最需要流入城市政府提供的服务或帮助中，关于政府住房保障方面的占有相当大的比例。2010 年 12 月，国家人口和计生委对北京、郑州、成都、苏州、中山、韩城 6 个城市的调查显示，农业户籍流动人口最需要流入城市政府提供的服务或帮助中，占据前五位的分别是就业帮助（包括就业机会、用工信息、就业培训）、社会保险、廉租房、购买廉价房的机会、孩子入托和上学，虽然各城市的具体情况有所差异，但这五项均占最需要流入地城市政府提供服务或帮助的前五位。

在对政府住房保障的具体期望方面，希望政府提供低租金房屋的农民工较多，也有一部分农民工希望政府提供低价位的购房机会，但还有相当一部分农民工明确表示不需要政府帮助解决其居住问题。从2010年12月国家人口和计生委对全国106个城市的调查结果（见表3－14）来看，农业户籍流动人口中，希望流入城市政府以提供低租金房屋的方式帮助其解决居住问题的，占57.0%；希望流入城市政府以提供低价位购房机会的方式帮助其解决居住问题的，占22.6%；还有20.4%的人表示不需要流入城市政府帮助其解决居住问题。与非农业户籍流动人口相比，农业户籍流动人口中，希望政府提供低租金房屋的较多，而希望政府提供低价位购房机会的较少。

表3－14　全国106个城市流动人口对政府住房保障的期望情况

单位：%

对政府期望	农业户籍流动人口	非农业户籍流动人口
1. 提供低租金房屋	57.0	33.6
2. 提供低价位购房机会	22.6	41.7
3. 不需要帮助	20.4	24.7
合计	100	100

数据来源：2010年12月，国家人口和计生委对全国106个城市的调查结果。

第四节　农民工住房及住房消费的差异性分析

一、地域差异

对农民工住房及住房消费的地域差异分析，以流入城市所属地区为分类依据，对比我国东、中、西部之间的差异。其中，东部地区包括北京、天津、河北、辽宁、上海、江苏、浙江、福建、山东、广东、海南11个省

（市）；中部地区包括山西、吉林、黑龙江、安徽、江西、河南、湖北、湖南8个省；西部地区包括内蒙古、广西、重庆、四川、贵州、云南、西藏、陕西、甘肃、青海、宁夏、新疆12个省（市、自治区）。

1. 住房来源

在住房来源方面，不同区域流入城市的农民工住房来源存在一定差异，东部地区农民工住单位房的较多，而中西部地区农民工已购房的较多。通过分析2010年12月国家人口和计生委对全国106个城市的调查数据，可以看出流入东部地区城市的农业户籍流动人口租住或免费使用单位或雇主提供住房的比例明显高于流入中西部地区城市的农业户籍流动人口，而流入中西部地区城市的农业户籍流动人口已购商品房的比例则明显高于流入东部地区城市的农业户籍流动人口，如表3－15所示。

表3－15　不同区域农业户籍流动人口的住房来源对比

单位：%

住房来源	东部地区	中部地区	西部地区
1. 租住单位/雇主房	10.4	8.1	7.3
2. 单位/雇主提供免费住房	14.0	8.0	7.4
3. 政府提供廉租住房	0.6	0.0	0.1
4. 租住私房	70.0	73.8	74.8
5. 已购商品房	3.0	7.1	5.3
6. 已购政策性保障房	0.1	0.2	0.2
7. 其他	2.0	2.8	5.0
合计	100	100	100

数据来源：2010年12月，国家人口和计生委对全国106个城市的调查结果。

2. 住房条件

通过分析2010年5月和12月国家人口和计生委对全国106个城市的调查数据，可以看出不同区域流入城市的农民工在住房条件方面存在差异。

（1）从住房建筑形式看，西部地区农民工住工棚的多，东部地区农民工住地下室的多。2010年12月国家人口和计生委对全国106个城市的调查数据显示：流入西部地区城市的农业户籍流动人口住在工棚等临时建筑的比例明显高于流入中东部地区城市的农业户籍流动人口，而流入东部地区城市的农业户籍流动人口住在地下室或半地下室的比例则明显高于流入中西部地区城市的农业户籍流动人口，如表3－16所示。

表3－16　不同区域农业户籍流动人口的住房建筑形式对比

单位：%

住房建筑形式	东部地区	中部地区	西部地区
1. 楼房（地面以上）	71.2	77.9	70.3
2. 平房	25.9	20.0	26.1
3. 临时建筑（工棚等）	1.7	1.3	2.7
4. 地下室/半地下室	1.0	0.6	0.4
5. 其他	0.2	0.2	0.6
合计	100	100	100

数据来源：2010年12月，国家人口和计生委对全国106个城市的调查结果。

（2）从人均住房面积看，东部地区农民工的人均住房面积比中西部地区小。2010年5月国家人口和计生委对全国106个城市的调查数据显示：流入东部地区城市的农业户籍流动人口的人均住房面积明显小于流入中西部地区城市的农业户籍流动人口，流入东部地区城市的农业户籍流动人口人均住房面积的平均值为11.7平方米，流入中部、西部地区城市的农业户籍流动人口人均住房面积的平均值则分别为15.3平方米、14.3平方米；而且，人均住房面积小于等于5平方米的东部地区农业户籍流动人口比例明显高于中部、西部地区，如表3－17所示。

表3－17　不同区域农业户籍流动人口的人均住房面积对比

人均住房面积（平方米）	东部地区	中部地区	西部地区
平均值	11.7	15.3	14.3
(0，5]	20.2%	12.1%	14.7%
(5，10]	45.5%	35.4%	39.2%
(10，20]	23.7%	32.0%	29.0%
(20，30]	6.7%	12.3%	9.7%
(30，80]	3.7%	8.1%	7.4%
合计	100%	100%	100%

数据来源：2010年5月，国家人口和计生委对全国106个城市的调查结果。

（3）从住房内的生活设施看，西部地区农民工住房内没有厕所的比例明显高于中东部地区。2010 年 5 月，国家人口和计生委对全国 106 个城市的调查数据显示：流入西部地区城市的农业户籍流动人口住房内有 30.4% 没有厕所，明显高于中东部地区的比例，而且流入西部地区城市的农业户籍流动人口与邻居合用厕所的比例也明显高于中东部地区，如表 3 – 18 所示。

表 3 – 18　不同区域农业户籍流动人口的住房设施对比

单位:%

住房设施	东部地区	中部地区	西部地区
1. 独立厕所	56	60	40
2. 邻居合用厕所	22	19	30
3. 没有厕所	22	21	30
合计	100	100	100

数据来源：2010 年 5 月，国家人口和计生委对全国 106 个城市的调查结果。

3. 居住支出

通过分析 2010 年 12 月国家人口和计生委对全国 106 个城市的调查数据，可以看出不同区域流入城市的农民工在居住支出方面存在差异。流入中部地区城市的农业户籍流动人口家庭月居住支出高于流入东部和西部地区城市的农业户籍流动人口。流入东部、中部、西部地区城市的农业户籍流动人口家庭月居住支出的平均值分别为 526 元、648 元、497 元。流入中部地区城市的农业户籍流动人口家庭月居住支出，不超过 500 元的比例明显低于流入东部和西部地区城市的农业户籍流动人口，而超过 500 元的比例则明显高于流入东部和西部地区城市的农业户籍流动人口，如表 3 – 19 所示。造成这一现象的原因可能是东部地区租住或免费使用单位或雇主提供住房的农业户籍流动人口较多，从而使其居住支出低于中部地区；西部地区的房屋价格低于中部地区，从而使西部的农业户籍流动人口的居住支出低于中部地区。

表 3－19　不同区域农业户籍流动人口的住房支出对比

家庭月居住支出（元）	东部地区	中部地区	西部地区
平均值	526	648	497
≤500	71.7%	59.8%	73.3%
501～1000	18.7%	26.0%	19.2%
1001～1500	4.6%	7.3%	4.1%
1501～2000	2.5%	3.7%	1.7%
≥2001	2.5%	3.3%	1.7%
合计	100%	100%	100%

数据来源：2010 年 12 月，国家人口和计生委对全国 106 个城市的调查结果。

4. 住房消费计划

不同区域流入城市的农民工在住房消费计划方面的差异，可以通过分析 2010 年 5 月国家人口和计生委对全国 106 个城市的调查数据得出。流入中西部地区城市的农业户籍流动人口计划在流入城市购建房的比例明显高于流入东部地区城市的农业户籍流动人口，而流入东部地区城市的农业户籍流动人口计划在户籍地农村或户籍地城镇买房建房的比例则明显高于流入中西部地区城市的农业户籍流动人口，如表 3－20 所示。

表 3－20　不同区域农业户籍流动人口的购建房计划对比

单位：%

购建房计划	东部地区	中部地区	西部地区
1. 在本市县区（流入城市）买房/建房	16.1	36.3	30.6
2. 在户籍地农村买房/建房	24.4	14.4	14.5
3. 在户籍地城镇买房/建房	20.5	10.2	10.4
4. 在其他地方买房/建房	2.1	1.7	1.8
5. 没想过买房/建房	36.8	37.4	42.8
合计	100	100	100

数据来源：2010 年 5 月，国家人口和计生委对全国 106 个城市的调查结果。

5. 对政府的住房期望

通过比较 2010 年 12 月国家人口和计生委对全国 106 个城市的调查数

据，发现不同区域的流入城市在对政府住房保障的期望方面存在差异。流入东部地区城市的农业户籍流动人口希望流入城市政府以提供低租金房屋的方式帮助其解决居住问题的比例明显高于流入中西部地区城市的农业户籍流动人口，而流入中西部地区城市的农业户籍流动人口希望流入城市政府以提供低价位购房机会的方式帮助其解决居住问题的比例则明显高于流入东部地区城市的农业户籍流动人口，如表3－21所示。

表3－21　不同区域农业户籍流动人口对政府住房保障的期望对比

单位：%

对政府期望	东部地区	中部地区	西部地区
1. 提供低租金房屋	59	42	49
2. 提供低价位购房机会	20	40	35
3. 不需要帮助	21	18	16
合计	100	100	100

数据来源：2010年12月，国家人口和计生委对全国106个城市的调查结果。

二、行业差异

对农民工住房及住房消费的行业差异分析，需要在行业分类的基础上进行。从2010年12月，国家人口和计生委对全国106个城市的调查数据来看，从事制造业的农业户籍流动人口比例最大，其次较为集中的行业有批发零售业、住宿餐饮业、社会服务业、建筑业、交通运输及仓储通信业。因此，本书将农民工所从事工作的行业类型分为制造业、建筑业、批发零售业、住宿餐饮业、社会服务业、交通运输及仓储通信业、其他共七大类。

1. 住房来源

通过比较2010年12月国家人口和计生委对全国106个城市的调查数据，可以看出不同行业的农民工在住房来源方面存在差异。制造业、建筑业、住宿餐饮业和社会服务业的农业户籍流动人口住在单位或雇主提供住房中的比例较高，批发零售业、交通运输及仓储通信业的农业户籍流动人口租住私房的比例较高，批发零售业的农业户籍流动人口已购商品房的比例最高，如表3－22所示。

表 3－22　农业户籍流动人口住房来源的行业对比

单位：%

住房来源	制造业	建筑业	批发零售业	住宿餐饮业	社会服务业	交通运输及仓储通信业	其他
1. 租住单位/雇主房	13.2	4.7	8.3	11.2	9.1	5.7	10.3
2. 单位/雇主提供免费住房	21.1	15.2	3.3	19.5	12.9	4.6	9.9
3. 政府提供廉租住房	0.3	0.2	1.4	0.2	0.5	1.3	0.7
4. 租住私房	63.0	74.5	79.3	66.1	71.4	82.2	69.6
5. 已购商品房	1.3	3.0	6.0	1.9	3.7	4.4	4.2
6. 已购政策性保障房	0.1	0.0	0.1	0.0	0.1	0.2	0.2
7. 其他	1.1	2.2	1.6	1.1	2.4	1.7	5.1
合计	100	100	100	100	100	100	100

数据来源：2010 年 12 月，国家人口和计生委对全国 106 个城市的调查结果。

2. 住房条件

通过分析 2010 年 5 月和 12 月国家人口和计生委对全国 106 个城市的调查数据，可以看出不同行业的农民工在住房条件方面存在差异。

（1）从住房建筑形式看，建筑业的农民工住在工棚内的较多，而住宿餐饮业和社会服务业的农民工住在地下室中的较多。2010 年 12 月，国家人口和计生委对全国 106 个城市的调查数据显示，建筑业的农业户籍流动人口住在工棚等临时建筑中的比例约为 11.4%，远远高于其余行业；住宿餐饮业和社会服务业的农业户籍流动人口住在地下室或半地下室中的比例则明显高于其余行业，如表 3－23 所示。

表 3－23　农业户籍流动人口住房建筑形式的行业对比

单位：%

住房建筑形式	制造业	建筑业	批发零售业	住宿餐饮业	社会服务业	交通运输及仓储通信业	其他
1. 楼房（地面以上）	72.8	53.3	76.4	73.3	74.7	68.1	69.0
2. 平房	25.7	34.4	21.7	22.8	22.1	30.6	25.0
3. 临时建筑（工棚等）	0.9	11.4	0.7	0.7	0.6	0.5	4.2
4. 地下室/半地下室	0.4	0.5	0.9	3.0	2.3	0.7	1.2

续表

住房建筑形式	制造业	建筑业	批发零售业	住宿餐饮业	社会服务业	交通运输及仓储通信业	其他
5. 其他	0.2	0.3	0.2	0.1	0.3	0.2	0.6
合计	100	100	100	100	100	100	100

数据来源：2010 年 12 月，国家人口和计生委对全国 106 个城市的调查结果。

（2）从人均住房面积看，批发零售业的农民工人均居住面积较大，制造业、建筑业和住宿餐饮业的农民工人均居住面积较小。2010 年 5 月国家人口和计生委对全国 106 个城市的调查数据显示：批发零售业的农业户籍流动人口人均住房面积平均值为 15 平方米，明显高于其余行业；制造业、建筑业和住宿餐饮业的人均住房面积小于等于 5 平方米的农业户籍流动人口比例较高，如表 3－24 所示。

表 3－24　农业户籍流动人口人均住房面积的行业对比

人均住房面积（平方米）	制造业	建筑业	批发零售业	住宿餐饮业	社会服务业	交通运输及仓储通信业	其他
平均值	10.4	11.0	15.0	11.9	12.9	12.7	14.2
(0，5]	22.2%	21.2%	12.8%	21.1%	18.5%	14.5%	15.5%
(5，10]	49.6%	49.3%	38.1%	42.5%	41.8%	45.0%	39.3%
(10，20]	21.8%	20.5%	30.1%	26.0%	26.1%	27.6%	27.5%
(20，30]	4.6%	5.3%	10.9%	6.3%	8.4%	8.3%	10.0%
(30，80]	1.8%	3.8%	8.1%	4.1%	5.2%	4.7%	7.7%
合计	100%	100%	100%	100%	100%	100%	100%

数据来源：2010 年 5 月，国家人口和计生委对全国 106 个城市的调查结果。

（3）从住房内的生活设施来看，建筑业的农民工住房内没有厕所的比例明显高于其余行业。2010 年 5 月，国家人口和计生委对全国 106 个城市的调查数据显示：建筑业的农业户籍流动人口住房内没有厕所的占 35.0%，明显高于其余行业；建筑业和制造业的农业户籍流动人口与邻居合用厕所的比例，与其余行业相比较高；批发零售业的农业户籍流动人口住房内具有独立厕所的比例最高，如表 3－25 所示。

表 3－25　农业户籍流动人口住房设施的行业对比

单位:%

住房设施	制造业	建筑业	批发零售业	住宿餐饮业	社会服务业	交通运输及仓储通信业	其他
1. 独立厕所	52.6	36.0	64.9	54.4	54.8	53.0	56.8
2. 邻居合用厕所	27.5	29.0	14.3	19.8	22.6	19.9	17.1
3. 没有厕所	19.9	35.0	20.8	25.7	22.6	27.1	26.1
合计	100	100	100	100	100	100	100

数据来源：2010 年 5 月，国家人口和计生委对全国 106 个城市的调查结果。

3. 居住支出

通过比较 2010 年 12 月国家人口和计生委对全国 106 个城市的调查数据，可以看出不同行业的农民工在居住支出方面存在明显差异。批发零售业的农业户籍流动人口家庭月居住支出最高，平均值达到 939 元；制造业的农业户籍流动人口家庭月居住支出最低，平均值为 314 元；前者约为后者的 3 倍。除了批发零售业以外，其余行业的农业户籍流动人口家庭月居住支出不超过 500 元的比例均大于 60%，其中制造业和建筑业的比例较高，如表 3－26所示。

表 3－26　农业户籍流动人口住房支出的行业对比

家庭月居住支出（元）	制造业	建筑业	批发零售业	住宿餐饮业	社会服务业	交通运输及仓储通信业	其他
平均值	314	402	939	621	564	499	564
≤500	87.6%	81.1%	43.9%	63.9%	63.7%	74.0%	68.2%
501～1000	10.1%	14.6%	31.0%	22.0%	26.4%	20.2%	21.0%
1001～1500	1.5%	2.4%	10.2%	6.4%	5.6%	2.9%	5.2%
1501～2000	0.4%	0.9%	7.0%	3.6%	2.4%	2.0%	3.1%
≥2001	0.3%	0.9%	7.9%	4.1%	1.9%	0.9%	2.6%
合计	100%	100%	100%	100%	100%	100%	100%

数据来源：2010 年 12 月，国家人口和计生委对全国 106 个城市的调查结果。

4. 住房消费计划

不同行业的农民工在住房消费计划方面的差异，可以通过分析 2010 年

5月国家人口和计生委对全国106个城市的调查数据得出。批发零售业的农业户籍流动人口计划在流入城市购建房的比例，与别的行业相比较高；制造业的农业户籍流动人口计划在流入城市购建房的比例最低，而计划在户籍地农村或户籍地城镇买房建房的比例最高，如表3－27所示。

表3－27　农业户籍流动人口购建房计划的行业对比

单位：%

购建房计划	制造业	建筑业	批发零售业	住宿餐饮业	社会服务业	交通运输及仓储通信业	其他
1. 在本市县区（流入城市）买房/建房	11.2	16.4	27.2	15.9	22.0	22.3	28.0
2. 在户籍地农村买房/建房	28.6	28.3	16.6	20.3	19.4	18.7	18.4
3. 在户籍地城镇买房/建房	24.3	16.2	14.6	18.8	17.0	18.8	15.5
4. 在其他地方买房/建房	2.2	0.8	2.1	1.9	2.5	1.5	2.6
5. 没想过买房/建房	33.6	38.3	39.5	43.2	39.0	38.8	35.5
合计	100	100	100	100	100	100	100

数据来源：2010年5月，国家人口和计生委对全国106个城市的调查结果。

5. 对政府的住房期望

通过比较2010年12月国家人口和计生委对全国106个城市的调查数据，发现不同行业的农民工在对政府住房保障的期望方面存在一定的差异。批发零售业的农业户籍流动人口希望流入城市政府以提供低价位购房机会的方式帮助其解决居住问题的比例最高，制造业的农业户籍流动人口表示不需要政府帮助其解决居住问题的比例最高，建筑业、交通运输及仓储通信业的农业户籍流动人口希望流入城市政府以提供低租金房屋的方式帮助其解决居住问题的比例略高于其他行业，如表3－28所示。

表3－28　农业户籍流动人口对政府住房保障期望的行业对比

单位：%

对政府期望	制造业	建筑业	批发零售业	住宿餐饮业	社会服务业	交通运输及仓储通信业	其他
1. 提供低租金房屋	57.3	60.6	54.2	58.2	58.1	60.0	54.3

续表

对政府期望	制造业	建筑业	批发零售业	住宿餐饮业	社会服务业	交通运输及仓储通信业	其他
2. 提供低价位购房机会	17.7	19.9	29.6	20.8	23.9	25.5	26.7
3. 不需要帮助	24.9	19.5	16.2	21.0	18.0	14.5	19.0
合计	100	100	100	100	100	100	100

数据来源：2010 年 12 月，国家人口和计生委对全国 106 个城市的调查结果。

三、年龄差异

对农民工住房及住房消费的年龄差异分析，分析的是农民工的代际差异，根据学术界和统计口径的常用标准，将农民工群体分为“一代农民工”和“二代农民工”。其中，“一代农民工”是指在 1979 年及以前出生的农民工；“二代农民工”是指在 1980 年及之后出生的农民工，又称“新生代农民工”、“80 后农民工”。

1. 住房来源

通过比较 2010 年 12 月国家人口和计生委对全国 106 个城市的调查数据，可以看出一代农民工和二代农民工在住房来源方面存在差异。[①] 二代农民工住在单位或雇主提供的住房中的比例比一代农民工高，而一代农民工租住私房和已购商品房的比例则比二代农民工高（见表 3-29）。二代农民工与一代农民工相比，年龄较轻，已婚比例较低，因而住在单位或雇主提供的住房中的较多；一代农民工与二代农民工相比，年龄较大，已婚比例较高，家庭收入积累较多，因而租住私房和已购商品房的比例较高。

表 3-29 农业户籍流动人口住房来源的代际差异

单位:%

住房来源	一代农民工	二代农民工
1. 租住单位/雇主房	8.6	11.6
2. 单位/雇主提供免费住房	8.5	18.4

①为使表述简练，以“一代农民工”指代调查中 1979 年及以前出生的农业户籍流动人口，以“二代农民工”指代调查中 1980 年及以后出生的农业户籍流动人口。下同。

续表

住房来源	一代农民工	二代农民工
3. 政府提供廉租住房	0.6	0.5
4. 租住私房	75.1	65.5
5. 已购商品房	4.5	2.1
6. 已购政策性保障房	0.1	0.1
7. 其他	2.6	1.9
合计	100	100

数据来源：2010 年 12 月，国家人口和计生委对全国 106 个城市的调查结果。

2. 住房条件

通过分析 2010 年 5 月和 12 月国家人口和计生委对全国 106 个城市的调查数据，发现一代农民工和二代农民工在住房条件方面的差异不大。

（1）从住房建筑形式来看，一代农民工住在平房和工棚等临时建筑的比例较高；二代农民工住在楼房和地下室或半地下室的比例较高。2010 年 12 月，国家人口和计生委对全国 106 个城市的调查数据显示，一代农民工比二代农民工住在平房和工棚等临时建筑的比例高，而二代农民工比一代农民工住在楼房和地下室或半地下室的比例高，如表 3－30 所示。

表 3－30 农业户籍流动人口住房建筑形式的代际差异

单位：%

住房建筑形式	一代农民工	二代农民工
1. 楼房（地面以上）	66.6	76.9
2. 平房	29.8	20.9
3. 临时建筑（工棚等）	2.5	1.0
4. 地下室/半地下室	0.8	1.1
5. 其他	0.3	0.2
合计	100	100

数据来源：2010 年 12 月，国家人口和计生委对全国 106 个城市的调查结果。

（2）从人均住房面积看，一代农民工与二代农民工的差异较小。2010 年 5 月国家人口和计生委对全国 106 个城市的调查数据显示：一代农民工人均住房面积的平均值为12.2平方米，略高于二代农民工的人均住房面积11.8平方米；人均住房面积在5平方米及以下的比例，一代农民工略低于二代农民工；人均住房面积在5平方米以上的比例，一代农民工略高于二代农民工，如表3－31所示。

表3－31　农业户籍流动人口人均住房面积的代际差异

人均住房面积（平方米）	一代农民工	二代农民工
平均值	12.2	11.8
(0，5]	18.3%	20.8%
(5，10]	44.7%	44.3%
(10，20]	24.8%	24.2%
(20，30]	7.5%	7.0%
(30，80]	4.7%	3.7%
合计	100%	100%

数据来源：2010年5月，国家人口和计生委对全国106个城市的调查结果。

（3）从住房内的生活设施来看，一代农民工与二代农民工的差异不大。2010年5月国家人口和计生委对全国106个城市的调查数据显示：一代农民工住房内没有厕所的比例，与二代农民工相比较高；二代农民工住房内具有独立厕所的比例、与邻居合用厕所的比例，与一代农民工相比较高，如表3－32所示。

表3－32　农业户籍流动人口住房设施的代际差异

单位:%

住房设施	一代农民工	二代农民工
1. 独立厕所	52.3	57.5
2. 邻居合用厕所	21.7	23.4
3. 没有厕所	26.0	19.2
合计	100	100

数据来源：2010年5月，国家人口和计生委对全国106个城市的调查结果。

3. *居住支出*

通过比较2010年12月国家人口和计生委对全国106个城市的调查数

据，可以看出一代农民工和二代农民工在居住支出方面存在一定的差异。一代农民工家庭月居住支出高于二代农民工。一代农民工家庭月居住支出的平均值为583元，二代农民工家庭月居住支出的平均值为468元；一代农民工家庭月居住支出，不超过500元的比例明显低于二代农民工，而超过500元的比例则明显高于二代农民工，如表3－33所示。可能的原因有二代农民工租住或免费使用单位或雇主提供住房的较多，从而使其居住支出较低。

表3－33　农业户籍流动人口住房支出的代际差异

家庭月居住支出（元）	一代农民工	二代农民工
平均值	583	468
≤500	67.5%	75.5%
501～1000	21.1%	16.7%
1001～1500	5.6%	3.7%
1501～2000	3.1%	1.9%
≥2001	2.8%	2.1%
合计	100%	100%

数据来源：2010年12月，国家人口和计生委对全国106个城市的调查结果。

4. 住房消费计划

农民工在住房消费计划方面的代际差异明显，可以通过分析2010年5月国家人口和计生委对全国106个城市的调查数据得出。一代农民工计划在户籍地农村买房或建房的比例明显高于二代农民工，而二代农民工计划在户籍地城镇和其他地方买房或建房的比例明显高于一代农民工，在流入城市购建房的比例一代农民工与二代农民工的差异较小，如表3－34所示。

表3－34　农业户籍流动人口购建房计划的代际差异

单位：%

购建房计划	一代农民工	二代农民工
1. 在本市县区（流入城市）买房/建房	18.5	17.9
2. 在户籍地农村买房/建房	26.5	19.1
3. 在户籍地城镇买房/建房	16.2	22.8

续表

购建房计划	一代农民工	二代农民工
4. 在其他地方买房/建房	1.3	3.0
5. 没想过买房/建房	37.4	37.2
合计	100	100

数据来源：2010 年 5 月，国家人口和计生委对全国 106 个城市的调查结果。

5. 对政府的住房期望

通过比较 2010 年 12 月国家人口和计生委对全国 106 个城市的调查数据，可以看出一代农民工和二代农民工在对政府住房保障的期望方面相差无几。一代农民工希望流入城市政府以提供低租金房屋、低价位购房机会的方式帮助其解决居住问题的比例略高于二代农民工，二代农民工表示不需要政府帮助其解决居住问题的比例则略高于一代农民工，如表 3－35 所示。

表 3－35　农业户籍流动人口对政府住房保障期望的代际差异

单位：%

对政府期望	一代农民工	二代农民工
1. 提供低租金房屋	57.9	56.3
2. 提供低价位购房机会	23.1	21.9
3. 不需要帮助	19.1	21.8
合计	100	100

数据来源：2010 年 12 月，国家人口和计生委对全国 106 个城市的调查结果。

第四章　农民工的住房支付能力

第一节　住房支付能力与住房保障

一、住房支付能力：划分市场配置与住房保障的分界线

1. 市场与政府是配置住房资源的两大渠道

市场与政府是配置住房资源的两大渠道。是通过市场配置，还是通过政府保障来配置住房资源的分界线就是一个家庭在住房市场上是否具有住房支付能力。住房支付能力是指一个家庭从市场上购买或租赁住房的交易能力。住房问题产生的实质往往就是住房支付能力不足。住房支付能力的测度与住房保障范围的界定直接相连，具备住房支付能力的家庭可以通过市场购买或租赁住房，而住房支付能力不足的家庭则需要政府提供住房保障。

之所以需要政府提供住房保障的原因，是因为住房市场存在不能有效地配置资源的情况，即“市场失灵”（Market Failure）。现代公共财政理论以“市场失灵”为分析问题的出发点，认为公共财政是与市场经济相适应的财政模式，财政存在的必要性在于弥补市场存在的缺陷，社会经济的运行应当以市场调节为主，在市场难以调节或者调节失灵的领域，需要政府进行适应性调节，对市场予以干预。住房保障就是依靠政府的力量对住房市场失灵的情况来进行弥补和干预。

公共财政的主要职能可以界定为三个：一是资源配置职能，通过本身的收支活动为政府公共物品提供财力，引导资源流向，弥补市场缺陷，最终实现全社会资源配置的最优效率状态；二是收入分配职能，财政通过自身收支活动进行全社会范围的再分配，以实现社会分配的相对公平；三是经济稳定职能，由于市场在自发运行中必然产生经济周期问题，政府必须推行宏观经济政策以实现宏观经济的相对稳定。住房保障的通常做法是由政府向中低收入者提供实物或货币形式的住房补贴，其实质上是财政通过自身收支活动进行全社会范围再分配的一种行为，是政府在履行其以实现社会分配相对公平为目标的资源配置和收入分配职能。这也说明了政府向无法有效通过市场满足其住房需求的中低收入家庭提供住房保障的必要性。

2. 以住房支付能力作为分界线的原因

以住房支付能力作为划分市场配置与住房保障分界线，对不具备住房支付能力的低收入家庭提供住房保障，其内在原因是为了增进社会的垂直公平，提高社会整体的福利水平，也体现了一种社会公平与效率之间的协调。

财政学的代表人物哈维·S. 罗森认为即使经济能产生帕累托效率的资源配置，但为了实现“公平的”效用分配，政府的干预可能也是必要的。[①]然而，何谓“公平”？公平可以分为“垂直公平”（Vertical Equity）和“水平公平”（Horizontal Equity）两种。垂直公平是指社会各家庭从政策计划中获得的收入分配程度不同，在承认存在实际上不平等的基础上，由政府通过对财富的再分配来实现社会公平；水平公平是指社会各家庭从政策计划中获得的收入分配程度相同，即各家庭在政策计划中得到平等的对待。垂直公平的“积极计划”是使低收入家庭获得额外的好处，“消极计划”是使富裕家庭获得额外的好处。水平公平和垂直公平的目标往往不能在同一项政策计划中同时实现，很多政策计划仅使少部分贫穷家庭受益，而把富裕家庭排除在外，这样的政策计划缺乏水平公平，但却促进了积极的垂直公平。垂直公平的思想理念，即首先承认存在实际上的不平等，并用社会救助政策对社会经济进行二次分配，使处于劣势的人逐渐与其他处于优势的

①Rosen H S：《财政学（第七版）》，郭庆旺、赵志耘译，中国人民大学出版社 2006 年版，第 46 页。

人有平等的权利和结果。① 以住房支付能力作为划分市场配置与住房保障的分界线，对不具有市场住房支付能力的低收入者给予政府财政补贴，体现的就是增进社会垂直公平的思想。

福利经济学的代表人物帕累托认为，当不存在能够使某人的处境变好同时不使其他任何人处境变坏时，就会出现最大化的社会福利，被称为“帕累托最优”。虽然“帕累托最优”在现实的经济生活中难以实现，在住房市场中也不可能实现；但是，以社会福利代替私人效用作为资源的考量角度是公共政策需要关注的。对低收入家庭提供住房保障即使无法达到帕累托最优，仍可以以“社会福利最大化”为目标寻求次优解，在使一部分人的处境变好的同时虽然会使另一部分人的处境变坏，但只要变坏的程度小于变好的程度，就可以认为是社会福利水平的提高。被称为福利经济学之父的英国经济学家庇古，认为在国民收入既定的条件下，通过国民收入的再分配可以增加一国的福利。其论断的基础是边际效用递减规律，即同一数额的货币在富人手中效用较小，在穷人手中效用较大，人们随着所得到收入的不断增加，其收入增加的边际效用将不断下降。因而，他认为更大的收入公平可以提高社会福利，即从一个相对富有的人向一个偏好相同但相对贫穷的人所进行的收入转移，是以牺牲相对而言较为不强烈的欲望为代价来满足更加强烈的欲望，会增加社会满意程度的总和，社会福利会由此得到提高。② 收入再分配的具体措施包括税收、政府支出、价格管制、重新分配产权，等等。住房保障实质上也是一种转移支付、一种收入再分配，将财政资金用于满足社会低收入群体的住房保障领域，将高收入群体的收入向低收入群体转移，使低收入群体的处境发生好的变化，将有利于社会整体福利的提高。也就是说，对不具备住房支付能力的低收入家庭提供住房保障，将有利于增进社会整体的福利水平。

住房保障是政府对市场的一种干预，而这种干预所遵循的行为准则，必然涉及公平与效率的协调。政府的住房保障要限定在一个合理的范围内，使市场机制在住房资源配置方面起到提高效率的作用，同时利用财政资源补贴中低收入群体以达到社会公平的目标，从而使平等和效率得到协调。

①Rosen H S：《财政学（第七版）》，郭庆旺、赵志耘译，中国人民大学出版社 2006 年版，第 295 页。

②郭玉坤：《中国城镇住房保障制度研究》，西南财经大学博士学位论文，2006 年。

而以住房支付能力作为划分市场配置和政府保障的分界线，具备住房支付能力的家庭通过市场解决住房需求，保证了住房资源市场配置的效率，而向不具备住房支付能力的家庭提供住房保障，则会促进社会公平与福利的提升。

二、住房保障：提高住房支付能力的政策手段

政府住房保障实质上是一种财政补贴，而这种财政补贴的运用方式主要分为两种：一是供给方补贴；二是需求方补贴。

供给方补贴是指政府直接介入住房供给并提供财政补贴的住房保障方式，也称为“砖头补贴”、生产者补贴。由于低收入家庭住房支付能力较弱，政府部门通过降低生产者融资、建造和经营成本，或是提高其经营、销售收入等措施，对供给方进行补贴，引导和激励私营部门生产面向中低收入家庭的住房，以此推动住房市场上面向低收入家庭的供给量增加。供给方补贴通常采用两种做法：一种是政府部门直接建造公共住房或收购二手房作为公共住房，提供给社会低收入家庭等住房困难群体居住；另一种是政府有条件地向房地产企业或非盈利性组织提供财政补贴，如贷款优惠、税收减免、地价优惠、租金或售价补偿等，其条件多是限制其建成房屋销售或租赁的对象和价格，即要求获得财政补贴的房地产企业或非盈利性组织，以限定的价格，销售或租赁给低收入家庭等住房困难群体。

需求方补贴是指政府向住房需求者提供财政补贴的住房保障方式，也称为“人头补贴”、消费者补贴。低收入家庭住房消费困难主要体现在三个层次：第一个层次是收入低造成只能租房或只能购买居住环境和品质较差的商品房；第二个层次是收入不稳定无法借助长期贷款购房；第三个层次是没有足够的储蓄支付首付款。政府部门通过降低低收入家庭购买住房的融资成本、减少住房消费支出等方式，以提高其住房消费意愿和能力。需求方补贴通常采用的方式，包括租金或售价补贴、贴息贷款、政府担保、税收优惠等。

住房保障无论是采用供给方补贴的方式，还是采用需求方补贴的方式，其目的都是通过政府财政补贴来提高社会上低收入家庭的住房支付能力，从而解决低收入家庭的住房问题。

第二节　中国城镇住房市场的住房支付能力分析

研究农民工的住房问题，离不开对农民工住房支付能力的测度，而农民工是中国城镇居民中的重要组成部分，要对农民工的住房支付能力做出判断，就需要先要对中国城镇住房市场整体的住房支付能力进行分析。

一、住房支付能力的衡量指标

衡量住房支付能力的指标中，较为常见的主要包括：房价收入比、租金收入比、住房消费比、剩余收入等。这些常见的指标又有其各自的衡量标准，即在什么数值的情况下表示具备住房支付能力，而在什么数值的情况下又表示不具备住房支付能力。在对中国城镇住房市场的住房支付能力进行具体分析之前，有必要厘清各种常见指标的含义、计算方法和衡量标准。

1. 房价收入比（PIR）及变形指标

房价收入比（Price - to - Income Ratio，PIR），是指一定时期内某一国家或地区具有代表性的住房销售价格与该国或该地区具有代表性的家庭收入之间的比值，是一个被广泛应用的衡量住房支付能力的指标。一般来说，房价取用的是自由市场上一套住房的价格，而家庭收入取用的是一个家庭的年收入。具体计算取值主要有中位数和平均数两种，即住房价格的中位数与家庭收入的中位数之比，或住房价格的平均数与家庭收入的平均数之比。国外采用中位数的较多，用来衡量当地中等收入家庭购买中等价位住房的购买能力，以避免极端值对房价收入比的影响；国内采用平均数的较多，主要原因在于中间值数据难以获得。对于住房价格本身取值也有含税与不含税的区别，家庭收入的取值也有税后与税前两种情况，理想的状态采用含税的住房价格和税后收入，但在实际运用中受限于数据的可得性。

房价收入比越高，居民购房的支付能力越差；房价收入比越低，居民购房的支付能力越强。目前较通用的标准是认为房价收入比在 4 ~6 较为合理，即总房价是家庭年收入的 4～6 倍。世界银行（1992）引述香港大学学者 Bertrand Renaud 在 1989 年研究报告中的论述，“在发达国家，平均每套住宅的价格总额与平均家庭收入的比例在 1.8～5.5:1 之间，在发展中国家，该数一般在 4～6:1 之间”。①

房价收入比在具体使用中还出现了一些变形指标，如月付收入比、HAI、动态房价收入比等。

月付收入比，是指在使用按揭贷款买房的情况下，每月需要支付的按揭贷款偿还数额与每月的家庭收入之比。月付收入比越高，家庭按揭还款的压力越大；反之月付收入比越低，则家庭按揭还款的压力越小。一般认为按揭贷款月付不超过家庭月收入的 1/3 是合理的住房消费负担，如果月付超过家庭月收入的 50%，银行通常不会向购房者发放贷款。

月付收入比与房价收入比都是衡量居民对住房购买能力的指标，两者是可以相互转化的。假定：一套住房的总价为 100 万元，首付 30%，贷款 70 万元，贷款期限为 25 年，贷款年利率为 7%，等额本息情况下，每月还款额为 4947 元；如果房价收入比为 5，即家庭年收入为房价的 1/5，则家庭年收入为 20 万元；按此计算，月付收入比为 29.7%，按揭贷款月付未超过家庭月收入的 1/3。也就是说，4～6 倍的房价收入比标准与 1/3 的月付收入比标准，两者是大致对等的。

HAI（Housing Affordability Index）是美国不动产协会的住房可支付能力指数，也是房价收入比的变形指标之一。美国不动产协会（NAR）对住房按揭贷款者的申请资格收入（Qualifying Income）有所规定：住房按揭贷款的申请资格年收入线是按揭贷款月付的 48 倍，也就是说，年收入是年付的 4 倍及以上，或月付不超过月收入的 25%，才具有申请住房按揭贷款的资格。② HAI 的计算方法是用当地家庭收入的中间值比上中间价位住房的按揭贷款申请资格收入线。当 HAI 值为 100 时，表示当地家庭收入的中间值与中间价位住房的按揭贷款申请资格收入线相同；指数越高，表示普通家庭购买住房的支付能力越强；指数越低，则表示普通家庭购买住房的支付能力越差。

①世界银行亚洲区中国局环境人力资源和城市发展处编：《中国：城镇住房改革的问题与方案》，中国财政经济出版社 1992 年版。

②陈杰：《城市居民住房解决方案——理论与国际经验》，上海财经大学出版社 2009 年版。

动态房价收入比是为了适应发展中国家收入变化较快的情况而提出的（陈杰，2008）。一旦居民买定房子，住房的购买成本就被锁定，可收入却有不断增长的可能性，随着收入的不断增长，购房人的房价收入比会不断下降，月付收入比也会不断下降。静态的房价收入比指标在经济发展稳定的发达国家、成熟的房地产市场中运用问题不大。但对收入快速增长的发展中国家来说，如果用静态的房价收入比计算则可能产生误判，如 20 世纪 90 年代末俄罗斯、东欧等转型经济国家的静态房价收入比达到了 15 甚至 20 以上，但这些国家的房地产市场并没有崩溃，反而继续发展，房价收入比也呈现出逐步下降的趋势。[①] 动态房价收入比的具体计算，是将房价按购入时点的价格取值，同时考虑按揭贷款的利率变化对购房后不同时点还款额的影响；收入则是按动态变化的收入取值，即在购房时点的收入上再考虑当地的收入平均增幅；进而计算出购房后不同时点的房价收入比的动态数值。

2. 租金收入比（RIR）

租金收入比（Rent - to - Income Ratio，RIR），是指一定时期内某一国家或地区具有代表性的住房租赁价格与该国或该地区具有代表性的家庭收入之间的比值，用于衡量租住住房家庭的支付能力。一般来说，租金采用的是一套住房的年租金，而家庭收入取用的是一个家庭的年收入。与房价收入比相同，租金收入比的具体计算取值也主要有中位数和平均数两种，即住房租金的中位数与家庭收入的中位数之比、或住房租金的平均数与家庭收入的平均数之比；国外采用中位数的较多，而国内采用平均数的较多。租金收入比越高，租住住房的家庭负担越重，租房的支付能力越差；反之，租金收入比越低，租住住房的家庭负担越轻，租房的支付能力越强。

英国国家住房协会联合会（NFHA，1993）提出如果租户的租金支出超过了收入的22%，就是不可支付的。美国住宅与城市发展部（HUD）规定的家庭应该支付的住房消费比例的标准是：用最多占家庭收入 30% 的金额即可购买或租用适当的住房。[②] 目前，认可度较高的租金收入比警戒线是 30%，即租金收入比不超过 30% 的住房消费是合理的，而租金收入比超过 30% 的住房消费则存在支付能力不足的问题。

---

①陈杰：《城市居民住房解决方案——理论与国际经验》，上海财经大学出版社 2009 年版。

②刘洪玉、耿媛元：《住房支付能力分析》，《建筑经济》1999 年第 7 期。

3. 住房消费比

衡量住房支付能力的指标还有住房消费比，即住房消费开支占家庭总支出的比例。考虑到正常情况下，一个家庭的支出应该小于收入或者是收支平衡，因此住房消费支出占家庭总支出的比例应该大于或等于住房消费支出占家庭总收入的比例。在同等情况下，住房消费比的指标值一般应大于月付收入比或租金收入比。该指标因各国对住房消费开支所包含项目的规定不同而略有差异。

在德国，若某家庭所应占用的住房开支超过家庭总支出的15%～25%（单身家庭超过30%），则认为该家庭不具备支付能力，应享受住房津贴。[①] 纵观2007～2009年世界32个国家和地区的居民住房消费支出情况（详见表4－1），在住房、水、电、天然气和其他燃料方面的消费支出大多占总支出的20%左右，有25个国家或地区的居民这方面的支出比例在15%～25%，没有国家或地区的居民在这方面的支出超过30%；如果加上家具、家用设备及住房日常维护的支出，大多国家和地区居民的住房相关支出占总支出的比例在20%～30%，最高的不超过35%（丹麦34.23%）。

从住房消费比应大于租金收入比的逻辑关系，以及不同国家和地区的经验数值，综合来看如果租金收入比的合理水平是不超过30%，那么住房消费比的合理水平的参考值则可以是不超过35%。

表4－1　世界32个国家和地区的居民住房消费支出情况

单位：%

国家和地区	年份	住房、水、电、天然气和其他燃料	家具、家用设备及住房日常维护	住房相关支出合计
澳大利亚	2008	20.47	5.21	25.68
奥地利	2007	20.85	6.94	27.79
比利时	2009	23.89	5.77	29.66
加拿大	2009	24.08	6.38	30.46
捷克	2009	23.36	4.84	28.20

①刘洪玉、耿媛元：《住房支付能力分析》，《建筑经济》1999年第7期。

续表

国家和地区	年份	住房、水、电、天然气和其他燃料	家具、家用设备及住房日常维护	住房相关支出合计
丹麦	2009	28.82	5.41	34.23
芬兰	2009	26.75	5.20	31.95
法国	2009	25.55	5.88	31.43
德国	2009	24.47	6.62	31.09
希腊	2007	16.40	6.15	22.55
匈牙利	2009	22.07	5.10	27.17
冰岛	2009	23.83	5.69	29.52
爱尔兰	2009	21.81	5.77	27.58
意大利	2008	21.15	7.47	28.62
日本	2008	24.83	3.61	28.44
韩国	2009	16.74	3.27	20.01
卢森堡	2008	22.41	7.18	29.59
墨西哥	2008	22.89	4.53	27.42
荷兰	2009	23.93	6.33	30.26
挪威	2007	19.17	6.30	25.47
波兰	2009	24.44	4.43	28.87
葡萄牙	2007	14.29	6.36	20.65
斯洛伐克	2008	24.43	6.65	31.08
西班牙	2007	16.84	5.31	22.15
瑞典	2009	26.98	5.33	32.31
瑞士	2008	23.74	4.47	28.21
英国	2009	22.50	5.08	27.58
美国	2009	19.47	4.30	23.77
智利	2008	15.14	8.33	23.47
爱沙尼亚	2009	23.59	4.52	28.11
以色列	2009	25.05	5.78	30.83
斯洛文尼亚	2009	19.11	5.75	24.86

数据来源：中华人民共和国国家统计局编，《国际统计年鉴 2011》；经合组织 OLIS 数据库（OECD OLIS Database）。

4. 剩余收入

剩余收入指标，是指在扣除住房消费支出后剩余的家庭收入余额。利用剩余收入衡量住房支付能力的方法，称为剩余收入法（Residual Income Approach）。剩余收入法的基本原理是，看一个家庭在支付了住房消费支出后所剩余的收入（After – Housing Residual Income）是否能够满足其他正常的生活必需消费，如果不能满足的话，则认为该家庭的住房支付能力不足，存在住房困难。剩余收入法在使用的过程中，也可以从反向的角度来探讨家庭的住房支付能力，即在扣除非住房需求的基本生活消费支出后，剩余的收入是否足以支付合理的住房消费支出。

剩余收入法的关键是界定合理的住房消费支出水平和正常的非住房生活必需消费水平，而这两者的界定都不容易。合理的住房消费支出水平应是符合当地社会整体价值观的，并且随着社会经济发展水平的变化而变化的。确定合理住房消费支出水平的标准，至少需要确定合理的住房面积与合理的住房价格两个因素，在具体使用的过程中往往离不开平均数和中位数的取用。非住房生活必需消费包括衣、食、行、教育、医疗等，逐项确认正常水平的标准是很难的，甚至是不可能的，同时这些生活必需品的消费水平也是随着当地的社会经济发展水平的变化而变化的。因此，在具体使用中通常也是采用非住房消费支出的平均数和中位数来替代的。

5. 各种衡量指标的综合评价

从指标的形式来看，衡量住房支付能力的指标分为比值和绝对值两种。房价收入比、月付收入比、租金收入比、住房消费比等都是比值的形式；而剩余收入则是绝对值的形式。比值的形式虽然便于比较，但是在衡量住房支付能力时可能产生较大的偏差：如果一个富有家庭，喜欢住大房子、好房子，甚至有几套房子轮流住，把每月收入的60%甚至更多都花在住房消费上，剩下的收入仍然足够让一家人过上高水平的生活，而月付收入比、住房消费比等指标显示出的却是住房困难的取值区间；相反，如果一个贫穷家庭，即使将每月收入的10%甚至更少花在住房消费上，剩余的收入也无法满足吃饱穿暖的基本需求，很低的租金收入比、住房消费比也不能反映出住房支付能力强。基于此，剩余收入法虽然提出的时间相对较晚（Stone，1993），但近些年在国外却得到了越来越多的重视，并开始被引入到住房保障的具体实践之中。

从指标的计算难易程度和应用范围来看，剩余收入法的计算难度较大、应用较少，而房价收入比、月付收入比、租金收入比、住房消费比等指标的计算相对容易、应用较广。剩余收入法由于需要界定正常的非住房生活必需消费水平或合理的住房消费支出水平，不同国家或地区的正常的非住房生活必需消费水平和合理的住房消费支出水平都有所差异，而且随着物价水平变动而变，界定这两者的难度较大，因而应用也受到限制。房价收入比、月付收入比、租金收入比、住房消费比等指标的取值相对容易，应用范围较广，尤其是住房消费比仅涉及支出方面的数据，数据的可获性就更高，便于在不同的区域、不同的时间点之间进行比较。

从指标存在的不足来看，上述常用的住房支付能力衡量指标，都未反映住房市场结构性差异的问题，都未考虑家庭存量资产的问题。①利用中位数或平均数计算的房价收入比、月付收入比、租金收入比等，无法反映出收入分配的结构与住房市场供给结构之间的匹配度问题。比如，某个国家或地区中存在着较为严重的贫富分化问题，低收入人群较多，而低价位的住房较少，很可能出现以中位数或平均数计算的房价收入比、月付收入比、租金收入比等指标值在合理范围内，而低收入群体大量存在住房困难的情况。②无论是房价收入比、月付收入比、租金收入比，还是住房消费比、剩余收入，都没有体现家庭存量资产的问题。中国典型的情况是，某地区的拆迁户因拆迁旧房而获得高额的补偿款或大面积住房，由于日常收入水平很低，就很可能出现较高的住房消费比，对住房支付能力产生误判。

上述各种指标虽然存在着这样那样的问题和不足，也有不少机构和学者认为这些指标的使用需要小心谨慎；所谓的国际惯例或国际警戒线，由于各国制度安排和统计口径的差异，在参照使用时应更加谨慎。但是，这些指标毕竟为衡量住房支付能力提供了一种判断和比较的依据，尤其是在判断同一个国家或地区居民住房支付能力的变动趋势方面更具价值，使用不同的指标对同一个国家或地区的住房支付能力进行测度、相互印证，综合得出的结论则更具准确性。

6. 衡量指标的使用情况

不少学者都曾利用各种指标来判断中国住房市场的住房支付能力，但并未形成一致的结论。

对全国层面住房支付能力的判断，主要使用的是房价收入比及其变形指标 HAI 等比值类指标。例如，宏观经济研究院投资研究所课题组（2005）计算的 2003 年全国平均房价收入比为 3.32、HAI 平均值为 113，认为我国城镇居民住房支付能力较好；而且由于城镇居民收入的增长速度显著高于同期商品房销售价格的上涨速度，判断 1998 ~ 2003 年我国的房价收入比总体上呈下降态势，城镇居民购买住宅的支付能力在不断提高。张清勇（2007）对我国 1991 ~ 2005 年房价收入比的计算发现，我国的房价收入比整体上有所下降，即由 1991 年的 10.4 下降到 2005 年的 7.6，居民的住房支付能力有所增强，但从 2003 年起房价收入比呈现出到达谷底后向上攀升的态势，住房支付能力有所下降。向肃一和龙奋杰（2007）计算了 2004 年我国 34 个主要城市新建住宅的 HAI，所有城市新建住宅的 HAI 值都低于 65，① 说明我国城市家庭对于新建住宅的支付能力总体较差。陈杰（2009）对 1999 ~ 2008 年我国 30 个省份房价收入比的计算结果是，除了 2008 年略低于 7 外，其他年份全国平均的房价收入比基本一直在 8 以上，还有很多省区甚至持续多年高达 10 以上，认为我国城镇居民对商品住宅的可支付能力不容乐观。

对个别城市层面住房支付能力的判断，使用的指标既包括房价收入比等比值类指标，也包括剩余收入指标。Lau 和 Li（2006）计算了 1992 ~ 2002 年北京商品房市场的房价收入比，指标值从 1992 的 11.65 下降到 2002 年的 6.74，除 1997 年外，总体上呈现出不断下降的态势，住房支付能力不断增强。陈杰（2009）的研究认为 1999 ~ 2008 年北京、上海等众多发达地区的房价收入比历年都在 8∶1 甚至 9∶1 以上。杨赞、易成栋等（2010）对 2004 ~ 2008 年北京居民的住房购买能力进行了评估，认为北京不同收入群体住房可支付能力存在明显的差异，低收入与中等收入家庭面临着非常严重的住房支付能力问题。周仁、郝前进等（2010）分析了 2000 ~ 2007 年上海城市居民的住房支付能力，认为在新建商品住宅市场的可支付能力有不断恶化的趋势。陈伟（2010）评估了 2007 年北京、上海、广州、成都、武汉 5 个区域中心城市中等收入家庭的住房支付能力，发现当中等收入家庭保持原有的非居住消费水平时，不具备真实的住房购买能力，中等收入家庭面临着较大的住房支付问题。

---

①原文为 0.65，疑有误，按 HAI 以 100 为判断标准的情况，调整为 65。

二、总体水平及变化趋势

对于同一时期、同一国家乃至同一城市的住房支付能力，不同学者的判断不尽相同甚至相去甚远。究其原因，不仅是采用的指标不同，而且对相同指标的取值方法不同也使研究结果受到了直接的影响。为了更准确地测度中国住房市场的支付能力，本书将使用不同的指标对 1998 年我国房地产市场真正形成以来的住房支付能力进行判断，相互印证，并结合历史事件和市场直观感受综合得出结论。为了保证不同指标所得结果的可比性，不同指标计算时均采用相同的数据来源——历年《中国统计年鉴》中的数据，对于具有代表性的住房、收入、消费等变量的计算方法也相同。

1. 房价收入比

为了反映中国城镇居民[①]住房支付能力的总体水平及变化趋势，本书将计算 1998 ~ 2011 年中国住房市场的房价收入比。

如前所述，房价收入比是指一定时期内某一国家或地区具有代表性的住房销售价格与该国或该地区具有代表性的家庭收入之间的比值。时期一般以年为单位，关键在于如何选取具有代表性的住房销售价格与具有代表性的家庭收入。本书计算时使用的是历年《中国统计年鉴》中的数据，由于数据所限，具有代表性的成套住房销售价格，选取的是城镇住房市场中商品住宅单位面积平均销售价格与套均住房面积的乘积。其中，套均住房面积[②]由于统计资料中无此数据，因而在假定一套住房由一户家庭使用的情况下，将套均住房面积转化为户均住房面积，用城镇居民家庭户均人口数乘以城镇居民人均住房面积计算而得；具有代表性的家庭年收入，选取的是城镇居民人均可支配年收入与城镇居民户均人口数的乘积。计算方法如式（4 - 1）所示。

$$PIR = \frac{HP}{I} = \frac{AP \times AS \times AN}{AI \times AN} \qquad (4-1)$$

---

①根据《中国统计年鉴 2011》中的说明，以及国家统计局《城镇住户调查方案》和《关于统计上划分城乡的暂行规定》中的相关规定等，大致可以认为“城镇居民”的相关数据包含了在本地区居住半年以上的农民工。

②前人研究多以固定数值（如 60、80、90 平方米等）计算，难以反映不同时期具有代表性的住房水平的差异。

其中：

PIR 表示房价收入比；

HP 表示具有代表性的成套住房销售价格；

I 表示具有代表性的家庭年收入；

AP 表示城镇商品住宅单位面积销售均价；

AS 表示城镇居民人均住房建筑面积；

AN 表示城镇居民家庭户均人口数；

AI 表示城镇居民人均可支配年收入。

计算结果如表 4－2 所示。

表 4－2　中国城镇的房价收入比（1998～2011 年）

年份	AP（元/平方米）	AS（平方米/人）	AN（人/户）	AS×AN（平方米/户）	HP（元/套）	I（元/年）	PIR
1998	1854	18.7	3.16	59	109322	17143	6.4
1999	1857	19.4	3.14	61	113238	18382	6.2
2000	1948	20.3	3.13	63	123469	19656	6.3
2001	2017	20.8	3.10	64	130056	21265	6.1
2002	2092	24.5	3.04	74	155812	23417	6.7
2003	2197	25.3	3.01	76	167308	25501	6.6
2004	2608	26.4	2.98	79	205177	28076	7.3
2005	2937	27.8	2.96	82	241677	31059	7.8
2006	3119	28.5	2.95	84	262251	34691	7.6
2007	3645	30.1	2.91	88	319285	40117	8.0
2008	3576	30.6	2.91	89	318428	45922	6.9
2009	4459	31.3	2.89	90	403348	49635	8.1
2010	4725	31.6	2.88	91	430013	55035	7.8
2011	4993	32.7	2.87	94	468604	62594	7.5

数据来源：历年的《中国统计年鉴》及相应计算。

1998～2011 年的中国城镇住房市场的房价收入比在大致在 6～8。1998～2003 年，房价收入比在 6～7；2004～2011 年，房价收入比基本在 7～8，只有 2008 年受全球金融危机及我国政府加强保障房建设的影响，房价收入比

降至6.9。结合我国房地产业的发展历程来看：2004年我国开始进入房价调控期，从2004年10月至2007年底，共加息9次，个人住房商业贷款5年期以上利率从6.12%增至7.83%；2004年12月，于凌罡在北京发起个人集资建房运动。这也表明此时我国的住房销售价格已经难以被普通家庭所承受，2004年的房价收入比也自1998年以来首次超过7。再考虑到由于灰色收入和“不露富”心理的因素，我国城镇居民可支配收入的调查统计结果可能存在着低估的问题（李培林、张翼，2008）；加之我国城镇居民收入水平的快速增长，影响到住房消费的心理预期和按揭贷款期间内住房支付能力的提高。根据国际经验值，认为房价收入比在4~6较为合理的标准，在我国参照使用时可以适当上调，如5~7可能更为合适。这就意味着1998~2003年中国住房市场的支付能力尚可，而2004年以后（除2008年外）基本上处于住房支付能力不足的状态。

总体而言，从1998年住房分配货币化改革全面推行，中国房地产市场真正开始形成以来，我国城镇住房市场的房价收入比总体上呈现出上升的趋势，表明我国城镇住房市场的住房支付能力呈现出下降的态势，如图4-1所示。

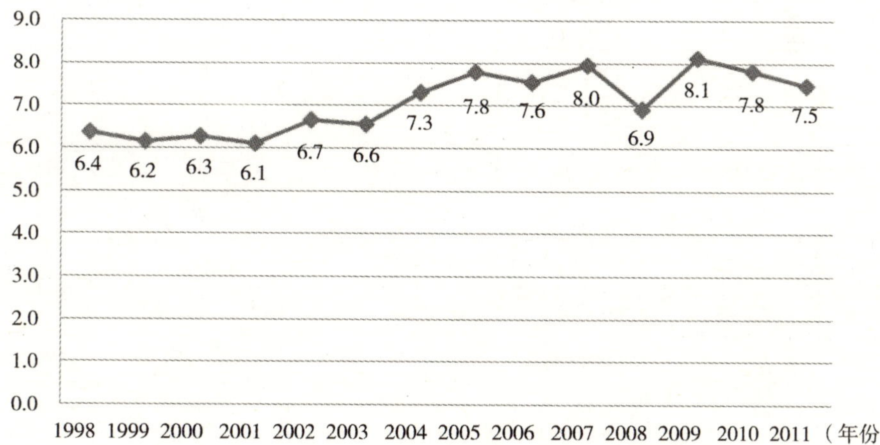

图4-1　中国城镇的房价收入比（1998~2011年）

数据来源：根据历年的《中国统计年鉴》计算而得。

2. 租金收入比与住房消费比

鉴于统计数据的可获取性，在计算租金收入比、住房消费比时，使用的是《中国统计年鉴》"城镇居民家庭基本情况"栏中的数据。其中，租金收入比是用人均居住年支出与人均可支配年收入之比计算而得；住房消费比是用人均居住年支出与人均消费性年支出之比计算而得。根据历年《中国统计年鉴》中的数据，1998～2011年，我国城镇居民家庭居住支出占可支配收入的比重一直在6%～9%的区间内，如表4－3所示，居住支出占消费性支出的比重一直在10%左右，如表4－4所示。相对于国际上的经验值（租金收入比的合理标准是不超过30%、住房消费比的合理标准更高）而言，我国的租金收入比、住房消费比总体上处于较低的水平。

表4－3 中国城镇居民家庭居住支出与收入（1998～2011年）

年份	人均居住支出（元/年）	人均可支配收入（元/年）	居住支出占收入的比例（%）	户均家庭人口（人）	户均居住支出（元/月）
1998	408.39	5425.05	7.5	3.16	108
1999	453.99	5854.02	7.8	3.14	119
2000	565.29	6279.98	9.0	3.13	147
2001	610.67	6859.58	8.9	3.10	158
2002	624.36	7702.80	8.1	3.04	158
2003	699.38	8472.20	8.3	3.01	175
2004	733.53	9421.61	7.8	2.98	182
2005	808.66	10493.03	7.7	2.96	199
2006	904.19	11759.45	7.7	2.95	222
2007	982.28	13785.81	7.1	2.91	238
2008	1145.41	15780.76	7.3	2.91	278
2009	1228.91	17174.65	7.2	2.89	296
2010	1332.14	19109.44	7.0	2.88	320
2011	1405.01	21809.78	6.4	2.87	336

数据来源：根据历年的《中国统计年鉴》计算而得。

表4-4　中国城镇居民家庭消费性支出构成（1998~2011）

单位:%

年份	食品	衣着	居住	交通和通信	医疗保健	教育文化娱乐服务
1998	44.48	11.10	9.4	5.94	4.74	11.53
1999	41.86	10.45	9.8	6.73	5.32	12.28
2000	39.44	10.01	11.3	8.54	6.36	13.40
2001	38.20	10.05	11.5	9.30	6.47	13.88
2002	37.68	9.80	10.4	10.38	7.13	14.96
2003	37.12	9.79	10.7	11.08	7.31	14.35
2004	37.73	9.56	10.2	11.75	7.35	14.38
2005	36.69	10.08	10.2	12.55	7.56	13.82
2006	35.78	10.37	10.4	13.19	7.14	13.83
2007	36.29	10.42	9.8	13.58	6.99	13.29
2008	37.89	10.37	10.2	12.60	6.99	12.08
2009	36.52	10.47	10.0	13.72	6.98	12.01
2010	35.67	10.72	9.9	14.73	6.47	12.08
2011	36.32	11.05	9.27	6.75	6.39	14.18

数据来源：根据历年的《中国统计年鉴》计算而得。

但是，这并不能表明我国城镇居民家庭的住房支付能力很强。由于统计口径、调查方法以及计算方法的原因，我国城镇居民平均居住支出的统计数据显得偏低。例如，2011年我国城镇居民平均每人居住支出是1405.01元，按平均每户家庭人口2.87人计算，平均每户家庭的居住支出仅有4032元/年（336元/月）。具体原因如下：

一是我国城镇居民居住支出的统计口径和调查方法。现行统计的城镇居民居住支出包括：水电燃料费、住房装潢支出、维修用建筑材料支出、租赁房租、取暖费、物业管理费、维修服务费等；不包括购建房支出和自有住房虚拟租金。城镇居民居住支出采用抽样调查方法取得，国家统计局在全国范围随机抽选了65600户城镇居民家庭，通过日记账方式搜集资料，只统计实际发生的现金支出，比如居民实际支付的房租、水电费、物业费等现金支出。[①] 因而，国家统计局统计的居住支出不包含在城镇居民实际支出较大的住房按揭贷款月供（每月还款额）。

二是我国城镇居民居住支出的计算方法。我国城镇居民的住房自有率较高，自有住房户不包括购建房支出的居住支出很低，导致租房户和自有住房户的居住支出的平均数被拉低。2010 年，在调查样本中，自有住房户比重超过 80%。[②]对租房户而言，他们的住房支出较大，除支付房租外，可能还要支付水电费、物业费等费用；但自有住房户不同，他们不需要支付房租，只需支付水电费、物业费等日常开支。由于自有住房户占大多数，因此，将两类住户综合在一起计算城镇居民的人均居住支出，就会进一步拉低不包括月供等购建房支出在内的居住支出数值。

由此可见，受限于统计口径、调查方法、计算方法等，租金收入比、住房消费比这两个指标在衡量我国住房支付能力时不够准确，难以反映我国城镇居民家庭的住房支出压力。下文不再使用这两个指标进行分析。

3. 剩余收入

由于统计数据的可获性所限，中国学者在使用剩余收入法时，一般不是看一个家庭在支付了住房消费支出后所剩余的收入是否能够满足其他正常的生活必需消费，而是从反向的角度来使用剩余收入法，即在扣除非住房需求的基本生活消费支出后，剩余的收入是否足以支付合理的住房消费支出（周仁、郝前进等，2010；杨赞、易成栋等，2010；陈伟，2010）。本书也是如此，但在具体指标的取值与比较方面与已有研究成果有所不同。

反向使用剩余收入法比较的是一个家庭“扣除非住房需求的基本生活消费支出后剩余的收入”与“合理的住房消费支出”之间的大小关系。本书计算时使用的是历年《中国统计年鉴》中的数据：家庭收入，采用的是城镇居民家庭人均全年可支配收入乘以户均家庭人口数计算得出城镇居民家庭户均收入的年度数据，再除以 12 得出城镇居民家庭户均收入的月度数据；家庭非住房需求的基本生活消费支出，用城镇居民家庭人均全年消费性支出减去人均全年居住支出后，再乘以户均家庭人口数，计算得出城镇居民家庭户均非居住类消费性支出的年度数据，再除以 12 得出城镇居民家

---

①②国家统计局住户调查办公室副主任王有捐：《关于城镇居民人均居住月支出统计的几点说明》，2011 年 5 月 4 日，http://www.stats.gov.cn/tjfx/grgd/t20110504_402723521.htm，2013 年 3 月 15 日。

庭户均非居住类消费性支出的月度数据；两者相减后得出家庭每月“扣除非住房需求的基本生活消费支出后剩余的收入”。“合理的住房消费支出”的取值则是一个家庭通过按揭贷款购买具有代表性的成套住房时每月的还款额；其中，具有代表性的成套住房销售价格，计算方法与上文计算房价收入比时相同，即城镇住房市场中商品住宅单位面积平均销售价格与套均住房面积的乘积，在假定一套住房由一户家庭使用的情况下，将套均住房面积转化为户均住房面积，用城镇居民户均人口数乘以城镇居民人均住房面积得到户均住房面积；每月还款额，则是在假定总房价首付30%、贷款70%、贷款年利率为7%、贷款年限为30年、还款方式为等额本息、家庭现有财富能够支付购房首付款的情况下，计算出的每月按揭贷款还款额。家庭每月扣除非住房需求基本生活消费支出后的剩余收入计算方法如式（4－2）所示，每月按揭贷款还款额的计算方法如式（4－3）所示。

$$RI = I - C_{nh} = [AI \times AN - (AC - AC_h) \times AN] \div 12 \quad (4-2)$$

其中：

RI 表示扣除非住房需求基本生活消费支出后的月剩余收入；

I 表示家庭月收入；

C_{nh}表示家庭非住房需求的基本生活消费月支出；

AN 表示城镇居民家庭户均人口数；

AI 表示城镇居民人均可支配年收入；

AC 表示城镇居民人均消费性年支出；

AC_h 表示城镇居民人均居住消费（房租、水电费、物业费等）年支出。

$$C_h = A\frac{i(1+i)^n}{(1+i)^n - 1} \quad (4-3)$$

其中：

C_h 表示月按揭贷款还款额（等额本息还款）；

A 表示按揭贷款本金数额；

i 表示贷款月利率；

n 表示贷款月数。

当 $RI \geqslant C_h$ 时，表示家庭剩余收入可以支付按揭贷款月还款额，具备住房支付能力；当 $RI < C_h$ 时，家庭剩余收入不够支付按揭贷款月还款额，表示住房支付能力不足，即当 $RI - C_h \geqslant 0$ 时，具备住房支付能力，正值越大表明住房支付能力越强；当 $RI - C_h < 0$ 时，住房支付能力不足，负值越小表明

住房支付能力越差。

按式（4－2）和式（4－3）计算，1998～2011年我国城镇居民家庭非居住消费的剩余收入与按揭贷款月还款额的差额，如表4－5所示。

表4－5 中国城镇居民家庭的剩余收入与按揭贷款还款额的差额（1998～2011年）

单位：元/月

年份	剩余可支配收入	等额本息还款额	差额
1998	395	509	－114
1999	443	527	－84
2000	482	575	－93
2001	558	606	－48
2002	582	726	－144
2003	667	779	－112
2004	738	956	－218
2005	829	1126	－297
2006	975	1221	－246
2007	1157	1487	－330
2008	1378	1483	－105
2009	1478	1878	－400
2010	1673	2003	－330
2011	1926	2182	－256

数据来源：根据历年的《中国统计年鉴》计算而得。

从全国平均水平来看，城镇居民家庭非居住消费的剩余收入与按揭贷款月还款额的差额一直为负值，而且总体上呈现出差额扩大的趋势，考虑到由于灰色收入和“不露富”心理的因素，我国城镇居民可支配收入的调查统计结果可能存在着低估的问题。因此，说1998～2011年我国住房市场一直存在住房支付能力不足的问题依据不充分，但也可以表明我国城镇居民家庭的住房支付能力不强，且总体上呈现出下降趋势的情况，如图4－2所示。

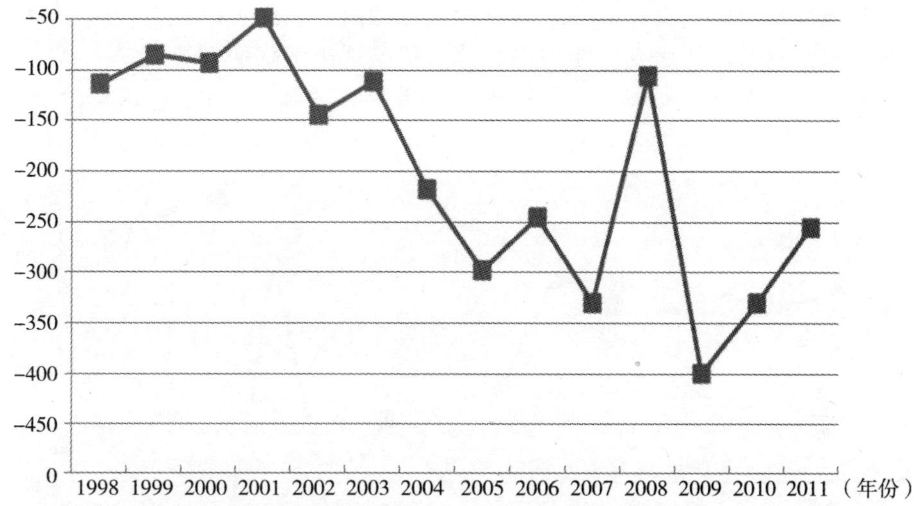

图 4 - 2　中国城镇居民家庭的剩余收入与按揭贷款还款额的差额（1998 ~ 2011 年）

数据来源：根据历年的《中国统计年鉴》计算而得。

4. 综合判断

由上可见，受限于统计口径、计算方法等，衡量我国住房支付能力的指标中，房价收入比和剩余收入指标的效果较好，对中国住房支付能力的判断主要就是基于这两个指标。对于中国住房市场支付能力总体水平及变化趋势的判断是：中国住房市场的支付能力总体不强，且呈现出下降的态势。

房价收入比越高，则住房支付能力越差；剩余收入越多，则住房支付能力越强。房价收入比与剩余收入之间体现的是反向的关系，两者相反的变动趋势体现的则是住房支付能力相同的变动趋势。1998 ~ 2011 年我国住房市场使用房价收入比和剩余收入法的计算结果所反映的住房支付能力情况是一致的（如图 4 - 3 所示）。经计算得到的我国城镇居民家庭的房价收入比在 6 ~ 8，剩余收入与月按揭贷款还款额的差额一直为负值，而房价收入比在我国的合理区间为 5 ~ 7、剩余收入的合理标准是其与月按揭贷款还款额的差额不小于零，两个指标都说明我国城镇居民家庭的住房支付能力不强；两个指标所反映的住房支付能力变动趋势，都是 1998 ~ 2003 年的住房支付能力变动幅度较小；2004 ~ 2011 年的住房支付能力显著下降，只有 2008 年的房价收入比曾一度降到 6.9，回归到 5 ~ 7 的合理区间内，但其余年份的房价收入比一直在7以上的不合理范围内。因而可以说，1998～2011年的中国城镇居民住房支付能力在总体上仍呈现出下降的态势。

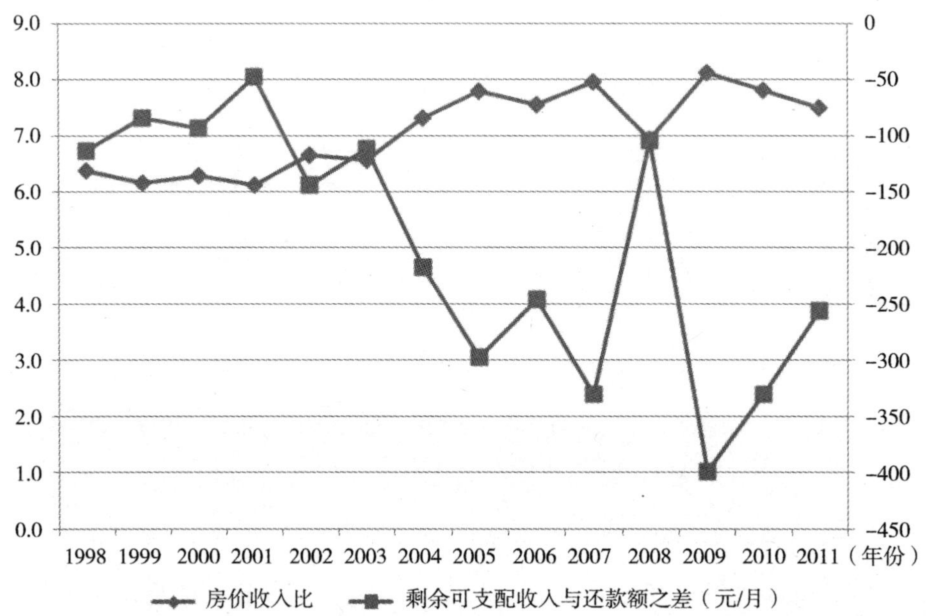

图4－3　按房价收入比与剩余收入法衡量的中国城镇住房支付能力情况对比

数据来源：根据历年的《中国统计年鉴》计算而得。

三、结构性差异及变化趋势

在上述对中国城镇居民住房支付能力总体水平及变化趋势的判断中，发现由于统计口径、计算方法等方面的原因，衡量我国城镇居民住房支付能力的指标中，租金收入比、住房消费比两个指标难以支撑对我国住房支付能力的判断；房价收入比和剩余收入两个指标的效果较好。因此，在对中国城镇居民住房支付能力的结构性差异及变化趋势的分析中，将不再使用租金收入比、住房消费比两个指标，而采用房价收入比和剩余收入两个指标进行综合判断。

1. *房价收入比*

为了考察我国城镇居民家庭住房支付能力的结构性差异，本书利用历年《中国统计年鉴》的数据，按照式（4－1）的计算方法，分别计算了不同收入等级家庭的房价收入比，计算结果如表4－6所示。其中，城镇家庭收入分组方法是将所有调查户按户人均可支配收入由低到高排队，按10%、10%、20%、20%、20%、10%、10%的比例依次分成：最低收入户、低收入户、中等偏下收入户、中等收入户、中等偏上收入户、高收入户、最高收入户七组，即中等收入家庭占60%（包括中等偏下收入户、中等收入户、中等偏上收入户）、低收入家庭占20%（包括最低收入户和低收入户）、高收入家庭占20%（包括高收入户和最高收入户）。《中国统计年鉴2001》才开始按此方法将城镇家庭收入分组，在此基础上计算的房价收入比最早能推至2000年。因此，此处计算了从2000年开始而非从1998年开始，直至2011年的中国城镇居民不同收入等级家庭的房价收入比。

表4－6　中国城镇居民不同收入等级家庭的房价收入比（2000～2011年）

年份	2000	2001	2002	2003	2004	2005	2006	2007	2008	2009	2010	2011
最低收入户（10%）	13.1	13.2	18.9	19.0	21.3	23.1	22.2	23.0	20.1	23.3	22.0	20.7
低收入户（10%）	10.0	10.0	12.8	12.8	14.3	15.4	14.8	15.3	13.4	15.3	14.5	13.7
中等偏下收入户（20%）	8.1	8.1	9.9	9.9	11.0	11.6	11.2	11.8	10.2	11.8	11.2	10.7
中等收入户（20%）	6.7	6.6	7.7	7.6	8.4	8.9	8.7	9.2	7.9	9.2	8.9	8.5
中等偏上收入户（20%）	5.6	5.4	6.0	6.0	6.5	6.9	6.7	7.1	6.0	7.1	6.9	6.6
高收入户（10%）	4.6	4.4	4.8	4.6	5.0	5.2	5.1	5.5	4.6	5.4	5.3	5.1
最高收入户（10%）	3.5	3.3	3.1	2.9	3.1	3.2	3.1	3.4	2.9	3.4	3.3	3.1

数据来源：根据历年的《中国统计年鉴》计算而得。

表4－6表明，我国城镇不同收入等级家庭的房价收入比相差较大，可见家庭住房支付能力的结构性差异明显。2000～2011年，我国城镇居民最

高收入户的房价收入比一直在2.9～3.5波动，住房支付能力很强；最低收入户的房价收入比则从13.1上升到20.7，而且2004年以后，最低收入户的房价收入比一直在20以上，住房支付能力极度不足；中等收入户的房价收入比也从6.7上升到8.5，而且从2002年起，中等收入户的房价收入比就一直在7以上，超过了房价收入比的合理区间，基本上也处于住房支付能力不足的状态中。2002～2011年，我国城镇居民最高收入户与最低收入户之间的房价收入比差距一直高达6～7倍。以2011年为例，我国城镇居民最高收入户的房价收入比是3.1，中等收入户的房价收入比是8.5，而最低收入户的房价收入比则高达20.7。

不同收入等级家庭在住房支付能力上的结构性差异及其变化趋势，由图4－4可以更直观地体现出来。高收入群体的住房支付能力没有发生大的变化，而中低收入群体的住房支付能力则明显下降，而且收入越低的家庭住房支付能力下降的幅度越大。在全球金融危机的影响和中国政府房地产调控措施的作用下，中低收入家庭的住房支付能力在部分年份有所好转，但房价收入比仍然在较高的水平上徘徊。

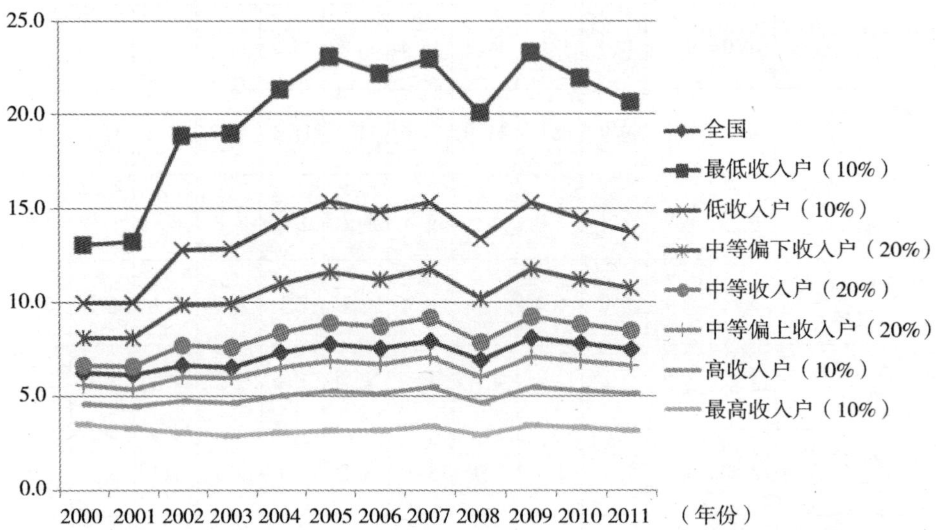

图4－4 中国城镇居民不同收入等级家庭的房价收入比（2000～2011年）

数据来源：根据历年的《中国统计年鉴》计算而得。

2. 剩余收入

同样，为了考察我国城镇居民家庭住房支付能力的结构性差异，本书利用历年《中国统计年鉴》的数据，按照式（4－2）和式（4－3）的计算方法，分别计算了我国城镇居民不同收入等级家庭在2000～2011年非居住消费的剩余收入与按揭贷款月还款额的差额，如表4－7所示。从不同收入等级的家庭情况来看，我国城镇居民家庭住房支付能力的结构性差异加剧，高收入家庭的住房支付能力不断增强的同时，低收入家庭的住房支付能力不断恶化，一些中等及中等偏下收入家庭的住房支付能力也不容乐观。

表4－7　中国城镇居民不同收入等级家庭的收入与还款差额（2000～2011年）

单位：元/月

年份	2000	2001	2002	2003	2004	2005	2006	2007	2008	2009	2010	2011
最低收入户（10%）	－452	－476	－639	－684	－864	－1013	－1063	－1310	－1267	－1623	－1692	－1854
低收入户（10%）	－369	－383	－519	－558	－713	－841	－873	－1094	－985	－1298	－1283	－1372
中等偏下收入户（20%）	－279	－281	－420	－445	－583	－683	－680	－853	－707	－1020	－981	－1016
中等收入户（20%）	－163	－149	－278	－269	－380	－480	－451	－570	－351	－642	－622	－596
中等偏上收入户（20%）	－38	22	－102	－62	－123	－169	－96	－137	162	－174	－79	18
高收入户（10%）	146	248	145	247	259	280	402	348	735	492	616	771
最高收入户（10%）	517	770	936	1257	1329	1408	1640	1897	2557	2449	2742	3496

数据来源：根据历年的《中国统计年鉴》计算而得。

高收入家庭（含高收入户和最高收入户）非居住消费的剩余收入与按揭贷款月还款额的差额一直为正值，且差额呈现出不断增加的态势，表明高收入家庭的住房支付能力在不断提高。低收入家庭（含低收入户和最低收入户）非居住消费的剩余收入与按揭贷款月还款额的差额一直为负值，且差额呈现出不断扩大的态势，表明低收入家庭的住房支付能力在不断地恶化。中等收入家庭中，除了中等偏上户的非居住消费剩余收入与按揭贷款月还款额差额出现过正值以外，中等收入户和中等偏下户非居住消费的剩余收入与按揭贷款月还款额的差额也一直为负值，这表明一些中等及中等偏下收入家庭也存在住房支付能力不足的问题。由图4－5可以看出，我国城镇居民不同收入等级家庭住房支付能力的差距在不断扩大，结构性差异加剧。

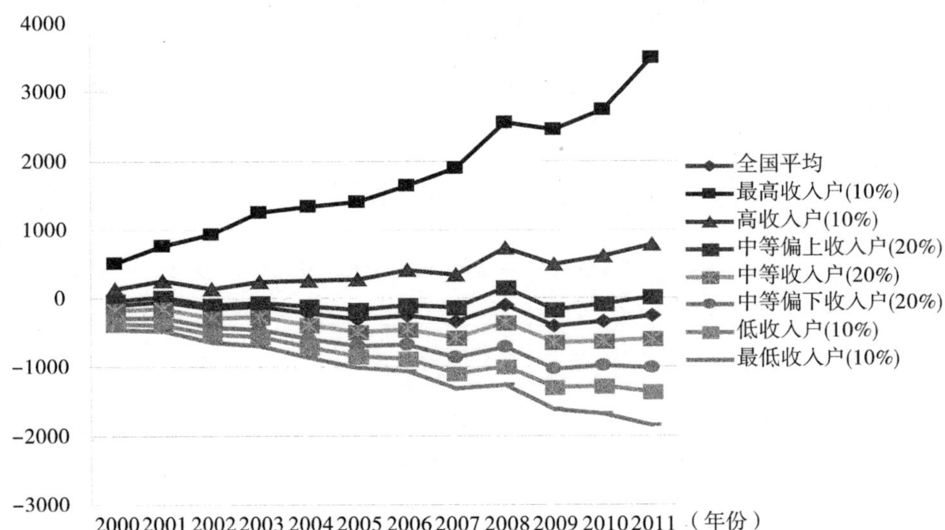

图4－5　中国城镇居民非居住消费的剩余收入与按揭贷款还款额的差额（2000～2011年）

数据来源：根据历年的《中国统计年鉴》计算而得。

3. 综合判断

基于房价收入比和剩余收入这两个指标的计算结果，对于中国城镇居民住房支付能力结构性差异及变化趋势的判断是：住房支付能力的结构性差异明显，低收入家庭情况趋于恶化。

房价收入比和剩余收入法的计算结果所反映的住房支付能力的结构性差异也是基本一致的。从房价收入比来看，1998～2011年高收入家庭的房价收入比没有太大的变化，而低收入家庭的房价收入比则显著提高；从每月剩余收入与贷款偿还额之间的差额来看，1998～2011年高收入家庭与低收入家庭的差距呈现出逐渐扩大的趋势。也就是说，我国住房支付能力的结构性差异明显，中低收入家庭的住房支付能力趋于恶化，而且收入越低的家庭住房支付能力下降的幅度越大。

第三节　对农民工住房支付能力的总体判断

本节将以对中国城镇住房市场的住房支付能力分析为基础，对农民工的住房支付能力进行测度并做出判断。对我国农民工住房支付能力的测度和判断将从购房能力、租房能力以及住房支付能力的动态变化三个方面进行。本节对我国农民工的住房支付能力的判断，是基于2010年12月国家人口和计划生育委员会对全国流动人口动态监测的结果，未特别注明出处的数据均来源于此。

一、对购房支付能力的判断

从上文的分析中，可以看出衡量我国住房支付能力的指标中，房价收入比和剩余收入指标的效果较好，而且这两个指标的计算结果反映的住房支付能力基本吻合。为了简便起见，对农民工家庭购房支付能力的判断采用的衡量指标是房价收入比。

2010年12月国家人口和计划生育委员会对全国流动人口动态监测的结果显示，农民工家庭在流入城市月收入的平均值是3567元，具体包括农民工家庭成员在流入城市的工资收入、营业收入、财产收入和转移性收入，不包括农民工家庭成员在农村老家的农业劳动收入等在流入城市以外的收入。按12个月/年计算，农民工家庭在流入城市年收入的平均值是42792元。按上文中的计算方法，中国城镇具有代表性的成套商品住房销售价格在2010年是430013元/套。

按农民工家庭在流入城市年收入的平均值计算的房价收入比是10.0。从房价收入比的经验值来看，农民工在流入城市的购房住房支付能力显然不足。根据上文的论述，笔者认为房价收入比在4～6较为合理的国际标准在我国参照使用时上调至5～7更为合适。将被调查农民工家庭的房价收入比计算结果分档（如表4－8所示）分析其住房支付能力，可以看出：房价收入比在7及以上的农民工家庭比例为89.1%，可见绝大部分的农民工家庭不具备购房支付能力；其中，房价收入比在10及以上的农民工家庭比例高达64.4%，可以说这部分农民工家庭在购买住房方面处于极度不可支付的状态；房价收入比在5~7的农民工家庭比例是6.3%，在5以下的农民工家庭比例是4.6%，两者合计为10.9%，只有这一小部分农民工群体中收入较高的家庭，具备在流入城市住房市场中购买商品房的支付能力。总体而言，农民工家庭的购房支付能力显性不足，半数以上处于极度不可支付状态。

表4-8 农民工家庭的房价收入比分布

单位:%

房价收入比	比例	累计比例
PIR≥20	15.3	15.3
15≤PIR<20	18.3	33.6
10≤PIR<15	30.8	64.4
7≤PIR<10	24.7	89.1
5≤PIR<7	6.3	95.4
PIR<5	4.6	100.0

数据来源：2010年12月国家人口和计生委对全国106个城市的调查结果。

二、对租房支付能力的判断

为了更准确地判断农民工在住房市场上的租房支付能力，从2010年12月国家人口和计划生育委员会对全国流动人口动态监测的总样本中，剔除住房来源是租住单位或雇主房（10.0%）、单位或雇主提供免费住房（13.2%）、政府提供廉租住房（0.5%）、已购商品房（3.4%）、已购政策性保障房（0.1%）及其他（2.3%）的农业户籍流动人口。只留下租住私房（70.5%）的农业户籍流动人口作为研究对象，样本量约为7.3万。对农民工家庭租房支付能力的判断采用的衡量指标是租金收入比和剩余收入。

计算农民工家庭租金收入比的方法是：租金选取的是农民工家庭在流入城市每月的居住支出；收入选取的是农民工家庭在流入城市每月的总收入；二者的比值即租金收入比。租住私房的农民工家庭在流入城市的每月居住支出的平均值为611元，占农民工家庭在流入城市每月总收入比例的平均值是18.1%，占农民工家庭在流入城市每月总支出比例的平均值是31.7%。将租住私房的农民工家庭在流入城市居住支出占其收入的比例分档，结果表明：居住支出占收入的比例不超过30%的，占86.5%；居住支出占收入的比例超过30%的，占13.5%，如表4－9所示。

表4－9　农民工家庭的租金收入比分布

单位：%

租金收入比	比例	累计比例
≤10%	34.7	34.7
(10%，20%]	37.0	71.7
(20，30%]	14.9	86.5
(30%，40%]	7.4	94.0
(40%，50%]	3.4	97.3
>50%	2.7	100.0

数据来源：2010年12月国家人口和计生委对全国106个城市的调查结果。

如前文所述，从不同国家和地区的经验数值来看，认可度较高的租金收入比合理水平是不超过30%，住房消费比（居住支出占总支出）的合理水平则以不超过35%为宜。以此作为参考，按平均值计算的农民工家庭租住私房的租金收入比、住房消费比等指标值并未超出合理范围，而且绝大部分农民工家庭的居住支出占收入的比重也未超过30%。但是，这并不能说明农民工租房的支付能力较强，主要出于以下几方面的原因：

一是低租金对应的是条件差的住房。农民工所居住的房屋大多位置远、面积小、配套设施差，部分住房甚至是地下室等无法满足基本居住需求的房屋。这也同我国住房市场的供给结构直接相关，住房市场中"城中村"等非正式住房的大量存在为农民工提供了租金低廉的住房，从而成为农民工的聚居地。

二是农民工的非居住支出水平远低于社会平均水平。按照剩余收入法计算，租住私房的农民工家庭从在流入城市每月的总支出中减去居住支出后，非居住生活支出的平均值只有1261元；2010年，我国城镇居民家庭平均非居住类消费性支出2913元/月。[①] 由此来看，我国农民工家庭在流入城市的非居住类生活支出还不到城镇居民家庭的平均水平的1/2，可见，农民工的非居住支出水平并未达到正常的非住房生活必需消费水平。

三是农民工对流入城市住房的支付意愿低。我国的农民工群体由于流动性强、收入水平低、社会保障差、农村实物资产难以变现等原因的存在，农民工的储蓄倾向强而消费支付意愿低，导致农民工家庭在流入城市的支出能省则省，往往局限于能满足最基本的生活需要即可，在住房需求方面的支出也是一样能省则省。

因此，我国农民工家庭的租房支付能力同样存在问题，相对于租金收入比、住房消费比等指标值并未超出合理范围的情况，但农民工家庭生活水平低于社会正常标准，可以说农民工家庭在流入城市租房面临的问题是一种隐性的支付能力不足。

三、住房支付能力的变化趋势

农民工作为流入城市的中低收入群体，其住房支付能力总体上呈下降的趋势。由于缺乏计算农民工住房支付能力的历史数据，为了考察农民工住房支付能力的动态变化情况，可利用我国城镇居民的相关数据来进行间接的分析。《中国统计年鉴》中“城镇居民”的相关数据包含了在本地区居住半年以上的农民工。

根据2010年12月国家人口和计划生育委员会对全国流动人口动态监测的结果计算，农民工家庭在流入城市年收入的平均值是42792元。考虑到农民工家庭在流入城市的成员中就业人口的比例相对较高，因而就农民工整体家庭而言收入水平应低于此项调查数据。参考2010年我国城镇居民家庭收入水平等级（表4－10），农民工家庭应属于中等偏下及以下收入家庭的范畴。

①根据《中国统计年鉴2011》计算而得。

表4-10　中国城镇居民家庭收入情况（2010年）

	户均家庭年收入（元）	户均家庭可支配年收入（元）
全国	60576	55035
最低收入户（10%）	22055	19569
低收入户（10%）	32791	29713
中等偏下收入户（20%）	42192	38360
中等收入户（20%）	53356	48572
中等偏上收入户（20%）	68844	62610
高收入户（10%）	89405	81025
最高收入户（10%）	141652	129093

数据来源：根据《中国统计年鉴2011》计算而得。

根据上文房价收入比、剩余收入法的计算结果（详见表4-6、表4-7），可以看出：1998~2011年，我国城镇中低收入家庭的房价收入比总体上呈上升趋势，而每月的剩余可支配收入与按揭贷款还款额的差值却在扩大，这可以从图4-6中直观地反映出来。这表明我国城镇中低收入家庭的住房支付能力总体上呈下降的趋势，而且收入越低的家庭住房支付能力下降的幅度越大，由此可以间接判断出我国农民工家庭的住房支付能力在总体上呈现出下降的趋势。

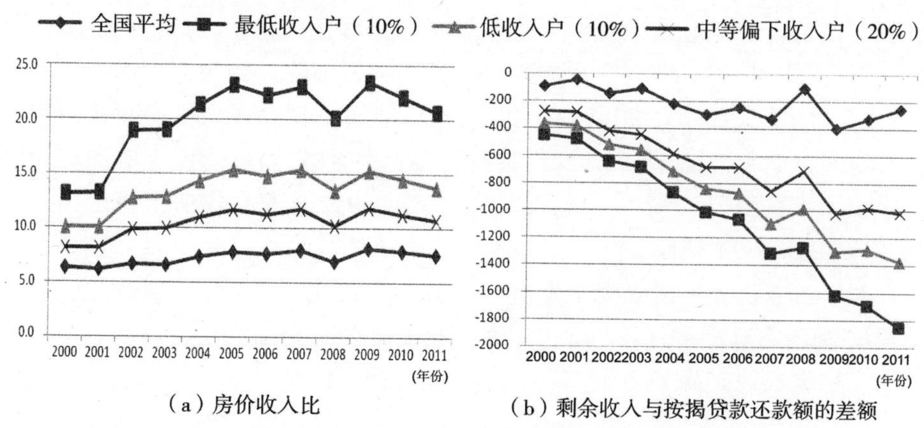

（a）房价收入比　　（b）剩余收入与按揭贷款还款额的差额

图4-6　中国城镇中低收入家庭的住房支付能力变化（2000~2011）

第四节　35 个大中城市的农民工住房支付能力

我国农民工的流入城市主要集中于大中城市，尤其外出农民工仍主要流向地级以上的大中城市，2011 年外出农民工中在直辖市务工的占 10.3%、在省会城市务工的占 20.5%、在地级市务工的占 33.9%，而且在地级以上大中城市务工的农民工比例 2011 年比 2010 年提高了 1.7 个百分点。[①] 因而，大中城市中的农民工住房支付能力理应成为研究的重点内容，鉴于数据的可获性所限，本节将重点研究 35 个大中城市的农民工住房支付能力。35 个大中城市是指 4 个直辖市、除拉萨、台北外的 26 个省会城市，以及 5 个计划单列市。

一、农民工的购房支付能力

与上文对农民工总体购房支付能力的判断方法相同，对 35 个大中城市农民工购房能力的判断将采用房价收入比作为衡量指标。

对于具有代表性的成套商品住房销售价格，采用的计算方法与上文类似。首先是计算商品住宅的平均销售价格，即用《中国房地产统计年鉴 2011》中 2010 年 35 个大中城市的商品住宅销售额除以销售面积而得；其次是选取《中国统计年鉴 2011》中 2010 年城镇居民家庭户均住房建筑面积作为套均建筑面积，即 91 平方米；最后将商品住宅的平均销售价格和套均建筑面积相乘，得到 35 个大中城市具有代表性的成套商品住房销售价格，计算结果如表 4－11 所示。

对于具有代表性的农民工家庭年收入，采用的计算方法也与上文类似。即根据 2010 年 12 月国家人口和计划生育委员会对全国流动人口动态监测的结果，选取农民工家庭在这 35 个大中城市的月均收入，再按 12 个月/年，

①国家统计局：《2011 年我国农民工调查监测报告》，2012 年 4 月 27 日，http：//www. stats. gov. cn/tjfx/fxbg/t20120427_ 402801903. htm，2013 年 3 月 19 日。

计算出农民工家庭在该流入城市的年收入，计算结果如表4－11所示。

35个大中城市中农民工家庭的房价收入比，就是用各城市具有代表性的农民工家庭年收入除以具有代表性的成套商品住房销售价格而得，计算结果如表4－11所示。

表4－11　35个大中城市农民工家庭的房价收入比

序号	城市	商品住宅平均售价（元/平方米）	商品住宅套均售价（元/套）	农民工家庭月收入（元/月）	农民工家庭年收入（元/年）	房价收入比
1	深圳	18953	1724760	4049	48586	35.5
2	北京	17151	1560750	4032	48387	32.3
3	上海	14290	1300419	3731	44775	29.0
4	杭州	14259	1297585	3775	45304	28.6
5	海口	8069	734279	2436	29231	25.1
6	广州	10615	965973	3291	39489	24.5
7	宁波	11669	1061888	3915	46975	22.6
8	厦门	11590	1054658	3997	47963	22.0
9	南京	9227	839631	3199	38387	21.9
10	天津	7940	722572	3242	38905	18.6
11	太原	7088	645044	2968	35621	18.1
12	福州	7877	716785	3348	40179	17.8
13	大连	6759	615090	2916	34995	17.6
14	哈尔滨	5196	472828	2508	30100	15.7
15	成都	5827	530277	2865	34384	15.4
16	济南	6100	555060	3146	37748	14.7
17	南宁	4942	449750	2600	31199	14.4
18	青岛	6421	584289	3405	40856	14.3
19	沈阳	5109	464915	2717	32602	14.3
20	长春	5097	463829	2737	32844	14.1
21	乌鲁木齐	4265	388142	2601	31207	12.4
22	西安	4341	395049	2801	33617	11.8
23	合肥	5502	500646	3604	43243	11.6
24	贵阳	4233	385164	2808	33696	11.4

续表

序号	城市	商品住宅平均售价（元/平方米）	商品住宅套均售价（元/套）	农民工家庭月收入（元/月）	农民工家庭年收入（元/年）	房价收入比
25	南昌	4331	394090	2893	34711	11.4
26	兰州	4065	369957	2770	33234	11.1
27	郑州	4596	418208	3153	37842	11.1
28	石家庄	3807	346463	2615	31383	11.0
29	武汉	5550	505085	4005	48057	10.5
30	重庆	4040	367680	3041	36488	10.1
31	呼和浩特	3650	332132	2884	34604	9.6
32	银川	3610	328517	2859	34312	9.6
33	长沙	4322	393306	3596	43152	9.1
34	西宁	3196	290874	2778	33333	8.7
35	昆明	3405	309837	3503	42041	7.4

数据来源：《中国房地产统计年鉴2011》、《中国统计年鉴2011》、2010年12月国家人口和计生委对全国流动人口的调查结果，以及相应计算。

由表4－11中可以看出，就农民工家庭的收入而言，35个大中城市中，房价收入比最高的是深圳，高达35.5；房价收入比最低的是昆明，为7.4，也超过了房价收入比的合理标准。房价收入比在20以上的城市有9个，由高到低依次为深圳、北京、上海、杭州、海口、广州、宁波、厦门和南京；房价收入比在10～20的城市有21个，由高到低依次为天津、太原、福州、大连、哈尔滨、成都、济南、南宁、青岛、沈阳、长春、乌鲁木齐、西安、合肥、贵阳、南昌、兰州、郑州、石家庄、武汉和重庆；房价收入比在7～10的城市只有5个，由高到低依次为呼和浩特、银川、长沙、西宁和昆明。这意味着农民工家庭在这35个大中城市的购房支付能力均为不足，且大多处于极度不可支付的状态，不具备在这35个大中城市住房市场中购买商品房的支付能力。

二、农民工的租房支付能力

与上文相同，为了更准确地判断农民工在住房市场上的租房支付能力，从 2010 年 12 月国家人口和计划生育委员会对全国流动人口动态监测的总样本中，剔除住房来源是租住单位或雇主房、单位或雇主提供免费住房、政府提供廉租住房、已购商品房、已购政策性保障房及其他的农业户籍流动人口。只留下租住私房的农业户籍流动人口作为研究对象，35 个大中城市的总样本量约为 4.5 万。

与上文对农民工总体租房支付能力的判断方法相同，对 35 个大中城市农民工租房能力的判断将采用租金收入比和剩余收入作为衡量指标。指标计算采用的是 2010 年 12 月国家人口和计划生育委员会对全国流动人口动态监测的结果。

对于租金，选取的是农民工家庭在流入城市每月的居住支出；对于收入，选取的是农民工家庭在流入城市每月的总收入。对 35 个大中城市农民工家庭租金收入比的计算结果如表 4－12 所示。

表 4－12　35 个大中城市农民工家庭的租金收入比

单位:%

序号	城市	租金收入比					
		平均值（%）	≤10%	（10%，20%］	（20%，30%］	>30%	合计
1	石家庄	29	9.6	30.6	25.7	34.1	100
2	长沙	28	11.5	31.7	25.2	31.7	100
3	兰州	26	15.7	32.5	21.6	30.2	100
4	武汉	26	11.4	34.1	26.9	27.6	100
5	太原	24	19.2	33.8	20.5	26.5	100
6	南京	23	20.7	32.2	21.8	25.3	100
7	沈阳	23	15.9	39.1	21.0	23.9	100
8	广州	24	16.1	37.1	23.0	23.8	100
9	长春	23	15.6	38.9	23.3	22.2	100
10	南宁	24	9.3	35.8	32.8	22.0	100
11	南昌	23	18.8	39.1	20.3	21.9	100
12	合肥	23	20.6	35.6	21.9	21.9	100
13	天津	22	22.9	34.0	21.9	21.1	100
14	深圳	23	17.7	40.5	20.9	20.8	100
15	济南	22	21.4	35.7	22.3	20.5	100
16	昆明	22	20.3	39.2	20.9	19.7	100

续表

序号	城市	租金收入比					
		平均值（%）	≤10%	(10%，20%]	(20%，30%]	>30%	合计
17	贵阳	21	23.2	39.2	18.5	19.1	100
18	哈尔滨	21	23.8	33.3	23.8	19.0	100
19	海口	23	9.6	41.4	30.0	18.9	100
20	西安	22	23.9	40.2	17.3	18.5	100
21	厦门	20	28.6	37.4	15.6	18.3	100
22	西宁	20	30.8	33.3	17.9	17.9	100
23	成都	20	23.6	39.1	20.4	16.9	100
24	北京	19	32.5	36.1	15.0	16.5	100
25	青岛	18	33.7	34.2	16.4	15.7	100
26	银川	21	17.1	42.7	24.8	15.4	100
27	重庆	20	24.0	42.3	19.4	14.4	100
28	乌鲁木齐	20	22.4	45.5	17.8	14.2	100
29	郑州	19	30.8	38.2	17.3	13.7	100
30	福州	17	33.9	38.9	15.1	12.0	100
31	杭州	16	42.2	34.8	13.0	10.0	100
32	大连	16	39.0	39.0	12.2	9.8	100
33	上海	15	38.9	42.1	11.4	7.6	100
34	宁波	14	51.7	33.7	7.4	7.2	100
35	呼和浩特	17	43.7	37.2	12.8	6.3	100

数据来源：2010 年 12 月国家人口和计生委对全国流动人口的调查结果以及相应计算。

由表 4－12 可以看出，就平均值而言，农民工家庭在 35 个大中城市的租金收入比没有超过 30% 的，符合该指标国际经验值的合理标准；其中，租金收入比超过合理标准的比例仅在 6% ～35% 。但与上文对农民工家庭总体租房支付能力的分析相同，还需要以剩余收入法分析这些大中城市中农民工家庭的生活水平。

按照剩余收入法计算，首先，利用 2010 年 12 月国家人口和计划生育委员会对全国流动人口动态监测数据，将租住私房的农民工家庭在流入城市每月的总支出中减去居住支出后，再除以家庭在流入城市的同住人数，得出农民工家庭每月的人均非居住支出；其次，利用《中国统计年鉴2011》中2010年我国城镇居民家庭消费数据，将人均全年消费性支出减去居住类支出，再除以12，得出城镇居民家庭每月的人均非居住支出；最后，将35个大中城市的农民工家庭每月人均非居住支出与其所在的城市或省份的城镇居民家庭每月人均非居住支出进行比较（详见表4－13）。可以看出，35个大中城市中农民工家庭的非居住类生活支出约为其所在城市或省份城镇居民家庭的平均水平的1/3到2/3，农民工的非居住支出水平并未达到正常的非住房生活必需消费水平。因此，35个大中城市中的农民工家庭同样面临支付能力隐性不足的问题。

表4－13　农民工家庭与城镇居民家庭的非居住支出水平比较

序号	城市	农民工家庭人均非居住支出（元/月）	地区	城镇居民家庭人均非居住支出（元/月）	两者倍数
1	北京	659	北京	1530	0.43
2	天津	401	天津	1246	0.32
3	石家庄	394	河北	748	0.53
4	太原	409	山西	712	0.57
5	呼和浩特	481	内蒙古	1051	0.46
6	沈阳	532	辽宁	997	0.53
7	大连	467	辽宁	997	0.47
8	长春	440	吉林	861	0.51
9	哈尔滨	453	黑龙江	796	0.57
10	上海	586	上海	1753	0.33
11	南京	532	江苏	1094	0.49
12	杭州	636	浙江	1370	0.46
13	宁波	579	浙江	1370	0.42
14	合肥	460	安徽	857	0.54
15	福州	659	福建	1095	0.60
16	厦门	659	福建	1095	0.60
17	南昌	462	江西	792	0.58
18	济南	456	山东	976	0.47
19	青岛	470	山东	976	0.48

续表

序号	城市	农民工家庭人均非居住支出（元/月）	地区	城镇居民家庭人均非居住支出（元/月）	两者倍数
20	郑州	507	河南	813	0.62
21	武汉	506	湖北	855	0.59
22	长沙	574	湖南	887	0.65
23	广州	512	广东	1380	0.37
24	深圳	572	广东	1380	0.41
25	南宁	443	广西	860	0.51
26	海口	423	海南	819	0.52
27	重庆	553	重庆	1005	0.55
28	成都	568	四川	915	0.62
29	贵阳	420	贵州	764	0.55
30	昆明	465	云南	853	0.54
31	西安	515	陕西	891	0.58
32	兰州	461	甘肃	749	0.62
33	西宁	379	青海	724	0.52
34	银川	380	宁夏	846	0.45
35	乌鲁木齐	405	新疆	775	0.52

数据来源：《中国统计年鉴2011》、2010年12月国家人口和计生委对全国流动人口的调查结果，以及相应计算。

虽然由于农民工家庭存在租房支付能力隐性不足的问题，使得租金收入比衡量住房支付能力作用减弱，但是仍然可以利用租金收入比这一指标进行城市间的比较性分析。如表4－12所示，各城市农民工家庭租金收入比超过30%的比例是不同的，比例较高的城市，农民工家庭的住房支付能力问题往往更大。

第五章　农民工住房消费的影响因素分析

农民工住房问题的实质是住房支付能力不足，而农民工的住房问题还受到支付意愿等其他因素的影响。要解决农民工的住房问题，就需要综合考虑这些因素。农民工的住房消费既体现了住房支付能力，也体现了住房支付意愿等影响农民工住房问题的因素。对农民工住房消费影响因素的分析，可以为解决农民工的住房问题提供政策路径的参考。

城乡的双重住房消费是农民工住房消费的显著特征，由于农民工的住房问题集中于城市，因而将农民工在流入城市的住房消费作为主要研究内容，而将农民工在流出农村的住房消费作为辅助研究内容。同时，农民工的住房消费包括自建住房、租赁住房、购买住房等几种形式，这些住房消费形式又同住房消费的地域密切相关。在现有的土地、住房制度之下，农民工的自建住房只能是在农村老家的宅基地上进行的；购买住房的农民工比例很低，包括在流入城市、流出农村所在的县城或周边的小城镇购买的；而农民工在流入城市租房是农民工最主要的住房消费形式。因此，下文重点分析的是农民工在流入城市租房消费的影响因素。

第一节　农民工住房消费影响因素的作用机理

影响农民工住房消费的因素之间相互交叉，难以截然分开，大致可以分为制度因素、经济因素、地域因素以及家庭和个人特征等几大方面。在衡量住房支付能力的指标中所欠缺的资产情况、区域住房市场供给情况等，也将纳入农民工住房消费的影响因素分析之中。其中，资产情况主要在制度因素中体现，区域住房市场供给情况纳入地域因素考虑。

一、制度因素

农民工是具有农村户籍身份，完全或主要从事非农业生产工作的劳动者；农民工群体是在中国城乡二元户籍制度的基础上产生并存在的。户籍制度以及与户籍制度相关的制度，直接或间接地影响着农民工的住房消费。制度因素中对农民工住房消费影响较大的是与户籍制度紧密相连的土地与住房制度、社会保障制度。

我国现行的土地与住房制度是以户籍制度为基础的城乡二元制度。城乡二元土地制度的核心是城市土地归国家所有、农村土地归集体所有。住房制度改革作为我国经济体制改革的重要组成部分，只涉及我国的城镇居民，而农村居民并没有纳入改革的范畴。城镇居民通过单位福利分房和公房私有化等改革措施，大多拥有了自住的住房，甚至获得了非自住的住房资产，增加了其在市场中的住房支付能力。农民工则被排除在住房制度改革之外，即使在城镇长期居住生活的农民工也未能从城镇住房改革中获益，经济适用房、廉租房等保障性住房以及住房货币补贴等政府住房保障也基本未脱离户籍制度的限制。同时，我国的农村住房制度并未进行系统化的改革，农民工在农村老家的土地和住房并不能够在市场上自由交易，并未成为农民工的有效资产。只有少部分地区通过拆迁补偿、宅基地换房等方式，使农民工在农村老家的土地和住房直接或间接地转化为货币收入或资产。在农民工外出务工家庭化的趋势下，其在农村老家的住房大多成为闲置住房，却不能够通过市场渠道变现以提高农民工在城市的住房支付能力。

此外，城乡二元的土地和住房制度还影响着农民工的住房消费意愿。农民工在农村老家的土地和住房虽然还不能通过市场交易变为现实收入，但是绝大多数的农民工仍然不愿意放弃土地转为非农业户籍。这一方面是历史积淀的难以割舍的土地情结在起作用；另一方面是因为在社会保障体系不完善的情况下，农村老家的土地可以作为农民工的一种基础保障；再者，农村老家的土地和住房还是一种潜在的资产，征地拆迁时获得的补偿甚至可能超过其应有的市场价值。这都使得农民工的人在城市，根却在农村，相当多的农民工宁愿将更多的支出用于农村老家宅基地上住房的翻新及新建，或是在老家县城及周边的小城镇购房，也不愿意在改善工作地的住房条件上多花钱。由此，形成了农民工的流入城市住房与流出农村住房的强烈反差，城市日常居住的住房狭小而简陋、农村老家的住房宽敞却利用率很低，这种矛盾与浪费根植于城乡二元的土地和住房制度。

农民工住房消费还受到社会保障制度影响。这里说的社会保障制度既包括医疗、养老、失业等社会保障，也包括义务教育等社会福利。社会保障制度的完善与否直接影响到消费者的预防性储蓄水平。Leland（1968）将预防性储蓄定义为，为了防范未来收入的不确定性冲击而引起的额外储蓄。Browning 和 Lusardi（1996）提出，足够的资产或社会保障制度的完善可以减弱预防性储蓄动机。虽然近年来的农民工社会保障工作取得了一定进展，但远未完善。有的农民工在农村老家参加了新农合（新型农村合作医疗）和新农保（新型农村社会养老保险），尽管这在一定程度上替代了城镇社会保险，但也存在保障水平较低等问题。有的农民工在工作地城镇参加了城镇职工的医疗、养老、工伤保险，但是总体上参保人数少、覆盖率低，参保率处于 20% 以下的低水平上。[①] 加之农民工的流动性强，相当一部分农民工经常在不同的城市间流动，由于社会保险的异地转移接续困难，导致有些地区在农民工过年返乡前甚至出现了“退保潮”。农民工随迁子女在城市接受义务教育的问题尚处于初步解决阶段，一些地方名义上允许农民工子女申请入读公立学校，但往往设置许多繁复的限制条件，比如要求农民工子女入学必须提供父母连续数年社会保险缴纳证明、连续数年企业正式聘用合同、连续数年居住证明等一系列不少农民工不可能提供的文件。因此，在社会保障制度不完善的情况下，农民工的医疗支出、子女教育支出等支出水平较高，预防性储蓄动机强，在收入水平既定的情况下，必然降低农民工的住房消费能力和意愿。

二、经济因素

经济因素包括收入、住房租售价格等在内的经济因素决定了农民工的住房支付能力，还影响到农民工的支付意愿，从而对农民工的住房消费产生着重要的作用。在不考虑投资的情况下，一个家庭的收入等于消费与储

①徐彤：《中国农民工社会保障的经济效应研究》，西北大学博士学位论文，2011 年。

蓄之和，消费可以分为住房消费和非住房消费。非住房消费支出，主要包括食品支出、教育医疗支出、交通通信费用支出等。对于农民工家庭来说，住房消费又可以分为在流入城市的住房消费和在流出农村的住房消费，相应地，非住房消费、储蓄也可以作城乡之分。假设农民工家庭在流入城市和流出农村以外的收入、消费、储蓄均为零，且不考虑投资，只考虑现期收入的情况下，则有：

$$Y = C + S = C_h + C_o + S \quad (5-1)$$

$$Y_1 + Y_2 = (C_{h1} + C_{h2}) + (C_{o1} + C_{o2}) + (S_1 + S_2) \quad (5-2)$$

其中：

Y 代表家庭收入；

C 代表家庭消费；

S 代表家庭储蓄；

C_h代表家庭住房消费；

C_o代表家庭非住房消费；

Y_1、C_{h1}、C_{o1}、S_1 分别代表农民工家庭在流入城市的收入、住房消费、非住房消费和储蓄；

Y_2、C_{h2}、C_{o2}、S_2 分别代表农民工家庭在流出农村的收入、住房消费、非住房消费和储蓄。

由于此处主要研究的是农民工在流入城市的住房消费（C_{h1}），因而将式（5－2）加以转换，得到式（5－3）。同时，住房消费又等于住房价格乘以住房消费量（即住房消费面积）。用 P_{h1} 代表农民工流入城市的住房价格；用 Q_{h1} 代表农民工家庭在流入城市的住房消费量，则有式（5－4）。

$$C_{h1} = Y_1 + Y_2 - S_1 - C_{o1} - (C_{h2} + C_{o2} + S_2) \quad (5-3)$$

$$C_{h1} = P_{h1} \cdot Q_{h1} \quad (5-4)$$

由式（5－3）和式（5－4）可以看出，影响农民工在流入城市住房消费的经济因素有：农民工家庭的收入水平，包括在流入城市的收入和流出农村的收入；农民工家庭在流入城市的非住房消费支出和储蓄；农民工家庭在流出农村的住房消费、非住房消费支出和储蓄；流入城市的住房价格，主要是租房价格；农民工家庭在流入城市的住房消费数量，主要是租房面积。此外，单位提供的住宿条件也可以视为非货币收入，也应纳入影响农民工住房消费的经济因素之中。

根据 Friedman（1957）提出来的“永久收入假说”（Permanent Income

Hypothesis，又译为“持久收入假说”），决定居民消费支出的主要因素是居民的持久收入，而不是现期收入；持久收入是消费者收入中比较稳定的、持续性的收入，在相当长时间里可以得到的收入，是一种长期平均的预期收入。其后的预防性储蓄理论（Precautionary Saving Theory）在吸收理性预期思想的基础之上，将不确定性、消费者跨时选择引入消费行为分析，认为消费者储蓄不只是为了将收入均等分配于整个生命周期，还在于为了防范不确定事件的发生，如收入的不确定性。Zeldes（1989）探讨了确定的当前财产与不确定的未来收入对消费的影响，认为当前财产包括刚得到的收入和确定的未来收益，在影响当前消费决策方面比未来的随机劳动收入有更大的权重。基于上述理论，对中国农民工住房消费的分析，一方面应考虑农民工现期收入水平的影响，另一方面也应考虑农民工预期收入水平的影响。对于未来收入的预期，离不开两方面的考虑：一方面是以往收入的情况，另一方面是未来收入的稳定性。影响农民工未来收入稳定性的因素包括：是否签订了劳动合同，劳动合同期限的长短，所在行业、企业的情况等。这些因素也应纳入农民工住房消费的分析范围。

三、地域因素

这里的地域因素是指农民工由于流入城市的不同、流出农村的不同，而产生的影响农民工住房消费的地域差异。

流入城市的不同意味着农民工家庭面临的城镇住房消费市场不同。大城市、特大城市往往人口密度高，住房紧张，住房的销售和租赁价格也高，农民工的住房问题也更为严峻；中小城镇的人口密度一般较低，住房供求关系较好，住房的销售和租赁价格也较低，农民工的住房问题相对来说不那么突出。

流出农村的不同意味着农民工家庭已有资产和在农村收入情况的不同，甚至是返乡意愿的差异。来自发达地区富裕乡村的农民工，由于农村老家经济状况较好，原有收入和生活水平较高，到城市后的住房消费水平也相对较高；在城市工作生活不如意或农村有更好就业机会的情况下，返乡的意愿可能更为强烈。来自边远地区穷困乡村的农民工，则由于农村生活条件较差，家庭负担较重，到城市后的住房消费水平也相对较低；由于城乡间工作生活条件的差异较大，可能使其返乡意愿更低，而留城意向更为坚定。

四、家庭及个人特征

农民工的住房消费还受到家庭和个人特征的影响。个人特征主要包括年龄、性别、受教育程度、婚姻状况、来城务工时间长短、技术职称等；家庭特征主要包括家庭结构、家庭同住人数等。其中，有些因素是密切相连的，如年龄、婚姻状况、家庭结构之间，受教育程度与技术职称之间都存在着相应的关系。

未到适婚年龄的农民工往往选择住在单位提供的宿舍，或者与兄弟姐妹、父母同住在出租房内；已经结婚的农民工更倾向于选择与配偶、子女共同居住，单位宿舍一般不能满足这种居住需求，多采用租赁单元房的方式解决住房需求。受教育程度较高、务工时间较长的农民工，往往可以获得较高的技术职称，收入水平也较高，工作更为稳定，因而具备较强的住房支付能力。如果家庭中有处于学龄的子女，那么在住房消费时则要考虑学校位置等教育资源的问题，而且需要考虑子女教育支出及预期对住房消费水平的影响。家庭同住人数直接决定了居住所需的最少面积，从而影响到住房的消费数量，在收入水平既定的情况下，如果家庭同住人数多、所需面积大，则农民工家庭将倾向于选择位置或条件较差而租金单价较低的住房。

第二节　全国层面的农民工住房消费影响因素分析

一、模型构建与变量选择

1. 数据来源

本书对农民工住房消费影响因素的实证分析，数据来源于2010年12月国家人口和计划生育委员会对全国流动人口动态监测的结果。这次对全国流动人口的动态监测对象，包括农业户籍的流动人口和非农业户籍的流动人口，具体是指在调查前一个月前来到流入城市本市居住、非本区（县）户口且年龄在 16～59 岁的流入人口，不包括调查时在车站、码头、机场、旅馆、医院等地点的流入人口，但包括在非正规场所（临时工地、废弃厂房、路边、水边、山洞等）居住的流入人口。其中，农业户籍的流动人口可以近似地作为农民工的代表。经过数据净化处理，调查对象是农业户籍流动人口的有效样本为 105768 份。此次调查的样本选取属于“混合抽样”，即样本城市的确定采用主观判断的非随机抽样，而样本城市内部调查对象的选择则采用随机抽样。

样本城市的确定，遵循的主要原则如下：①基本原则：以流入城市为主；②广泛性：直辖市、省会城市、计划单列市全部纳入，兼顾流入人口较多的地级市、县级市；③突出重点：突出东部地区，兼顾中部、西部地区，重点关注长三角、珠三角经济带；④兼顾特殊需求：涵盖边境、少数民族地区的城市。本着上述原则，共选取全国 106 个城市作为固定监测点进行调查，包括 4 个直辖市，27 个省会城市（不包括台北），5 个计划单列市，流动人口集中的产业带、城市圈以及部分边境少数民族地区的 46 个地级市、24 个县级市。样本城市中，东部地区的占 45.2%（48 个），中部地区的占 27.4%（29 个），西部地区的占 27.4%（29 个）；重点关注的长三角、珠三角两大经济带的样本城市数量分别是 16 个和 8 个。

具体 106 个样本城市包括：北京、天津、上海、重庆；河北的石家庄、唐山、霸州、高碑店；山西的太原、大同、侯马；内蒙古的呼和浩特、满洲里；辽宁的沈阳、大连、丹东、锦州、营口、海城；吉林的长春、吉林、延吉；黑龙江的哈尔滨、黑河、鹤岗、绥芬河；江苏的南京、无锡、苏州、南通、盐城、常州、扬州、靖江；浙江的杭州、宁波、温州、嘉兴、台州、上虞、义乌；安徽的合肥、马鞍山、铜陵；福建的福州、厦门、泉州、永安；江西的南昌、赣州、上饶、丰城；山东的济南、青岛、烟台、潍坊、荣成；河南的郑州、洛阳、安阳、平顶山；湖北的武汉、黄石、宜昌、恩施；湖南的长沙、株洲、郴州、吉首；广东的广州、深圳、东莞、佛山、珠海、中山、清远、鹤山；广西的南宁、柳州、东兴、凭祥；海南的海口、三亚、琼海；四川的成都、绵阳、西昌、阆中；贵州的贵阳、遵义；云南的昆明、丽江、红河、景洪；西藏的拉萨；陕西的西安、咸阳、榆林、韩城；甘肃的兰州、天水；青海的西宁；宁夏的银川、石嘴山；新疆的乌鲁木齐、伊宁。样本城市的行政级别及所属区域如表5－1所示。

表5－1　全国106个样本城市的行政级别及所属区域

地区	省（区、市）	省会及以上	单列市	地级市或地区	县级市	合计
东部地区	北京	北京市				1
	天津	天津市				1
	河北	石家庄市		唐山市	霸州市、高碑店市	4
	辽宁	沈阳市	大连	丹东市、锦州市、营口市	海城市	6
	上海	上海市				1
	江苏	南京市		无锡市、苏州市、南通市、盐城市、常州市、扬州市	靖江市	8
	浙江	杭州市	宁波	温州市、嘉兴市、台州市	上虞市、义乌市	7
	福建	福州市	厦门	泉州市	永安市	4
	山东	济南市	青岛	烟台市、潍坊市	荣成市	5
	广东	广州市	深圳	东莞市、佛山市、珠海市、中山市、清远市	鹤山市	8
	海南	海口市		三亚市	琼海市	3
中部地区	山西	太原市		大同市	侯马市	3
	吉林	长春市		吉林市	延吉市	3
	黑龙江	哈尔滨市		黑河市、鹤岗市	绥芬河市	4
	安徽	合肥市		马鞍山市、铜陵市		3
	江西	南昌		赣州市、上饶市	丰城市	4
	河南	郑州市		洛阳市、安阳市、平顶山市		4
	湖北	武汉市		黄石市、宜昌市	恩施市	4
	湖南	长沙市		株洲市、郴州市	吉首市	4

续表

地区	省（区、市）	省会及以上	单列市	地级市或地区	县级市	合计
西部地区	内蒙古	呼和浩特市			满洲里市	2
	广西	南宁市		柳州市	东兴市、凭祥市	4
	重庆	重庆市				1
	四川	成都市		绵阳市	西昌市、阆中市	4
	贵州	贵阳市		遵义市		2
	云南	昆明市		丽江市、红河州	景洪市	4
	西藏	拉萨市				1
	陕西	西安市		咸阳市、榆林市	韩城市	4
	甘肃	兰州市		天水市		2
	青海	西宁市				1
	宁夏	银川市		石嘴山市		2
	新疆	乌鲁木齐市			伊宁市	2
	合计	31	5	46	24	106

资料来源：2010 年 12 月，国家人口和计划生育委员会对全国流动人口动态监测方案。

城市内部随机抽取样本的标准是：直辖市、其他省会城市、计划单列市，每个城市 2000 人；地级市，每个城市 1000 人；县级市每个城市 200 人。

本章下文如无特殊标注，数据来源均为此次调查结果。

2. 模型形式

对农民工住房消费影响因素的实证分析，研究的是各种因素对农民工住房消费支出的影响情况。构建计量模型的基本框架是：被解释变量是农民工的住房消费支出，解释变量是包括制度因素、经济因素、地域因素、家庭及个人特征等在内的各种影响因素。被解释变量是连续变量，解释变量有两个以上，因而考虑采用的是复回归模型，即多元线性回归模型。

含有 k 个解释变量的多元线性回归模型，可以写为：

$$Y = \alpha + \sum_{i=1}^{k} \beta_i X_i + u \qquad (i=1, 2, \cdots, k) \tag{5-5}$$

其中：

Y 是被解释变量；

X_i 是各个解释变量；

α、β_i 是待估计的参数项；

u 是随机误差项。

在构建农民工住房消费影响因素的计量模型时，还需将解释变量与被解释变量具体化，并进行数据的基础处理。

3. 变量选择与数据处理

（1）被解释变量（Y）。对于模型的被解释变量的具体选取及数据处理过程如下：

首先，为明确研究重点，选取的是农民工在流入城市的住房消费支出，并且剔除已购房样本。由于农民工在流入城市租房是农民工最主要的住房消费形式，绝大部分农民工在流入城市的住房消费支出是租房消费支出。因而在农业户籍流动人口样本中，剔除已在流入城市购房（包括已购商品房和已购政策性保障房）的样本。

其次，根据住房消费特点，选取的是家庭而不是个人的每月居住支出额。在流入城市每月的居住支出，包括房租、物业管理、水、电、燃料、维修、暖气等，不包括住房贷款月供额。

最后，为降低和消除异方差，对家庭居住支出取自然对数。由于零值无法进行取对数的运算，常见做法是剔除为零值的观测值或者给存在零值的变量的各观测值统一加上一个足够小的正数修正后，再取自然对数。如果剔除全部零值，则样本量损失较大，因而选择给各观测值统一加上 1 进行修正。由于 1 元钱对于居住支出额来说足够小，对数据估计的精确度影响不大。

（2）解释变量（X_i）。模型的解释变量是包括制度因素、经济因素、地域因素、家庭及个人特征等在内的各种影响因素。基于上文对农民工住房消费影响因素及作用机理的分析，可以看出影响农民工住房消费的因素众多，且各类影响因素之间存在着一定的交叉。

此处将依据以下原则进行解释变量的选取：一是变量之间的关系，相关性高的变量不同时选入模型；二是变量的政策指向性，此处实证研究的目的在于发现农民工住房保障政策的着力点，因此具有政策指向性的变量优先选入模型；三是数据的可获得性，根据数据的可获得性选择影响因素的代理变量，但代理变量与影响因素之间差距较大的应舍弃。

对于解释变量的数据处理主要有三种：一是根据多元线性回归模型的数据要求，[①] 将类别变量转换为虚拟变量；二是为降低和消除异方差，配合被解释变量及虚拟变量，对家庭月收入、支出等较大的数值，加1后取自然对数；三是对原有数据的计算，如家庭同住人数是先将原数据每个家庭同住成员的序数号转换为对应的基数，再进行加和处理而得。

对模型被解释变量和解释变量的具体选取和说明如表5－2所示。

表5－2　实证分析模型的变量列表

<table>
<tr><th colspan="3">变量类型</th><th>代理变量</th><th>数值类型</th><th>变量说明</th></tr>
<tr><td>被解释变量</td><td colspan="2">农民工住房消费支出</td><td>流入城市的家庭月居住支出</td><td>连续变量</td><td>各观测值加1后取自然对数</td></tr>
<tr><td rowspan="6">解释变量</td><td rowspan="6">制度因素</td><td rowspan="2">土地与住房制度</td><td>农村老家有无自建房</td><td>虚拟变量</td><td>有＝1，无＝0；反映已有资产情况、住房消费意愿等</td></tr>
<tr><td>农村老家有无城镇商品房</td><td>虚拟变量</td><td>有＝1，无＝0；反映已有资产情况、住房消费意愿等</td></tr>
<tr><td rowspan="4">社会保障制度</td><td>流入城市有无养老保险</td><td>虚拟变量</td><td>有＝1，无＝0；也反映经济因素中的预期收入等</td></tr>
<tr><td>流入城市有无医疗保险</td><td>虚拟变量</td><td>有＝1，无＝0；也反映经济因素中的预期收入等</td></tr>
<tr><td>流入城市有无工伤保险</td><td>虚拟变量</td><td>有＝1，无＝0；也反映经济因素中的预期收入等</td></tr>
<tr><td>流入城市有无住房公积金</td><td>虚拟变量</td><td>有＝1，无＝0；也反映经济因素中的收入及储蓄</td></tr>
</table>

①多元线性回归模型的解释变量，如果是类别变量，则需要先转化为虚拟变量（Dummy Variables）再进行回归估计。

续表

<table>
<tr><th colspan="3">变量类型</th><th>代理变量</th><th>数值类型</th><th>变量说明</th></tr>
<tr><td rowspan="14">解释变量</td><td rowspan="4">经济因素</td><td rowspan="2">现期收入（货币与实物）</td><td>流入城市的家庭月收入</td><td>连续变量</td><td>各观测值加 1 后取自然对数</td></tr>
<tr><td>单位提供住房与否</td><td>虚拟变量</td><td>是 =1，否 =0；也反映个人因素中的行业特征等</td></tr>
<tr><td>预期收入</td><td>有无劳动合同</td><td>虚拟变量</td><td>有 =1，无 =0；也反映个人因素中的单位性质等</td></tr>
<tr><td>非住房支出</td><td>流入城市的家庭月食品支出</td><td>连续变量</td><td>各观测值加 1 后取自然对数</td></tr>
<tr><td rowspan="2">地域因素</td><td>流出农村</td><td>流入城市以外的家庭月收入</td><td>连续变量</td><td>各观测值加 1 后取自然对数；包括家庭成员在流入城市以外（主要是农村老家）的财产收入、转移性收入、工资收入、营业收入</td></tr>
<tr><td>流入城市</td><td>流入城市的行政级别</td><td>虚拟变量</td><td>直辖市、省会、计划单列市 =1，地级市或地区、县级市 =0；也反映经济因素中的住房价格等住房市场情况</td></tr>
<tr><td rowspan="6">家庭和个人特征</td><td rowspan="2">家庭特征</td><td>子女个数</td><td>连续变量</td><td>也反映经济因素中的非住房（教育）支出等</td></tr>
<tr><td>流入城市的家庭同住人数</td><td>连续变量</td><td>也反映经济因素中的住房需求面积</td></tr>
<tr><td rowspan="4">个人特征</td><td>年龄</td><td>连续变量</td><td>也间接反映婚姻状况等</td></tr>
<tr><td>本次来到流入城市的时间</td><td>连续变量</td><td>可反映流动性的强弱、住房消费意愿</td></tr>
<tr><td>是否受过高中及以上教育</td><td>虚拟变量</td><td>是 =1，否 =0</td></tr>
<tr><td>是否接受过政府、单位或专门机构组织的工作技能培训</td><td>虚拟变量</td><td>是 =1，否 =0</td></tr>
</table>

注：除标明是样本城市、家庭的数据外，均指被访者个体的情况。

此外，从积差相关矩阵来看，“有无劳动合同”同时与“流入城市有无养老保险”、“流入城市有无医疗保险”、“流入城市有无工伤保险”三个变量间的 Pearson 相关系数都较高。由于劳动合同中有相当一部分仅是完成一次性工作任务的合同，而且用人单位往往还在劳动合同的具体内容中设置解除劳动合同的种种条款，加之劳动合同的违约成本低、维权成本高，因而有无劳动合同对未来收入预期的反映有限，所以在回归前将“有无劳动合同”这一解释变量从模型中剔除。

由此，式（5－5）可以改写为：

$$Y=\alpha+\sum_{i=1}^{17}\beta_i X_i+u \qquad (i=1,2,\cdots,17) \qquad (5-6)$$

其中：

Y 表示在流入城市的农民工家庭每月居住支出；

X_1 表示农民工家庭在农村老家有无自建房；

X_2 表示农民工家庭在农村老家有无城镇商品房；

X_3 表示农民工在流入城市有无养老保险；

X_4 表示农民工在流入城市有无医疗保险；

X_5 表示农民工在流入城市有无工伤保险；

X_6 表示农民工在流入城市有无住房公积金；

X_7 表示农民工家庭在流入城市的家庭月收入；

X_8 表示农民工所在单位提供住房与否；

X_9 表示在流入城市的农民工家庭每月食品支出；

X_{10}表示流入城市以外的农民工家庭月收入；

X_{11}表示流入城市的城市行政级别；

X_{12}表示农民工家庭的子女个数；

X_{13}表示流入城市的家庭同住人数；

X_{14}表示农民工的年龄；

X_{15}表示农民工本次来到流入城市的时间；

X_{16}表示农民工是否受过高中及以上教育；

X_{17}表示农民工是否接受过政府、单位或专门机构组织的工作技能培训；

α、β_1、β_2、…、β_{18}是待估计的参数项；

u 是随机误差项。

解释变量的描述性统计及预期影响方向如表 5－3 所示。

表 5－3 解释变量的描述性统计及预期影响方向

变量名称	均值	标准差	最小值	最大值	预期影响
农村老家有无自建房	0. 93	0. 26	0	1	?
农村老家有无城镇商品房	0. 02	0. 14	0	1	?
流入城市有无养老保险	0. 24	0. 43	0	1	+
流入城市有无医疗保险	0. 32	0. 47	0	1	+
流入城市有无工伤保险	0. 30	0. 46	0	1	+
流入城市有无住房公积金	0. 03	0. 16	0	1	+
流入城市的家庭月收入	7. 95	0. 77	0	11. 92	+
单位提供住房与否	0. 24	0. 43	0	1	－
流入城市的家庭月食品支出	6. 57	0. 74	0	9. 21	－
流入城市以外的家庭月收入	4. 44	3. 62	0	11. 70	+
流入城市的行政级别	0. 60	0. 49	0	1	+
子女个数	1. 46	0. 74	0	8	－
流入城市的家庭同住人数	2. 30	1. 16	1	8	+
年龄	31. 87	8. 90	16	59	?
本次来到流入城市的时间	4. 08	4. 58	0	43	+
是否受过高中及以上教育	0. 23	0. 42	0	1	+
是否接受过政府、单位或专门机构组织的工作技能培训	0. 16	0. 37	0	1	+

注：除标明是样本城市、家庭的数据外，均指被访者个人的情况。

二、实证结果及分析

1. 估计方法与结果

模型的估计方法为普通最小二乘法（OLS）。变量进入方法为强迫进入变量法，即所选择的解释变量全部进入回归模型。

本章的统计分析结果由软件 SPSS 17. 0 计算得到。

对式（5－6）进行估计的结果表明：

（1）从回归模型的整体来看，修正后的 R^2 为 0.363；样本量为 67397；① F 值为 2261.305（p 值为 0.000），表明回归模型整体在 1% 的水平上达到显著水平。

（2）从解释变量间的共线性来看，全部解释变量的容忍度（Tolerance）在 0.420 ~ 0.973，均大于 0.10；方差膨胀系数（VIF）在 1.028 ~ 2.380，均小于 10，这说明解释变量之间的共线性问题不严重。

（3）从单个解释变量的显著性来看，t 检验的结果显示：在 1% 的显著性水平下，17 个解释变量中有 14 个显著，只有"流入城市以外的家庭月收入"、"农村老家有无城镇商品房"、"年龄"不显著；在 5% 的显著性水平下，17 个解释变量中有 16 个显著，不显著的就只有"流入城市以外的家庭月收入"这一个解释变量了。常数项和"流入城市以外的家庭月收入"即使在 10% 的显著性水平下，也不显著。各解释变量代表的影响因素由于单位不同，对农民工住房消费的影响程度无法进行直接比较。但是，标准化后的回归系数是所有变量进行标准化后得到的，可以比较解释变量的相对重要性，因而使用它的绝对值来进行各影响因素重要性的排序。具体参数估计结果及重要性排序情况如表 5 - 4 所示。

表 5 - 4　模型估计结果

被解释变量：流入城市的家庭月居住支出

变量	未标准化系数		标准化系数	t 值	重要性排序
	B	标准误	Beta		
常数	0.647	0.081	—	8.032	—
农村老家有无自建房	-0.070***	0.022	-0.012	-3.249	14
农村老家有无城镇商品房	-0.076**	0.039	-0.007	-1.978	16
流入城市有无养老保险	0.194***	0.017	0.054	11.591	8
流入城市有无医疗保险	0.078***	0.016	0.024	4.993	12
流入城市有无工伤保险	-0.373***	0.014	-0.111	-27.207	5

①缺失值的处理方法采用的是完全排除遗漏值。本回归分析在 2010 年 12 月国家人口和计划生育委员会对全国流动人口动态监测的结果中抽取了农业户籍的流动人口，且剔除了已经在流入城市城镇购房（包括已购商品房和已购政策性保障房）的样本，经过缺失值的处理，最终的有效样本量是 67397 个。

续表

变量	未标准化系数		标准化系数	t 值	重要性排序
	B	标准误	Beta		
流入城市有无住房公积金	0.122 ***	0.031	0.013	3.979	13
流入城市的家庭月收入	0.372 ***	0.009	0.139	40.208	3
单位提供住房与否	-1.571 ***	0.013	-0.400	-124.041	1
流入城市的家庭月食品支出	0.288 ***	0.008	0.129	36.030	4
流入城市以外的家庭月收入	-0.001	0.001	-0.001	-0.385	17
流入城市的行政级别	0.254 ***	0.010	0.081	26.063	6
子女个数	-0.078 ***	0.008	-0.038	-10.388	10
流入城市的家庭同住人数	0.201 ***	0.005	0.141	37.482	2
年龄	-0.001 **	0.001	-0.007	-2.046	15
本次来到流入城市的时间	0.013 ***	0.001	0.041	12.376	9
是否受过高中及以上教育	0.247 ***	0.013	0.062	19.071	7
是否接受过政府、单位或专门机构组织的工作技能培训	-0.140 ***	0.015	-0.031	-9.605	11
修正后的 R^2	0.363				
样本量	67397				
F 值	2261.305				

注：***表示在1%水平上显著；**表示在5%水平上显著。

2. 实证结果分析

通过上文对式（5-6）的回归结果可以看出各影响因素对农民工家庭在流入城市居住支出的作用情况，具体分析如下：

（1）流入城市的收入影响大，而农村老家收入的影响不显著。流入城市的收入包括农民工家庭的货币收入和非货币收入。“单位提供住房与否”的影响程度最大，该变量是指单位或雇主提供免费或收费的住房，即使是收费的，收费水平一般来说也是远低于正常市场水平，均可视为是农民工的一种实物收入。单位提供住房，不仅可以直接降低农民工的居住支出，而且会增加外出租房的机会成本，从而降低农民工的租房消费意愿；“单位提供住房与否”的系数估计值为负，则验证了这一推断。“流入城市的家庭月收入”直接决定了农民工家庭在流入城市的住房支付能力，从而影响着农民工家庭在流入城市的居住消费支出；系数估计值为正，说明较高的收入水平有利于提高农民工家庭的住房支付能力，从而增加居住消费支出。

“流入城市以外的家庭月收入”主要是指农民工家庭在农村老家的收入，这一解释变量不显著。一方面是因为农村老家的收入水平较低，与流入城市的收入水平相比在家庭总收入中的比重较低——“流入城市以外的家庭月收入”所占比重约为29%，而“流入城市的家庭月收入”所占比重约为71%；另一方面是因为实际生活中农民工一般不会将农村老家的收入用于流入城市的消费支出，反而是将流入城市的收入转移到流出农村老家消费的情况较多。

（2）流入城市的家庭同住人数的影响较大，年龄比来到流入城市时间的影响小。“流入城市的家庭同住人数”对住房所需的面积、是否住在宿舍都具有决定性作用，从而对农民工家庭在流入城市的居住支出影响较大，正常情况下，同住人数越多，居住消费支出则越多。此变量的估计结果显著，且系数估计值为正，验证了上述推断。

“本次来到流入城市的时间”在1%的水平上显著，而“年龄”在5%的水平上显著。“本次来到流入城市的时间”估计系数为正，说明来到流入城市的时间越长，往往稳定性越强，在流入城市的住房支付能力和意愿也较强，居住消费支出也越高。“年龄”估计系数为负，说明年龄越大，在流入城市的居住消费支出越低，其可能原因包括年龄大的农民工消费倾向更低、与农村联系更密切、回乡意愿更强等，但是从系数估计结果来看影响力较小。

（3）代表地域因素的流入城市行政级别影响较大。“流入城市的行政级别”反映了流入城市的人口规模、住房价格等住房市场情况，因而对农民工家庭在流入城市的居住支出影响较大。直辖市、省会、计划单列市，与地级市或地区、县级市相比，人口密度较大、住房价格较高，因而住房消费支出水平也较高。以河北省为例，省会石家庄市辖区的人口密度是11449人/平方千米，地级市唐山市辖区的人口密度是2496人/平方千米，前者约为后者的4.6倍；再以四川省为例，成都市辖区的人口密度是2513.62人/平方千米，地级市绵阳市辖区的人口密度是778.34人/平方千米，前者约为后者的3.2倍。[①] 其他地区的情况也大致如此，行政级别高的城市往往人口

①根据《中国城市统计年鉴2011》计算而得。

密度明显高于行政级别低的城市。人口密度越高，则住房供求关系越紧张，住房价格也更高，因此农民工家庭所需的居住支出也随之增加。

（4）非住房消费支出中，食品支出的影响较大，教育支出的影响也不容忽视。估计结果表明“流入城市的家庭月食品支出”对农民工家庭在流入城市的住房消费支出影响较大。这和农民工家庭的生活水平密切相关，农民工家庭的生活水平较低，食品支出占总支出的比重较高，按农民工家庭在流入城市的每月食品支出平均值（888.70元）与其家庭在流入城市的每月总支出平均值（1717.62）相比计算，恩格尔系数为0.52。从国际经验值来看，恩格尔系数在60%以上为贫困，50%～60%为温饱，40%～50%为小康，20%～40%为富裕，20%以下为极其富裕（赵冬缓、兰徐民，1994）。农民工家庭的平均生活水平仍处于温饱阶段，食品支出对居住消费的影响自然较大。系数估计值为正，说明食品支出较高的农民工家庭，居住支出也较高，这存在两方面可能的原因：一是由食品支出较高的农民工家庭生活水平较高，因而居住条件较好，居住支出也较高；二是在消费档次趋同的情况下，较高的食品支出是由于家庭同住人数较多造成的，因而住房需求面积大，居住支出也较高。

“子女个数”反映了家庭教育支出的高低，在一般情况下，子女个数多意味着家庭教育支出高。估计系数为负，是因为在收入、储蓄水平既定的情况下，教育支出高，非住房支出增加，会相应缩减住房消费；而且对教育支出的预期，往往也会提高储蓄水平，可能进一步造成住房消费的减少。

（5）工伤保险的影响为负，养老保险、医疗保险、公积金的影响为正。从作用机制上看，社会保障多，有利于农民工家庭抵御未来收入减少、支出增加的风险，与住房消费支出之间的关系应该是正相关的。但是，估计结果是“流入城市有无工伤保险”的系数为负，“流入城市有无养老保险”、“流入城市有无医疗保险”、“流入城市有无住房公积金”的系数虽然为正，但影响程度不高。

“流入城市有无工伤保险”的系数为负，其原因可能有：一是农民工群体中有工伤保险的比例较低，此次调查中，未购房的农业户籍流动人口中有工伤保险的比例为29.7%；二是从事高危工作的农民工，其单位和雇主更愿意给他们购买工伤保险，这就造成了有工伤保险的农民工从事高危工作的可能性更大，面临的风险更高，预期的收入不确定性和医疗等支出增加，从而抵消且超过了保险的正向作用，对住房消费产生了负向影响。

“流入城市有无养老保险”、“流入城市有无医疗保险”、“流入城市有无住房公积金”的正向影响程度不高，和农民工的社保覆盖率较低、保障力度不足有关。此次调查中，未购房的农业户籍流动人口有养老保险、医疗保险、住房公积金的比例，依次为23.7%、32.1%和2.7%。

（6）基础教育和技能培训的影响均显著，基础教育的作用更强。“是否受过高中及以上教育”反映了农民工所受的基础教育情况，而“是否接受过政府、单位或专门机构组织的工作技能培训”反映的则是继续教育中技能培训的情况。从回归结果来看，两者均显著。

“是否受过高中及以上教育”对农民工家庭居住支出有正向影响，表明农民工所受基础教育水平较高，获得较高收入的可能性较大，而收入对居住支出则有正向作用。但是，“是否接受过政府、单位或专门机构组织的工作技能培训”的估计系数为负，与预期不同，其原因可能包括两方面：一方面是接受过工作技能培训的农民工比例较低，而接受过工作技能培训的农民工往往又是基础教育水平较低的人，此次被调查的未购房农业户籍流动人口中，接受过工作技能培训的比例只有16.4%，其中未受过高中及以上教育的人又占了61%，工作技能培训的正向作用被基础教育水平较差的负向作用相抵消；另一方面是工作技能培训本身存在内容、深度等方面的问题，未能对农民工工作能力和收入水平的提高起到应有的作用，因而导致“是否接受过政府、单位或专门机构组织的工作技能培训”的估计系数为负。

（7）农村老家资产（自建房、商品房）的负向影响显著但作用较小。“农村老家有无自建房”在1%的水平上显著，“农村老家有无城镇商品房”在5%的水平上显著；两者对农民工家庭在流入城市的居住消费支出影响较小，而且估计结果显示的作用为负。这一方面的原因是中国的农村住房制度并未进行系统化的改革，农民工在农村的土地和住房并不能够在市场上自由交易。只有少部分地区通过拆迁补偿、宅基地换房等方式，使农民工在农村老家的土地和住房直接或间接地转化为货币收入或资产。农村老家的自建房作为家庭资产难以有效变现，未能提高农民工家庭在流入地的住房支付能力，增加其在流入地的住房消费。另一方面的原因是由于农村老家自建房或商品房的存在，使得农民工家庭与农村老家的联系更为稳固，农村老家的住房和土地是农民工家庭的一种保障，农村老家的住房还是农民工家庭住房消费的另一个组成部分，在一定程度上形成了对在流入地住房消费的替代效应。2010 年 5 月，国家人口和计划生育委员会对全国 106 个城市流动人口动态监测的结果表明，农业户籍流动人口中，有 23.1% 的人打算在户籍地农村建房，19.2% 的人打算在户籍地城镇买房，两者合计 42.4%。这表明，相当多的农民工宁愿将更多的支出用于农村老家宅基地上住房的翻新及新建，或是在农村老家县城及周边小城镇购房，也不愿意在改善工作城市住房条件上多花钱。

总体来说，模型的回归结果与设立模型时的分析与预想较为一致，可以为农民工住房政策的着力点提供实证方面的支持。

第三节　地区层面的农民工住房消费影响因素分析

从地区层面对农民工住房消费影响因素的分析，将分别以流入地区和流出地区为分类依据，对比我国东、中、西部之间的差异。其中，将北京、天津、河北、辽宁、上海、江苏、浙江、福建、山东、广东、海南 11 个省（市）划入东部地区；将山西、吉林、黑龙江、安徽、江西、河南、湖北、湖南 8 个省划入中部地区；将内蒙古、广西、重庆、四川、贵州、云南、西藏、陕西、甘肃、青海、宁夏、新疆 12 个省（市、自治区）划入西部地区。

一、不同流入地区的对比分析

对不同流入地区农民工住房消费影响因素的对比分析，采用的是与前面全国层面分析相同的方法，分别对流入地区为东部、中部和西部的样本进行回归，然后进行地区间的对比分析。

1. 东部地区

对流入地区为东部的样本进行回归的结果如表 5－5 所示。在东部地区，农民工住房消费影响因素的作用方向和影响程度，基本与全国层面的分析结果一致。在东部地区，对农民工住房消费影响显著的因素，依次为“单位提供住房与否”、“流入城市的家庭同住人数”、“流入城市的家庭月食品支出”、“流入城市的家庭月收入”、“流入城市有无工伤保险”、“流入城市的行政级别”、“是否受过高中及以上教育”、“流入城市有无养老保险”、“本次来到流入城市的时间”、“子女个数”、“是否接受过政府、单位或专门机构组织的工作技能培训”、“流入城市有无医疗保险”、“农村老家有无自建房”、“年龄”、“流入城市有无住房公积金”、“农村老家有无城镇商品房”；对农民工住房消费影响不显著的因素只有“流入城市以外的家庭月收入”。

表 5-5　流入地区为东部的回归结果

被解释变量：流入城市的家庭月居住支出

变量	未标准化系数		标准化系数	t 值	重要性排序
	B	标准误	Beta		
常数	0.879***	0.086	—	10.182	—
农村老家有无自建房	-0.090***	0.024	-0.015	-3.802	13
农村老家有无城镇商品房	-0.099**	0.040	-0.010	-2.473	16
流入城市有无养老保险	0.186***	0.017	0.054	10.810	8
流入城市有无医疗保险	0.051***	0.017	0.016	3.048	12
流入城市有无工伤保险	-0.330***	0.014	-0.101	-23.386	5
流入城市有无住房公积金	0.104***	0.029	0.012	3.539	15
流入城市的家庭月收入	0.347***	0.010	0.128	34.782	4
单位提供住房与否	-1.601***	0.013	-0.407	-120.135	1
流入城市的家庭月食品支出	0.288***	0.008	0.130	34.118	3
流入城市以外的家庭月收入	0.001	0.001	0.003	0.728	17
流入城市的行政级别	0.258***	0.010	0.083	25.391	6
子女个数	-0.066***	0.008	-0.032	-8.322	10
流入城市的家庭同住人数	0.198***	0.006	0.139	35.011	2
年龄	-0.003***	0.001	-0.012	-3.292	14
本次来到流入城市的时间	0.011***	0.001	0.035	10.230	9
是否受过高中及以上教育	0.228***	0.013	0.059	17.024	7
是否接受过政府、单位或专门机构组织的工作技能培训	-0.125***	0.015	-0.028	-8.355	11
修正后的 R^2	0.368				

续表

变量	未标准化系数		标准化系数	t 值	重要性排序
	B	标准误	Beta		
样本量	60992				
F 值	2092. 452				

注：***表示在1%水平上显著；**表示在5%水平上显著。

2. 中部地区

对流入地区为中部的样本进行回归的结果如表5－6所示。在中部地区，对农民工住房消费影响显著的因素，依次为“单位提供住房与否”、“流入城市的家庭月收入”、“流入城市有无工伤保险”、“流入城市的家庭月食品支出”、“流入城市的家庭同住人数”、“流入城市的行政级别”、“是否接受过政府、单位或专门机构组织的工作技能培训”、“流入城市有无养老保险”、“是否受过高中及以上教育”；对农民工住房消费影响不显著的因素有“子女个数”、“流入城市以外的家庭月收入”、“本次来到流入城市的时间”、“农村老家有无城镇商品房”、“农村老家有无自建房”、“流入城市有无医疗保险”、“流入城市有无住房公积金”、“年龄”。

表5－6 流入地区为中部的回归结果

被解释变量：流入城市的家庭月居住支出

变量	未标准化系数		标准化系数	t 值	重要性排序
	B	标准误	Beta		
常数	－0. 049	0. 323	—	－0. 152	—
农村老家有无自建房	0. 069	0. 070	0. 015	0. 979	14
农村老家有无城镇商品房	0. 213	0. 205	0. 016	1. 041	13
流入城市有无养老保险	0. 173 *	0. 090	0. 033	1. 929	8
流入城市有无医疗保险	0. 054	0. 063	0. 014	0. 853	15
流入城市有无工伤保险	－0. 760 ***	0. 089	－0. 140	－8. 532	3
流入城市有无住房公积金	－0. 118	0. 250	－0. 007	－0. 471	16
流入城市的家庭月收入	0. 492 ***	0. 036	0. 217	13. 626	2
单位提供住房与否	－1. 233 ***	0. 063	－0. 296	－19. 681	1
流入城市的家庭月食品支出	0. 260 ***	0. 033	0. 129	7. 909	4

续表

变量	未标准化系数		标准化系数	t 值	重要性排序
	B	标准误	Beta		
流入城市以外的家庭月收入	-0.009	0.006	-0.023	-1.478	11
流入城市的行政级别	0.176***	0.048	0.054	3.662	6
子女个数	-0.054	0.037	-0.026	-1.471	10
流入城市的家庭同住人数	0.178***	0.025	0.126	7.100	5
年龄	0.001	0.003	0.005	0.274	17
本次来到流入城市的时间	0.007	0.005	0.022	1.446	12
是否受过高中及以上教育	0.092*	0.052	0.026	1.777	9
是否接受过政府、单位或专门机构组织的工作技能培训	-0.210***	0.075	-0.042	-2.784	7
修正后的 R^2	0.307				
样本量	3340				
F 值	88.360				

注：***表示在1%水平上显著；*表示在10%水平上显著。

3. 西部地区

对流入地区为西部的样本进行回归的结果如表5-7所示。在西部地区，对农民工住房消费影响显著的因素，依次为“单位提供住房与否”、“流入城市的家庭月收入”、“流入城市的家庭月食品支出”、“流入城市有无工伤保险”、“流入城市的家庭同住人数”、“是否受过高中及以上教育”、“子女个数”、“本次来到流入城市的时间”、“农村老家有无自建房”、“流入城市有无医疗保险”、“是否接受过政府、单位或专门机构组织的工作技能培训”、“流入城市有无养老保险”、“农村老家有无城镇商品房”；对农民工住房消费影响不显著的因素有“流入城市以外的家庭月收入”、“年龄”、“流入城市有无住房公积金”、“流入城市的行政级别”。

表 5-7　流入地区为西部的回归结果

被解释变量：流入城市的家庭月居住支出

变量	未标准化系数		标准化系数	t 值	重要性排序
	B	标准误	Beta		
常数	1.270***	0.218	—	5.815	—
农村老家有无自建房	0.147***	0.047	0.038	3.151	9
农村老家有无城镇商品房	0.363**	0.145	0.030	2.504	13
流入城市有无养老保险	0.139**	0.061	0.033	2.257	12
流入城市有无医疗保险	0.119***	0.043	0.037	2.773	10
流入城市有无工伤保险	-0.600***	0.056	-0.138	-10.653	4
流入城市有无住房公积金	0.110	0.166	0.008	0.662	16
流入城市的家庭月收入	0.349***	0.024	0.182	14.752	2
单位提供住房与否	-1.231***	0.045	-0.322	-27.267	1
流入城市的家庭月食品支出	0.268***	0.025	0.138	10.654	3
流入城市以外的家庭月收入	-0.007	0.005	-0.018	-1.453	14
流入城市的行政级别	0.024	0.036	0.008	0.664	17
子女个数	-0.068***	0.024	-0.039	-2.814	7
流入城市的家庭同住人数	0.086***	0.017	0.076	5.202	5
年龄	-0.003	0.002	-0.016	-1.278	15
本次来到流入城市的时间	0.010***	0.003	0.038	3.163	8
是否受过高中及以上教育	0.172***	0.043	0.048	4.031	6
是否接受过政府、单位或专门机构组织的工作技能培训	-0.147***	0.050	-0.035	-2.929	11
修正后的 R^2	0.269				
样本量	5700				
F 值	124.470				

注：***表示在1%水平上显著；**表示在5%水平上显著。

4. 各地区对比

对不同流入地区的回归结果进行对比（见表5-8）发现：

收入方面：无论流入地区是东部、中部还是西部，“单位提供住房与否”对农民工在流入城市的家庭居住支出影响最大，而且对东部地区农民工家庭居住支出的影响高于中部、西部地区。各地区“流入城市的家庭月收入”对农民工家庭居住支出的影响均较大，而且对中部地区农民工家庭居住支出的影响高于东部、西部地区。“流入城市以外的家庭月收入”在东部、中部、西部地区均不显著。

非住房消费支出方面：各地区“流入城市的家庭月食品支出”对农民工家庭在流入城市的住房消费支出影响都比较大。反映家庭教育支出高低的“子女个数”对中部地区农民工家庭居住支出的影响小于东部和西部地区。

流入城市行政级别方面：“流入城市的行政级别”对东部和中部地区的农民工家庭居住支出的影响较大，但对西部地区的农民工家庭居住支出的影响则不显著。

社会保障方面：各地区“流入城市有无工伤保险”均比“流入城市有无养老保险”、“流入城市有无医疗保险”、“流入城市有无住房公积金”对农民工家庭居住支出的影响大；“流入城市有无住房公积金”的影响相对最弱，在中部、西部地区都不显著。“流入城市有无养老保险”对东部地区农民工家庭居住支出的影响高于中部、西部地区，而“流入城市有无医疗保险”对西部地区农民工家庭居住支出的影响高于中部、东部地区。

农村老家住房方面：“农村老家有无自建房”、“农村老家有无城镇商品房”对各地区农民工家庭的居住支出影响较小，在中部地区甚至不显著。相对而言，“农村老家有无自建房”、“农村老家有无城镇商品房”对流入西部地区农民工家庭居住支出的影响高于对东部、中部农民工家庭居住支出的影响。

家庭和个人特征方面：各地区“流入城市的家庭同住人数”对农民工家庭居住支出的影响均较大。“年龄”对农民工家庭居住支出的影响较小，仅在东部地区显著；“本次来到流入城市的时间”比“年龄”对农民工家庭居住支出的影响大，在东部和西部地区都显著。“是否受过高中及以上教育”对流入东部地区的农民工家庭居住支出的影响高于中部和西部地区；“是否接受过政府、单位或专门机构组织的工作技能培训”则对中部地区的农民工家庭居住支出的影响高于东部和西部地区。

表5-8 各地区（流入地区）的回归结果对比

变量	东部地区	中部地区	西部地区
农村老家有无自建房	-0.090*** (13)	0.069 (14)	0.147*** (9)
农村老家有无城镇商品房	-0.099** (16)	0.213 (13)	0.363** (13)
流入城市有无养老保险	0.186*** (8)	0.173* (8)	0.139** (12)
流入城市有无医疗保险	0.051*** (12)	0.054 (15)	0.119*** (10)
流入城市有无工伤保险	-0.330*** (5)	-0.760*** (3)	-0.600*** (4)
流入城市有无住房公积金	0.104*** (15)	-0.118 (16)	0.110 (16)
流入城市的家庭月收入	0.347*** (4)	0.492*** (2)	0.349*** (2)
单位提供住房与否	-1.601*** (1)	-1.233*** (1)	-1.231*** (1)
流入城市的家庭月食品支出	0.288*** (3)	0.260*** (4)	0.268*** (3)
流入城市以外的家庭月收入	0.001 (17)	-0.009 (11)	-0.007 (14)
流入城市的行政级别	0.258*** (6)	0.176*** (6)	0.024 (17)
子女个数	-0.066*** (10)	-0.054 (10)	-0.068*** (7)
流入城市的家庭同住人数	0.198*** (2)	0.178*** (5)	0.086*** (5)
年龄	-0.003*** (14)	0.001 (17)	-0.003 (15)
本次来到流入城市的时间	0.011*** (9)	0.007 (12)	0.010*** (8)

续表

变量	东部地区	中部地区	西部地区
是否受过高中及以上教育	0.228*** (7)	0.092* (9)	0.172*** (6)
是否接受过政府、单位或专门机构组织的工作技能培训	-0.125*** (11)	-0.210*** (7)	-0.147*** (11)
常数	0.879***	-0.049	1.270***
修正后的 R^2	0.368	0.307	0.269
样本量	60992	3340	5700
F值	2092.452	88.360	124.470

注：括号内是重要性排序结果；***表示在1%水平上显著；**表示在5%水平上显著；*表示在10%水平上显著。

二、不同流出地区的对比分析

对不同流出地区农民工住房消费影响因素的对比分析，按农民工的户籍所在地划分流出地区，采用的分析方法与上文对全国层面的分析相同，分别对流出地区为东部、中部和西部的样本进行回归，然后进行地区间的对比分析。

1. 东部地区

对流出地区为东部的样本进行回归的结果如表5-9所示。对于来自东部地区的农民工住房消费影响显著的因素，依次为“单位提供住房与否”、“流入城市的家庭月收入”、“流入城市有无工伤保险”、“流入城市的家庭月食品支出”、“流入城市的家庭同住人数”、“流入城市的行政级别”、“年龄”、“本次来到流入城市的时间”、“流入城市有无医疗保险”、“流入城市有无住房公积金”、“流入城市有无养老保险”、“是否受过高中及以上教育”、“流入城市以外的家庭月收入”；对农民工住房消费影响不显著的因素有“子女个数”、“农村老家有无城镇商品房”、“是否接受过政府、单位或专门机构组织的工作技能培训”、“农村老家有无自建房”。

表 5 - 9　流出地区为东部的回归结果

被解释变量：流入城市的家庭月居住支出

变量	未标准化系数		标准化系数	t 值	重要性排序
	B	标准误	Beta		
常数	0. 331 **	0. 136	—	2. 437	—
农村老家有无自建房	-0. 006	0. 038	-0. 001	-0. 151	17
农村老家有无城镇商品房	0. 096	0. 070	0. 009	1. 373	15
流入城市有无养老保险	0. 085 ***	0. 030	0. 025	2. 845	11
流入城市有无医疗保险	0. 091 ***	0. 030	0. 028	3. 084	9
流入城市有无工伤保险	-0. 484 ***	0. 026	-0. 143	-18. 477	3
流入城市有无住房公积金	0. 201 ***	0. 044	0. 027	4. 580	10
流入城市的家庭月收入	0. 443 ***	0. 016	0. 179	28. 381	2
单位提供住房与否	-1. 591 ***	0. 024	-0. 383	-66. 258	1
流入城市的家庭月食品支出	0. 314 ***	0. 015	0. 141	21. 312	4
流入城市以外的家庭月收入	-0. 005 **	0. 002	-0. 013	-2. 151	13
流入城市的行政级别	0. 181 ***	0. 018	0. 057	10. 250	6
子女个数	0. 020	0. 014	0. 010	1. 446	14
流入城市的家庭同住人数	0. 170 ***	0. 010	0. 123	17. 727	5
年龄	-0. 010 ***	0. 001	-0. 052	-7. 886	7
本次来到流入城市的时间	0. 010 ***	0. 002	0. 035	5. 814	8
是否受过高中及以上教育	0. 070 ***	0. 021	0. 020	3. 341	12
是否接受过政府、单位或专门机构组织的工作技能培训	-0. 038	0. 026	-0. 008	-1. 462	16
修正后的 R^2	0. 374				
样本量	20747				
F 值	730. 897				

注：***表示在1%水平上显著；**表示在5%水平上显著。

2. 中部地区

对流出地区为中部的样本进行回归的结果如表 5 - 10 所示。对于来自中部地区的农民工住房消费影响显著的因素，依次为“单位提供住房与否”、“流入城市的家庭同住人数”、“流入城市的家庭月食品支出”、“流入城市的家庭月收入”、“流入城市的行政级别”、“流入城市有无工伤保险”、“是否受过高中及以上教育”、“流入城市有无养老保险”、“是否接受过政府、单位或专门机构组织的工作技能培训”、“子女个数”、“农村老家有无城镇商品房”、“农村老家有无自建房”、“流入城市有无住房公积金”、“本次来到流入城市的时间”、“流入城市以外的家庭月收入”；对农民工住房消费影响不显著的因素有“年龄”、“流入城市有无医疗保险”。

表5-10　流出地区为中部的回归结果

被解释变量：流入城市的家庭月居住支出

变量	未标准化系数		标准化系数	t值	重要性排序
	B	标准误	Beta		
常数	1.176***	0.124	—	9.464	—
农村老家有无自建房	-0.114***	0.032	-0.019	-3.505	12
农村老家有无城镇商品房	-0.257***	0.056	-0.025	-4.607	11
流入城市有无养老保险	0.245***	0.025	0.068	9.967	8
流入城市有无医疗保险	0.006	0.023	0.002	0.269	17
流入城市有无工伤保险	-0.333***	0.020	-0.098	-16.281	6
流入城市有无住房公积金	0.150***	0.047	0.015	3.173	13
流入城市的家庭月收入	0.298***	0.014	0.107	21.044	4
单位提供住房与否	-1.663***	0.019	-0.421	-89.256	1
流入城市的家庭月食品支出	0.285***	0.012	0.125	24.024	3
流入城市以外的家庭月收入	0.004*	0.002	0.009	1.852	15
流入城市的行政级别	0.312***	0.014	0.099	21.729	5
子女个数	-0.071***	0.011	-0.033	-6.157	10
流入城市的家庭同住人数	0.204***	0.008	0.139	25.715	2
年龄	0.001	0.001	0.002	0.479	16
本次来到流入城市的时间	0.005***	0.002	0.014	3.025	14
是否受过高中及以上教育	0.307***	0.019	0.076	15.964	7
是否接受过政府、单位或专门机构组织的工作技能培训	-0.183***	0.021	-0.040	-8.550	9
修正后的R^2	0.374				
样本量	31432				
F值	1105.843				

注：***表示在1%水平上显著；*表示在10%水平上显著。

3. 西部地区

对流出地区为西部的样本进行回归的结果如表5-11所示。对于来自西部地区的农民工住房消费影响显著的因素，依次为“单位提供住房与否”、“流入城市的家庭同住人数”、“流入城市的家庭月食品支出”、“流入城市的家庭月收入”、“子女个数”、“流入城市的行政级别”、“流入城市有无工伤保险”、“本次来到流入城市的时间”、“流入城市有无医疗保险”、“是否受过高中及以上教育”、“流入城市有无养老保险”、“是否接受过政府、单位或专门机构组织的工作技能培训”、“农村老家有无城镇商品房”、“流入城市有无住房公积金”；对农民工住房消费影响不显著的因素有“流入城市以外的家庭月收入”、“年龄”、“农村老家有无自建房”。

表5-11 流出地区为西部的回归结果

被解释变量：流入城市的家庭月居住支出

变量	未标准化系数		标准化系数	t值	重要性排序
	B	标准误	Beta		
常数	1.488***	0.142	—	10.479	—
农村老家有无自建房	0.011	0.035	0.002	0.304	17
农村老家有无城镇商品房	0.158**	0.070	0.016	2.262	13
流入城市有无养老保险	0.119***	0.030	0.036	3.908	11
流入城市有无医疗保险	0.157***	0.027	0.053	5.887	9
流入城市有无工伤保险	-0.217***	0.023	-0.073	-9.248	7
流入城市有无住房公积金	-0.159**	0.064	-0.016	-2.472	14
流入城市的家庭月收入	0.273***	0.017	0.114	16.391	4
单位提供住房与否	-1.344***	0.023	-0.374	-57.539	1
流入城市的家庭月食品支出	0.257***	0.014	0.131	18.134	3
流入城市以外的家庭月收入	-0.003	0.003	-0.008	-1.214	15
流入城市的行政级别	0.207***	0.018	0.074	11.548	6
子女个数	-0.152***	0.013	-0.083	-11.467	5
流入城市的家庭同住人数	0.176***	0.010	0.138	17.992	2
年龄	0.001	0.001	0.006	0.885	16
本次来到流入城市的时间	0.017***	0.002	0.059	8.868	8
是否受过高中及以上教育	0.195***	0.026	0.048	7.417	10

续表

变量	未标准化系数		标准化系数	t 值	重要性排序
	B	标准误	Beta		
是否接受过政府、单位或专门机构组织的工作技能培训	-0.137***	0.027	-0.034	-5.152	12
修正后的 R^2	0.308				
样本量	17852				
F 值	467.400				

注：***表示在1%水平上显著；**表示在5%水平上显著。

4. 各地区对比

对不同流出地区（户籍所在地）的回归结果进行对比（见表5-12）发现：

收入方面：无论户籍在东部、中部还是西部，“单位提供住房与否”对农民工在流入城市的家庭居住支出影响都是最大的，而且对中部、东部地区农民工家庭居住支出的影响高于西部地区。“流入城市的家庭月收入”对来自东部、中部、西部地区的农民工家庭居住支出影响均较大，而且对来自东部地区农民工家庭居住支出的影响高于中部、西部地区。“流入城市以外的家庭月收入”对来自东部和中部地区农民工家庭居住支出的影响显著，且对来自东部地区的农民工影响较高于中西部地区，但相对于其他因素影响较小。

非住房消费支出方面：“流入城市的家庭月食品支出”对来自东部、中部、西部地区农民工家庭在流入城市的住房消费支出影响都比较大。反映家庭教育支出高低的“子女个数”对来自西部、中部、东部地区农民工家庭居住支出的影响依次减弱，对来自东部地区的农民工家庭不显著。

流入城市行政级别方面：“流入城市的行政级别”对来自东部、中部、西部地区的农民工家庭居住支出的影响均较大。

社会保障方面：在“流入城市有无工伤保险”、“流入城市有无养老保险”、“流入城市有无医疗保险”、“流入城市有无住房公积金”这些社会保障因素中，对于来自不同地区的农民工家庭居住支出来说，相同的是“流入城市有无工伤保险”的影响最大，“流入城市有无住房公积金”的影响相对最弱。

农村老家住房方面："农村老家有无自建房"、"农村老家有无城镇商品房"对于来自中部地区的农民工家庭居住支出的影响高于对来自东部和西部地区的农民工家庭居住支出的影响。

家庭和个人特征方面："流入城市的家庭同住人数"对来自东部、中部、西部地区的农民工家庭居住支出的影响均较大。"年龄"对农民工家庭居住支出的影响较小，仅在对来自东部地区的农民工来说显著；"本次来到流入城市的时间"比"年龄"对农民工家庭居住支出的影响大，对来自东部、中部、西部地区的农民工来说都显著。"是否受过高中及以上教育"对来自东部、中部、西部地区的农民工家庭居住支出的影响均显著；"是否接受过政府、单位或专门机构组织的工作技能培训"则对来自中部、西部地区的农民工家庭居住支出的影响比对来自东部地区的农民工来说更大。

表 5－12　各地区（流出地区）的回归结果对比

变量	东部地区	中部地区	西部地区
农村老家有无自建房	－0.006 （17）	－0.114*** （12）	0.011 （17）
农村老家有无城镇商品房	0.096 （15）	－0.257*** （11）	0.158** （13）
流入城市有无养老保险	0.085*** （11）	0.245*** （8）	0.119*** （11）
流入城市有无医疗保险	0.091*** （9）	0.006 （17）	0.157*** （9）
流入城市有无工伤保险	－0.484*** （3）	－0.333*** （6）	－0.217*** （7）
流入城市有无住房公积金	0.201*** （10）	0.150*** （13）	－0.159** （14）
流入城市的家庭月收入	0.443*** （2）	0.298*** （4）	0.273*** （4）
单位提供住房与否	－1.591*** （1）	－1.663*** （1）	－1.344*** （1）
流入城市的家庭月食品支出	0.314*** （4）	0.285*** （3）	0.257*** （3）

续表

变量	东部地区	中部地区	西部地区
流入城市以外的家庭月收入	-0.005** (13)	0.004* (15)	-0.003 (15)
流入城市的行政级别	0.181*** (6)	0.312*** (5)	0.207*** (6)
子女个数	0.020 (14)	-0.071*** (10)	-0.152*** (5)
流入城市的家庭同住人数	0.170*** (5)	0.204*** (2)	0.176*** (2)
年龄	-0.010*** (7)	0.001 (16)	0.001 (16)
本次来到流入城市的时间	0.010*** (8)	0.005*** (14)	0.017*** (8)
是否受过高中及以上教育	0.070*** (12)	0.307*** (7)	0.195*** (10)
是否接受过政府、单位或专门机构组织的工作技能培训	-0.038 (16)	-0.183*** (9)	-0.137*** (12)
常数	0.331**	1.176***	1.488***
修正后的 R^2	0.374	0.374	0.308
样本量	20747	31432	17852
F 值	730.897	1105.843	467.400

注：括号内是重要性排序结果；***表示在1%水平上显著；**表示在5%水平上显著；*表示在10%水平上显著。

第四节　不同级别流入城市的农民工住房消费影响因素分析

对不同级别流入城市的农民工住房消费影响因素分析，采用的方法是与前面对全国层面的分析相同，只是去掉了“流入城市的行政级别”这一解释变量。下文对不同级别流入城市的农民工住房消费影响因素分析，将分为三部分进行，一是直辖市、省会及计划单列市的分析，二是对地级市的分析，三是对县级市的分析。

一、直辖市、省会及计划单列市

对流入城市为直辖市、省会及计划单列市的样本进行回归的结果如表5－13所示。在直辖市、省会及计划单列市，对农民工住房消费影响显著的因素，依次为“单位提供住房与否”、“流入城市的家庭月收入”、“流入城市的家庭月食品支出”、“流入城市有无工伤保险”、“流入城市的家庭同住人数”、“流入城市有无养老保险”、“是否受过高中及以上教育”、“本次来到流入城市的时间”、“是否接受过政府、单位或专门机构组织的工作技能培训”、“年龄”、“子女个数”、“农村老家有无城镇商品房”、“流入城市以外的家庭月收入”、“流入城市有无医疗保险”；对农民工住房消费影响不显著的因素有“流入城市有无住房公积金”、“农村老家有无自建房”。

表5－13　直辖市、省会及计划单列市的回归结果

被解释变量：流入城市的家庭月居住支出

变量	未标准化系数		标准化系数	t值	重要性排序
	B	标准误	Beta		
常数	0.840***	0.094	—	8.960	—
农村老家有无自建房	0.002	0.024	0.000	0.084	16
农村老家有无城镇商品房	0.140***	0.044	0.015	3.182	12

续表

变量	未标准化系数		标准化系数	t 值	重要性排序
	B	标准误	Beta		
流入城市有无养老保险	0.274 ***	0.020	0.082	13.865	6
流入城市有无医疗保险	-0.038 **	0.019	-0.012	-2.003	14
流入城市有无工伤保险	-0.413 ***	0.017	-0.129	-23.773	4
流入城市有无住房公积金	0.067	0.042	0.007	1.611	15
流入城市的家庭月收入	0.376 ***	0.011	0.154	34.321	2
单位提供住房与否	-1.434 ***	0.016	-0.361	-88.015	1
流入城市的家庭月食品支出	0.315 ***	0.010	0.154	33.065	3
流入城市以外的家庭月收入	-0.005 ***	0.002	-0.014	-3.228	13
子女个数	-0.033 ***	0.009	-0.017	-3.642	11
流入城市的家庭同住人数	0.175 ***	0.007	0.129	26.686	5
年龄	-0.007 ***	0.001	-0.036	-7.942	10
本次来到流入城市的时间	0.012 ***	0.001	0.043	10.142	8
是否受过高中及以上教育	0.181 ***	0.015	0.051	12.057	7
是否接受过政府、单位或专门机构组织的工作技能培训	-0.164 ***	0.018	-0.038	-9.247	9
修正后的 R^2	0.341				
样本量	42401				
F 值	1371.891				

注：***表示在1%水平上显著；**表示在5%水平上显著。

二、地级市

对流入城市为地级市的样本进行回归的结果如表 5－14 所示。在地级市，对农民工住房消费影响显著的因素，依次为“单位提供住房与否”、“流入城市的家庭月收入”、“流入城市的家庭同住人数”、“流入城市有无工伤保险”、“流入城市有无医疗保险”、“流入城市的家庭月食品支出”、“是否受过高中及以上教育”、“子女个数”、“农村老家有无城镇商品房”、“农村老家有无自建房”、“年龄”、“本次来到流入城市的时间”、“流入城市以外的家庭月收入”、“是否接受过政府、单位或专门机构组织的工作技能培训”；对农民工住房消费影响不显著的因素有“流入城市有无住房公积金”、“流入城市有无养老保险”。

表 5 – 14　地级市的回归结果

被解释变量：流入城市的家庭月居住支出

变量	未标准化系数		标准化系数	t 值	重要性排序
	B	标准误	Beta		
常数	1.007 ***	0.136	—	7.425	—
农村老家有无自建房	−0.154 ***	0.038	−0.024	−4.071	10
农村老家有无城镇商品房	−0.430 ***	0.068	−0.038	−6.349	9
流入城市有无养老保险	−0.023	0.027	−0.007	−0.836	16
流入城市有无医疗保险	0.281 ***	0.025	0.086	11.055	5
流入城市有无工伤保险	−0.304 ***	0.021	−0.094	−14.707	4
流入城市有无住房公积金	0.053	0.039	0.007	1.346	15
流入城市的家庭月收入	0.400 ***	0.015	0.146	25.949	2
单位提供住房与否	−1.639 ***	0.020	−0.435	−82.414	1
流入城市的家庭月食品支出	0.193 ***	0.013	0.083	14.332	6
流入城市以外的家庭月收入	0.007 ***	0.002	0.016	2.930	13
子女个数	−0.118 ***	0.012	−0.056	−9.552	8
流入城市的家庭同住人数	0.198 ***	0.008	0.144	23.327	3
年龄	0.004 ***	0.001	0.019	3.241	11
本次来到流入城市的时间	0.005 ***	0.002	0.016	3.026	12
是否受过高中及以上教育	0.242 ***	0.021	0.061	11.347	7
是否接受过政府、单位或专门机构组织的工作技能培训	−0.038 *	0.023	−0.009	−1.664	14
修正后的 R^2	25926				
样本量	0.361				
F 值	918.495				

注：*** 表示在 1% 水平上显著；* 表示在 10% 水平上显著。

三、县级市

对流入城市为县级市的样本进行回归的结果如表5－15所示。在县级市，对农民工住房消费影响显著的因素，依次为“单位提供住房与否”、“流入城市的家庭月食品支出”、“是否接受过政府、单位或专门机构组织的工作技能培训”、“年龄”、“是否受过高中及以上教育”、“本次来到流入城市的时间”、“流入城市的家庭同住人数”、“流入城市的家庭月收入”；对农民工住房消费影响不显著的因素有“流入城市以外的家庭月收入”、“子女个数”、“农村老家有无城镇商品房”、“流入城市有无医疗保险”、“农村老家有无自建房”、“流入城市有无工伤保险”、“流入城市有无养老保险”、“流入城市有无住房公积金”。

表5－15　县级市的回归结果

被解释变量：流入城市的家庭月居住支出

变量	未标准化系数		标准化系数	t值	重要性排序
	B	标准误	Beta		
常数	1.494***	0.551	—	2.714	—
农村老家有无自建房	0.157	0.162	0.020	0.974	13
农村老家有无城镇商品房	−0.443	0.364	−0.024	−1.216	11
流入城市有无养老保险	0.114	0.192	0.013	0.593	15
流入城市有无医疗保险	0.142	0.137	0.024	1.038	12
流入城市有无工伤保险	0.116	0.119	0.019	0.978	14
流入城市有无住房公积金	−0.002	0.968	0.000	−0.002	16
流入城市的家庭月收入	−0.101*	0.053	−0.037	−1.913	8
单位提供住房与否	−2.367***	0.091	−0.519	−25.911	1
流入城市的家庭月食品支出	0.589***	0.066	0.193	8.974	2
流入城市以外的家庭月收入	−0.018	0.012	−0.029	−1.531	9
子女个数	−0.079	0.059	−0.028	−1.352	10
流入城市的家庭同住人数	0.087*	0.045	0.042	1.945	7
年龄	0.027***	0.006	0.095	4.660	4
本次来到流入城市的时间	0.021**	0.011	0.042	2.019	6

续表

变量	未标准化系数		标准化系数	t 值	重要性排序
	B	标准误	Beta		
是否受过高中及以上教育	0.764***	0.174	0.079	4.382	5
是否接受过政府、单位或专门机构组织的工作技能培训	-1.081***	0.142	-0.148	-7.630	3
修正后的 R^2	0.463				
样本量	1707				
F 值	93.812				

注：***表示在1%水平上显著；**表示在5%水平上显著；*表示在10%水平上显著。

四、不同行政级别流入城市的对比

对不同行政级别流入城市的回归结果进行对比（见表5-16）发现：

收入方面：对不同行政级别的流入城市而言，“单位提供住房与否”对农民工家庭居住支出的影响均为最大，而且对县级市农民工家庭居住支出的影响高于直辖市、省会及计划单列市和地级市。“流入城市的家庭月收入”对农民工家庭居住支出的影响均较大，而且在直辖市、省会及计划单列市和地级市的影响高于在县级市的影响。“流入城市以外的家庭月收入”在不同行政级别的流入城市对农民工家庭居住支出的影响均较小。

非住房消费支出方面：各级别流入城市中，“流入城市的家庭月食品支出”对农民工家庭住房消费支出的影响都比较大。反映家庭教育支出高低的“子女个数”在直辖市、省会及计划单列市和地级市对农民工家庭住房消费支出的影响显著，而在县级市的影响不显著。

社会保障方面：直辖市、省会及计划单列市的“流入城市有无工伤保险”、“流入城市有无养老保险”、“流入城市有无医疗保险”对农民工家庭居住支出的影响显著，而“流入城市有无住房公积金”的影响不显著。地级市的“流入城市有无工伤保险”、“流入城市有无医疗保险”对农民工家庭居住支出的影响显著，而“流入城市有无养老保险”、“流入城市有无住房公积金”的影响不显著。县级市的这几种社会保障因素对农民工家庭居住支出的影响均不显著。

农村老家住房方面：“农村老家有无自建房”对地级市的农民工家庭居住支出的影响高于直辖市、省会及计划单列市和县级市。“农村老家有无城镇商品房”对直辖市、省会及计划单列市和地级市的农民工家庭居住支出的影响高于县级市。

家庭和个人特征方面：对不同行政级别的流入城市中，“流入城市的家庭同住人数”对农民工家庭居住支出的影响均较大，“年龄”、“本次来到流入城市的时间”对农民工家庭居住支出的影响也均显著。“是否受过高中及以上教育”对各级别流入城市农民工家庭居住支出的影响均较大，且对县级市农民工的影响高于直辖市、省会及计划单列市和地级市。“是否接受过政府、单位或专门机构组织的工作技能培训”对地级市农民工家庭居住支出的影响低于直辖市、省会及计划单列市和县级市。

表 5－16　不同行政级别流入城市的回归结果对比

变量	直辖市、省会及计划单列市	地级市	县级市
农村老家有无自建房	0.002 （16）	－0.154*** （10）	0.157 （13）
农村老家有无城镇商品房	0.140*** （12）	－0.430*** （9）	－0.443 （11）
流入城市有无养老保险	0.274*** （6）	－0.023 （16）	0.114 （15）
流入城市有无医疗保险	－0.038** （14）	0.281*** （5）	0.142 （12）
流入城市有无工伤保险	－0.413*** （4）	－0.304*** （4）	0.116 （14）
流入城市有无住房公积金	0.067 （15）	0.053 （15）	－0.002 （16）
流入城市的家庭月收入	0.376*** （2）	0.400*** （2）	－0.101* （8）
单位提供住房与否	－1.434*** （1）	－1.639*** （1）	－2.367*** （1）
流入城市的家庭月食品支出	0.315*** （3）	0.193*** （6）	0.589*** （2）

续表

变量	直辖市、省会及计划单列市	地级市	县级市
流入城市以外的家庭月收入	-0.005*** (13)	0.007*** (13)	-0.018 (9)
子女个数	-0.033*** (11)	-0.118*** (8)	-0.079 (10)
流入城市的家庭同住人数	0.175*** (5)	0.198*** (3)	0.087* (7)
年龄	-0.007*** (10)	0.004*** (11)	0.027*** (4)
本次来到流入城市的时间	0.012*** (8)	0.005*** (12)	0.021** (6)
是否受过高中及以上教育	0.181*** (7)	0.242*** (7)	0.764*** (5)
是否接受过政府、单位或专门机构组织的工作技能培训	-0.164*** (9)	-0.038* (14)	-1.081*** (3)
常数	0.840***	1.007***	1.494***
修正后的 R^2	0.341	25926	0.463
样本量	42401	0.361	1707
F 值	1371.891	918.495	93.812

注：括号内是重要性排序结果；***表示在1%水平上显著；**表示在5%水平上显著；*表示在10%水平上显著。

第六章　农民工的住房政策及评价

第一节　农民工住房政策的演变

回顾1978年农民工作为新兴社会群体出现至今的30多年时间，中国农民工住房政策的发展与演变可以划分为两个时期，即1978～2004年的政策空白期和2005年至今的政策密集发布期。

一、农民工住房政策的基本空白期（1978～2004年）

1978～2004年，涵盖了农民工群体的初步发展阶段（1978～1991年）、快速发展阶段（1992～1997年）、缓慢发展阶段（1997～2003年）以及公平发展阶段的头一年（2004年）；同时，也涵盖了我国城镇住房从福利分配向市场配置过渡的阶段（1978～1997年）以及住房高度市场化阶段（1998～2006年）的大部分时期。在这20多年的时间里，基本没有农民工的住房政策出台，仅在一些相关政策中偶有提及。

1998年以前，农民工的住房问题并不突出，农民工的相关政策仍然聚焦于能否进城、能否留城方面，住房方面的政策很少。我国的城镇住房制度改革正处于探索阶段，住房从福利分配逐渐向市场配置过渡，农民工绝大多数可以通过“包吃包住”的集体宿舍或回乡居住解决其住房需求，靠租房来解决住房的农民工比例很低，住房支出普遍较低；同时，农民工对住房条件的要求较低，虽然住房条件较差，但住房满意度较高。农民工的住房问题不突出，对农民工住房政策的需求也低，住房政策仅在一些相关政策中偶有提及，如 1984 年国务院发出《关于农民进入集镇落户问题的通知》，通知中提出地方政府要为到集镇落户的农民和家属建房、买房、租房提供方便，建房用地，要按照国家有关规定和集镇建设规划办理。

1998～2004 年，农民工的住房问题处于不断累积的状态，农民工的相关政策还是更多的关注就业限制、工资拖欠等方面，住房方面的政策依然很少。1998 年 7 月，国务院发布《关于进一步深化城镇住房制度改革加快住房建设的通知》，明确要求各省、自治区、直辖市 1998 年下半年开始停止住房实物分配，逐步实行住房分配货币化。至此，中国房地产市场才真正开始形成，城镇住房市场也开始步入高度市场化的阶段。农民工的住房情况也随之发生变化，租房的比例不断提升，而单位提供住宿的比例不断减少，住房支出相对提高，住房条件依然较差，住房满意度下降，农民工的住房问题正在不断累积。面对农民工住房问题的积累，2003 年国务院办公厅在《关于做好农民进城务工就业管理和服务工作的通知》（国办发［2003］1 号）中提到要改善农民工的生产生活条件，“用人单位为农民工安排的宿舍，必须具备一定的卫生条件，并保证农民工的人身安全”；“在农民工居住较集中的地段，当地政府应提供必要的基础设施，改善公共交通和环境卫生状况”；要“建立农民工集中居住地的环境卫生和食物安全检查制度，严防发生群体疫病传染和食物中毒事件”。可见，此时政策的关注点主要是改善农民工住房的基本卫生安全条件。这一阶段，为了应对 1997 年东南亚经济危机对中国经济的冲击，拉动内需、刺激经济增长成为中国宏观经济政策的重要内容，而住房市场化则被作为拉动内需的有力手段，农民工的住房消费也被作为经济增长的拉动力来看待。例如，2000 年中共中央、国务院《关于促进小城镇健康发展的若干意见》中明确提出“发展小城镇，可以有效带动农村基础设施建设和房地产业的发展，扩大投资需求尤其是吸引民间投资，可以明显提高农民消费的商品化程度，扩大对住宅、农产品、耐用消费品和服务业的需求”，要“逐步开展对有稳定收入的进镇农民在购房、购车和其他消费方面的信贷业务”。

二、农民工住房政策的密集发布期（2005 年至今）

随着中国宏观经济发展的企稳和农民工住房问题的积累，农民工住房问题日益突显，从 2005 年开始，中央政府和地方政府纷纷出台农民工住房的相关政策。这些农民工住房政策出台的背景，还有农民工群体的发展已经进入了谋求公平发展的阶段（2004 年至今），我国城镇住房政策进入了加强政府保障的阶段（2007 年至今）。

在全国层面，关于农民工的住房政策经历了由导向性到具体化的发展过程，政策重点也从所有权方面转向了使用权方面。

2005 ~2007 年，农民工住房政策的关注点在于农民工的购房和住房公积金方面。2005 年，研究解决进城务工农民的住房问题，被首次列入建设部当年的工作重点。[①] 2005 年 1 月，建设部、财政部、中国人民银行联合发布《关于住房公积金管理若干具体问题的指导意见》，提出有条件的地方，城镇单位聘用进城务工人员，单位和职工可缴存住房公积金；进城务工人员购买自住住房时，可按规定提取本人及其配偶住房公积金账户内的存储余额，也可申请住房公积金贷款。2006 年，国务院《关于解决农民工问题的若干意见》（国发［2006］5 号）中，提出要多渠道改善农民工居住条件：有关部门要加强监管，保证农民工居住场所符合基本的卫生和安全条件；招用农民工数量较多的企业，在符合规划的前提下，可在依法取得的企业用地范围内建设农民工集体宿舍；农民工集中的开发区和工业园区，可建设统一管理、供企业租用的员工宿舍，集约利用土地；加强对城乡结合部农民工聚居地区的规划、建设和管理，提高公共基础设施保障能力；各地要把长期在城市就业与生活的农民工居住问题，纳入城市住宅建设发展规划；有条件的地方，城镇单位聘用农民工，用人单位和个人可缴存住房公积金，用于农民工购买或租赁自住住房。建设部在对 2007 年住房公积金管理和使用工作的部署中提出，要依法扩大公积金制度覆盖范围，逐步扩大到包括在城市中有固定工作的农民工在内的城镇各类就业群体，首次将农民工纳入到我国住房公积金体系的覆盖范围之中。[②]

2007 年以后，农民工住房政策更多地从所有权方面转向了使用权方面。2007 年 8 月，国务院又出台了《关于解决城市低收入家庭住房困难的若干意见》（国发［2007］24 号），继 2006 年国务院《关于解决农民工问题的若干意见》（国发［2006］5 号）后，再次强调要多渠道改善农民工居住条

---

①梁琦：《建设部将农民工住房问题列入今年工作重点》，2005 年 1 月 8 日，http：//house. focus. cn/newshtml/87762. html，2013 年 3 月 22 日。

②新华网：《公积金新策：力促农民工在城市“生根”的破题之举》，2007 年 2 月 27 日，http：//news. xinhuanet. com/house/2007 -02/27/content_ 5776771. htm，2012 年 4 月 22 日。

件，具体包括：用工单位要向农民工提供符合基本卫生和安全条件的居住场所；农民工集中的开发区和工业园区，应按照集约用地的原则，集中建设向农民工出租的集体宿舍，但不得按商品住房出售；城中村改造时，要考虑农民工的居住需要，在符合城市规划和土地利用总体规划的前提下，集中建设向农民工出租的集体宿舍；有条件的地方，可比照经济适用住房建设的相关优惠政策，政府引导，市场运作，建设符合农民工特点的住房，以农民工可承受的合理租金向农民工出租。值得注意的是，国发［2007］24号文与国发［2006］5号文相比，其中关于多渠道改善农民工居住条件的具体措施有所不同，一是明确提出开发区和工业园区建设的农民工集体宿舍只能向农民工出租，但不得按商品住房出售；二是强调有条件的地方，应建设符合农民工特点的住房向农民工出租，没有再提缴存住房公积金用于农民工购买或租赁自住住房。2010年6月，建设部等七部门发布《关于加快发展公共租赁住房的指导意见》（建保［2010］87号），提出有条件的地区可以将新就业职工和有稳定职业并在城市居住一定年限的外来务工人员纳入公共租赁住房供应范围；在外来务工人员集中的开发区和工业园区，市、县人民政府应当按照集约用地的原则，统筹规划，引导各类投资主体建设公共租赁住房，面向用工单位或园区就业人员出租；并明确指出各地已经出台的政策性租赁住房、租赁型经济适用住房、经济租赁住房、农民工公寓（集体宿舍）等政策，统一按本意见规定进行调整。可见，针对农民工流动性较强、购房比例很低等特点，我国对农民工的住房保障政策已经更多地从所有权方面转向了使用权方面。

同时，在农民工住房问题日益突显的情况下，政府对于农民工住房保障问题的关注度也日益提高，政策也更为具体。2007年12月，建设部、发展改革委、财政部、劳动保障部和国土资源部联合发布了《关于改善农民工居住条件的指导意见》（建住房［2007］276号），提出改善农民工居住条件的基本原则：一要因地制宜，满足基本居住需要；二要循序渐进，逐步解决；三要政策扶持，用工单位负责。文件在明确用工单位是改善农民工居住条件的责任主体的同时，还就多渠道改善农民工居住条件的具体措施提出了一些指导意见，如用工单位可以采取无偿提供、廉价租赁等方式向农民工提供居住场所，农民工自行安排居住场所的，用工单位应当给予一定的住房租金补助；招用农民工较多的企业，应充分利用自有职工宿舍或通过租赁、购置等方式筹集农民工住房房源；集中建设的农民工集体宿

舍，由用工单位承租后向农民工提供，或由农民工直接承租，但不得按商品住房出售或出租；积极引导和鼓励城乡结合部居民利用自有住房向农民工出租等。2011 年 9 月，国务院办公厅出台《关于保障性安居工程建设和管理的指导意见》（国办发［2011］45 号），提出保障性安居工程建设的总体要求是到“十二五”期末，全国保障性住房覆盖面达到 20% 左右，力争使城镇中等偏下和低收入家庭住房困难问题得到基本解决，新就业职工住房困难问题得到有效缓解，外来务工人员居住条件得到明显改善；重点是发展公共租赁住房，公共租赁住房面向城镇中等偏下收入住房困难家庭、新就业无房职工和在城镇稳定就业的外来务工人员供应；[①] 外来务工人员集中的开发区、产业园区，应当按照集约用地的原则，统筹规划，集中建设单元型或宿舍型公共租赁住房，面向用工单位或园区就业人员出租。坚持谁投资、谁所有的原则，积极探索公共租赁住房投资回收机制；进一步落实了地方政府责任，省级人民政府负总责，市、县人民政府负责具体实施，包括落实项目前期工作、建设资金、土地供应、工程质量监督、保障性住房租售管理和使用监管等。国办发［2011］45 号文，还对包括公共租赁住房在内的保障性安居工程建设做出了方方面面的具体规定：如公共租赁住房单套建筑面积以 40 平方米左右的小户型为主；租金标准由市县人民政府结合当地实际，按照略低于市场租金的原则合理确定；住房公积金增值收益在提取贷款风险准备金和管理费用后，全部用于廉租住房和公共租赁住房建设；土地出让收益用于保障性住房建设和棚户区改造的比例不低于 10%；公共租赁住房建设贷款利率下浮时其下限为基准利率的 0.9 倍，贷款期限原则上不超过 15 年；公共租赁住房租赁合同期限一般为 3～5 年等。政策的具体化程度可见一斑。

在地方层面，各地也随之出台了一系列地方性的配套政策。如 2007 年《四川省人民政府关于加强城镇住房保障制度建设的意见》、《浙江省人民政府关于加快解决城市低收入家庭住房困难的实施意见》、《山东省人民政府关于贯彻国发［2007］24 号文件进一步解决好城市低收入家庭住房困难的

---

①值得注意的是，国办发［2011］45 号关于公共租赁住房供应对象的提法已经与建保［2010］87 号文不同，建保［2010］87 号文的提法是“公共租赁住房供应对象主要是城市中等偏下收入住房困难家庭。有条件的地区，可以将新就业职工和有稳定职业并在城市居住一定年限的外来务工人员纳入供应范围”。国办发［2011］45 号文将“有条件的地区”、“在城市居住一定年限”去掉，意味着在城镇稳定就业的外来务工人员已经不折不扣地成为公共租赁住房的供应对象。

意见》，2008 年《江苏省人民政府关于解决城市低收入家庭住房困难的实施意见》、《甘肃省人民政府关于改善农民工居住条件的实施意见》等；一些城市也出台了具体的实施政策，如淄博市《关于进一步解决好城市低收入家庭住房困难的意见》（2007）、徐州市《关于解决城市低收入家庭住房困难的实施意见》（2008）、武汉市《关于改善农民工居住条件的实施意见》（2008）、南京市《关于改善农民工居住条件的指导意见》（2009）、东莞市《关于改善新莞人居住条件的指导意见》（2010）、北京市《关于加强本市公共租赁住房建设和管理的通知》（2011）等。

第二节　典型城市的农民工住房政策与实践

各地方政府在解决农民工的住房问题上，也进行了一些具体政策和实践的探索，目前较为典型的有五大模式：将空置房或烂尾楼改造为农民工公寓的“重庆模式”；利用城乡结合部农村集体土地建设农民工公寓的“长沙模式”；在工业园区集中建设农民工公寓的“上海模式”；建立适应农民工特点住房公积金制度的“湖州模式”；以及将农民工纳入城市住房保障体系的“北京模式”。

一、重庆模式

重庆是我国较早探索解决农民工城镇住房问题的城市之一，早在 1997 年就开始尝试将空置或烂尾楼改造为农民工公寓，其典型代表有“棒棒公寓”、“阳光公寓”等。“棒棒公寓”和“阳光公寓”的实质都是将分散在城市中的空置楼房或烂尾楼改造为供农民工居住的低价公寓，即“重庆模式”。这一方面可以将城市中分散的闲置楼房或烂尾楼有效利用起来，提高社会资源利用效率，另一方面也为农民工提供交通便利、租金低廉的居住场所。

“棒棒公寓”位于重庆市南岸区南坪步行街附近的正扬大市场，楼体 1～3层是农贸市场，4～9 层是民工公寓。1995 年重庆正扬农贸市场建好后，赶上房地产市场低潮，农贸市场的大量空房被闲置。农贸市场是农民工集中的地方，这里很多农民工被居住问题困扰。1997 年闲置的楼房被改造成“棒棒公寓”，以“一天一床一元”的低收费标准吸引了附近大量农民工入住。“棒棒公寓”房间面积最大的 20 平方米，最小的 10 平方米，经过多次改扩建，到 2005 年公寓面积达到 1.1 万平方米、房间数达到 407 个；全部住满，入住的 1700 多人中 95% 以上都是进城务工的农民，还有少量小生意人、公司蓝领、个体户雇工。公寓的每 6 个单间为一个单元，配备公用厨房、厕所和洗澡间，接通天然气、公用电话和闭路电视；楼顶设有活动室，配备文娱设施；还专门设立了治安室和管理办公室，实行全天 24 小时的保安巡逻制度，为入住农民工提供办理暂住、计生证明等服务。公寓管理严格，住户进出公寓必须主动出示出入证，凭证出入。近几年随着“棒棒公寓”条件的不断完善，尽管租金有所上调，仍然供不应求。①

根据“棒棒公寓”的成功经验，从 2005 年开始，重庆南岸区采取“政府投入、社区管理、市场运行、以寓养寓”的模式，投资 250 余万元，建成 7 个“阳光公寓”，面积达 1.95 万平方米，吸引 4000 多名农民工入住，基本实现了街道全覆盖。“阳光公寓”由政府对闲置楼房改造为房屋和简单装修进行一次性投入，建成后的经营不再依靠政府的补贴，而实行社区管理市场运行。公寓产权归政府所有，收费实行政府定价，收费标准是“一人一天一元”，对入住民工严格把关，主要吸纳有暂住证、遵纪守法、务工相对稳定的民工。在公寓选址上，每个阳光公寓都选在了农民工相对集中且交通方便，无安全隐患的闲置的商场、厂房、招待所等政府房产。在公寓建设或改造上，为了方便各类农民工居住，阳光公寓既建有单身间，又建有群体间，还建有家庭间。在公寓设施的配备上，既设置了床铺和放置衣物等物品的柜子，又设置了公共的浴室、厨房、卫生间、集中的文化活动室和管理服务室，尽量满足各类农民工的居住和生活要求。以龙门浩街道的 2 号农民工公寓为例，这个原为废弃图书馆的建筑，如今被分割成 34 个房间，其中有 18 个家庭房和 2 个探亲房，人均居住面积 8 平方米；入住率达 90% 以上，公寓的收支就可以达到平衡，能够维持正常运行，不求盈利、以寓养寓的运营目标就可以实现。②

---

①张江涛：《农民工住房问题研究》，西安建筑科技大学硕士学位论文，2009 年。

②郭立、李永文：《重庆：建农民工“一元公寓”》，《瞭望》2007 年第 28 期。

二、长沙模式

湖南长沙也是国内较早对农民工住房问题采取针对性措施的城市。所谓的“长沙模式”，就是利用城乡结合部的农村集体土地建设农民工公寓，其典型代表是“江南公寓”。

在2003年，长沙就筹划为农民工兴建20万平方米的廉租房。2005年1月竣工的江南公寓，则是这一“民心工程”的首批现房，能容纳3000名农民工入住。江南公寓位于长沙市汽车西站附近、二环线的东侧，占地46亩，总建筑面积5万平方米，多层住宅楼13栋。建设总投资7500万元，建房资金主要通过财政拨款和社会筹集等方式解决。公寓房间以集体宿舍为主，配备少量小面积成套住房。花园式小区，环境优美，阅览室、影视室、澡堂等配套设施齐全，楼宇间还有假山、石径、健身设备和石桌石椅，物业管理规范，提供公共食堂、水电维修等各项服务，公寓内还配套了方便农民工存放工具的杂屋，设计了个人使用壁柜。租金低廉，单层床租金70元/人/月，双层床50元/人/月。但江南公寓建成后，出租情况并不理想。起初，规定的入住条件较为苛刻，即入住廉租房的农民工必须月均收入在800元以下、在市区无自有房屋、被用工单位录用在岗一年以上且劳动合同经劳动和社会保障部门备案。后来，2005年10月，长沙市房产局在广泛征求农民工的意见和建议后出台了新的管理办法。新办法与旧规定最大的不同在于，降低了农民工申请廉租房的门槛，即只要与用人单位签有劳动合同的农民工，都可以入住。此外，新办法还推出了丰富多样的租赁形式，既可按床位租，也可按单间、独立套间租赁。其中，单间从12平方米到20平方米不等，每月租金120~170元。独立套间有一室一厅、二室一厅等多种户型，面积从30平方米到80平方米不等，每月租金为210~420元。然而，降低门槛并没有迎来农民工入住的高潮。新办法实施将近一年，618套住房中农民工租住的却只有26套。其主要原因是江南公寓所处的地理位置距离多数农民工工作地点太远，农民工在江南公寓的居住成本和交通成本之和并不明显低于在工作地点附近的居住成本。①

①张江涛：《农民工住房问题研究》，西安建筑科技大学硕士学位论文，2009年；周立耘：《农民公寓为何遭遇“集体冷落”》，《人民日报》2006年9月5日第10版。

三、上海模式

利用工业园区用地集中兴建农民公寓的“上海模式”，主要做法是选取企业相对集中的区域，把工业园区内企业为员工建房的土地统一起来，集中建造公寓式集体宿舍。其典型代表是上海嘉定区马陆镇的“永盛民工公寓”。

“永盛民工公寓”建成于2005年，是上海第一个农民工公寓。公寓位于沪郊嘉定区马陆镇的永盛大道旁，占地73亩，建设面积61240平方米。建设公寓的土地来源于马陆镇规划的工业园区内，由政府出面将园区内企业为员工建房的土地统一起来，集中建房，为注册在马陆镇的工厂企业提供农民工宿舍，既可以集约利用土地，同时也可以减轻企业负担。2004年，马陆镇镇政府决定采用民营企业投资，政府运作的模式建设农民工公寓。嘉定一家名为文海投资的公司出资1.2亿元建造了公寓的所有硬件设施，作为回报，公司可以收取房租；政府背景的宸宇物业管理发展有限公司则收取物业费作为运营资金。永盛公寓最初运营的两年，马陆镇镇政府每年补贴200万元；到了2009年，补贴到了380万元，才支撑下日常运作。政府对此也并非只有投入，同时政府也受益于此。永盛公寓建成使用后，成为马陆镇对外招商引资的重要砝码，投资办厂的企业增加，镇政府的利税收益随之增加。整个公寓由10幢住宅楼组成，每幢132间房，满负荷时可容纳近1万名农民工入住。房间内基本生活设施齐全，有卫生间，装备电话、闭路电视和热水器。单间入住限额为8人；同时，还建设有少量家庭住房，以适应夫妻居住需求。单间每间39平方米，里面有一个可以摆放4张上下床的卧室，还有一个放有储物箱的门厅和提供热水冲淋的独立卫生间，每月房租470元，外加94元的物业费，按每个房间8人计算，约合70.5元/人/月。入住费用主要由企业支付，农民工承担小部分。小区里生活服务设施齐全，有超市、邮局、绿化带、医务站、图书室、自动取款机、健身场所、饮食服务网点等。公寓管理方面，有24小时专职保安执勤。截至2005年10月，已有2000多名外来务工人员入住。2011年1月，公寓的入住率达到99%。[①]

四、湖州模式

“湖州模式”是把农民工纳入到住房公积金范围之内，并针对农民工的特点制定适合农民工的特殊公积金政策。与本地常住居民相比，农民工收入偏低，而且流动性大。针对这一特点，湖州市在为农民工建立公积金制度中，突破原有政策，采取了首次建制低门槛、辞工离城随时取、租房房租能提取、买房贷款有优惠、困难家庭有贴息、农村建房也支持等做法。

2003年，浙江省湖州市在全国率先系统地建立农民工住房公积金制度。其后，湖州市住房公积金管理中心多次调整农民工公积金政策，放宽提取的条件、时间，提高提取的额度，简化提取手续。如果农民工与单位解除劳动关系并不再在湖州就业，只要凭相关证明，就可以随时提取本人账户中的住房公积金，免除了农民工的“二次奔波”。农民工公积金制度还支持留城农民工买房，即使夫妻双方公积金缴存额度都是最低标准，也可以享受到最高年限30年的近15万元贷款；对低收入的农民工贷款户，发放贷款利息补贴，补贴当年支付贷款利息的40%～50%。农民工公积金制度还支持困难农民工租房，凭相关证明就可提取公积金支付房租。截至2011年8月底，农民工公积金制度已覆盖到全市非公企业的75.2%，湖州市累计有农民工9.16万人参加了公积金制度，使用公积金达4.88万人次，共14.3亿元，其中提取公积金4.13万人次、1.7亿元，申请公积金贷款买房7465户，共计发放贷款12.6亿元。据统计，2006年至2011年9月，已向2251户低收入贷款家庭发放利息补贴250.31万元，人均贴息1000元左右；已有1037户外来务工人员提取了297万元公积金支付房租。[②] 截至2012年8月，湖州市共有6800多家非公企业18万余名职工新参加了住房公积金制度，其

---

①张江涛：《农民工住房问题研究》，西安建筑科技大学硕士学位论文，2009年；上海嘉定政府网站：《马陆永盛公寓营造温馨农民工之家》，2011年1月5日，http://www.jiading.gov.cn/Item/28929.aspx，2012年4月22日。

②财政部官方网站：《湖州市推进农民工住房公积金制度》，2011年5月30日，http://www.mof.gov.cn/xinwenlianbo/zhejiangcaizhengxinxilianbo/201105/t20110506_545350.html，2012年4月22日；张茜：《湖州市农民工乐享公积金》，2011年9月19日，http://www.zj.xinhuanet.com/df/2011-09/19/content_23722406.htm，2013年3月22日。

中农民工为 11.6 万人。[①]

五、北京模式

“北京模式”的特点是把农民工的住房问题解决与其他外来人员和本地居民的住房问题相联系，将符合条件的农民工纳入整个城市的住房保障体系之内。这也是最为符合现阶段全国层面住房保障政策发展方向的农民工住房问题解决模式。

2008 年 1 月，北京市住房工作会议提出在解决本地居民住房困难和自住性住房需求的同时，逐步解决引进人才、来京创业常住人口和外来务工人员的住房问题。[②] 2011 年 10 月，北京市人民政府《关于加强本市公共租赁住房建设和管理的通知》（京政发［2011］61 号）规定：“外省市来京连续稳定工作一定年限，具有完全民事行为能力，有稳定收入，能够提供同期暂住证明、缴纳住房公积金证明或参加社会保险证明，本人及家庭成员在本市均无住房的人员”也可以申请公共租赁住房。2012 年 2 月，北京住房公积金管理委员会会议上明确提出：北京市将推进公积金制度覆盖所有人群，包括进城务工人员，也将享受公积金制度带来的福利和实惠；要积极推动进城务工人员等各类人群建立住房公积金的工作，实现住房公积金由“制度全覆盖”向“人群全覆盖”的转变，推进首都公共服务均等化。[③] 可见，北京市多以会议形式传递农民工住房政策方向的信息，目前实质性的政策还较少，政策效果也不明显。

---

①张茜：《完善优惠政策　普惠各类人群——我市公积金制度不断“增人扩面”》，2012 年 8 月 7 日，http：//hzrb. hz66. com/hubaojizhe/zhangqian/2012 – 08 – 07/2535. html，2013 年 3 月 22 日。

②北京市住房和城乡建设委员会网站：《北京市住房工作会提出建立健全分层供应体系》，2008 年 1 月 21 日，http：//www. bjjs. gov. cn/tabid/662/InfoID/39293/Default. aspx，2012 年 4 月 22 日。

③余美英：《北京外来务工人员将建立住房公积金》，2012 年 2 月 4 日，http：//bjyouth. ynet. com/3. 1/1202/04/6753763. html，2013 年 3 月 22 日。

第三节　对已有农民工住房政策的评价

对于政策的评价，首先应该明确政策的评价标准。虽然学界在不同时期、从不同的角度提出了各种政策评价标准，但就其内涵却有不少相似之处，可以概括总结为以下几个主要方面：①政策目标的合理性；②与法律及其他政策的配合性；③政策的适度性；④政策的可执行性；⑤政策的实际效果。下面从这几条标准考虑，对我国已有的农民工住房政策加以评价。

一、政策目标的合理性

我国的农民工住房政策从无到有，是一种进步，是社会公平发展的进步。农民工群体对我国城镇发展作出了重要的贡献，相对应的却是农民工的市民待遇难以落实。2005 年以后，农民工住房政策的密集出台，可以说明政府对农民工生活状态、社会保障情况的重视程度有所提高，有利于农民工住房问题的解决。但是，从政策目标的合理性来看，农民工住房政策还缺乏长期目标和城乡统筹的整体构想。

已有农民工住房政策中关于政策目标的表述还较为笼统，如“改善农民工居住条件”（建住房［2007］276 号）、“外来务工人员居住条件得到明显改善”（国办发［2011］45 号）等。这与我国总体住房政策的长期目标缺失直接相连。中国在由计划经济向市场经济的转型过程中采用的是“摸着石头过河”的探索式渐进式改革方式。在这过程中，政府定位也在不断变化，从全面计划无所不管的“全包家长式”转变为发展才是硬道理的“经济增长式”，又向社会公平服务民生的“公共服务式”转变。但是，这种转变不是纯粹的，目前我国政府定位呈现出以“经济增长式”为现状、以“公共服务式”为目标、还带有“全包家长式”色彩的特点。政府定位的不确定性，导致住房政策的不断摇摆，同时兼具几方面特点，住房体系构成复杂，住房政策缺乏长期目标（董昕，2011a）。

同时，由于计划经济体制下，城镇居民的“福利分房”、农村居民的“宅基地”都是住房保障制度的一种具体形式，是低生产力水平下保障“人人有房住”的制度（陈淮，2006）。在我国城镇住房制度改革进程中，城镇居民的“福利分房”已经成为城镇居民的私有财产；“宅基地”依然是农村土地集体所有制下，不能有效变现的潜在资产。农民工在城镇的住房保障和在农村的“宅基地”这两者之间存在着不可忽视的关系，这也是一些地方以宅基地置换城镇房产背后的逻辑所在。我国已有的农民工住房保障政策回避了这个问题，也是农民工住房政策目标缺乏城乡统筹整体构想的表现。

二、与法律及其他政策的配合性

从农民工住房政策与法律及其他政策的配合性来看，已有的农民工住房政策没有基本法律保障，而且农民工住房解决方式与现行土地政策之间存在矛盾。制定较为全面的法律体系是解决住房问题的重要保障。我国的住房政策大多以各层次各种类的政府部门“指导意见”、“通知”形式出现，没有以法律的形式固定下来，住房保障也没有稳定的资金来源。保障性住房建设骤然提速，产生了巨大资金缺口，地方政府只通过行政命令方式动员各种资源，而不是从制度建设上确立保障房的法律地位，因此引发的资金风险、权力寻租、挤压市场以及房屋质量等问题不容忽视（毛凌云，2011）。综观我国的农民工住房政策，也基本是以“指导意见”、“通知”形式出现，尤其是地方政府为解决农民工住房问题所进行的探索及实践，政策上还存在“一事一议”、“特事特办”的情况，有些甚至还存在着与现行土地政策的明显冲突（吕萍等，2007）。

利用农村集体土地建设农民工公寓的做法与我国的《土地管理法》相矛盾。我国《土地管理法》（2004 年修正版）第六十三条明确规定“农民集体所有的土地的使用权不得出让、转让或者出租用于非农业建设”，显然农民工公寓属于非农业建设的范畴。利用城市中闲置的厂房、图书馆等公用设施改造为农民工公寓，以及利用工业园区国有出让土地建设农民工公寓，则很可能出现改变国有土地用途的问题。如原土地用途为工矿用地，而非居住用地，在工矿用地上建设农民工住房则违反了我国《土地管理法》中的条款——“建设单位使用国有土地的，应当按照土地使用权出让等有偿使用合同的约定或者土地使用权划拨批准文件的规定使用土地”。由街道办事处或原企业，利用破产或倒闭企业的闲置厂房或土地，改造或新建农民工公寓，还可能存在和地方政府土地收购储备政策相矛盾的情况。例如，《杭州市土地储备实施办法》（2000 年修正版）规定：因单位搬迁、解散、撤销、破产、产业结构调整或者其他原因调整出的原划拨的国有土地，应当进行储备；市土地储备中心受市政府委托在市土地收购储备管理委员会指导和监管下，代表政府实施土地收购、储备和出让的前期准备工作。由此，土地的使用权收归市政府，街道办事处或原企业无权直接处置。

三、政策的适度性

从政策的适度性来看，我国农民工的住房保障范围、保障标准、保障方式等都有待合理规范。

在住房保障范围方面，农民工作为外来务工人员的一部分，被列入了公共租赁住房的供应范围之内，但是如何协调农民工的流动性与住房保障范围的地域限制尚缺乏相应的政策规定。当已经在一个城镇获得住房保障的农民工流动到其他城镇时是否应被纳入其他城镇的住房保障范围？如何协调农民工的流动性与住房保障范围的地域限制是需要全国层面农民工住房保障政策明确的问题。

在住房保障标准方面，关于租金标准、面积标准等政策之间的差异较大。既有远低于市场租金的重庆阳光公寓“一人一天一元”的收费标准，也有“按照略低于市场租金的原则合理确定”公共租赁住房租金标准的指导意见（国办发［2011］45 号文）；对公共租赁住房的面积标准先是要求单套建筑面积要严格控制在 60 平方米以下（建保［2010］87 号），后是要求单套建筑面积以 40 平方米左右的小户型为主（国办发［2011］45 号文）。超低租金能否持续运行？略低于市场的租金是否有农民工来租？适合宿舍的面积标准与农民工家庭随迁的趋势之间是否存在矛盾？这些问题都有待回答。

在住房保障方式方面，已有政策主要还是“补砖头”方式的实物补贴，如农民工公寓、公共租赁房等。虽然在《关于改善农民工居住条件的指导意见》（建住房［2007］276 号）中提到“农民工自行安排居住场所的，用工单位应当给予一定的住房租金补助”，但笔者认为由于这种住房租金补助是由用工单位提供的，因而其实质是农民工劳动报酬的一部分，不应视为是“补人头”的需求方补贴方式。“补人头”的需求方补贴方式更为适合农民工流动性大的特点。关于住房保障方式的选择也有待于相关政策的进一步细化。

四、政策的可执行性

从政策的可执行性来看，已有的农民工住房政策执行难度较大。这主要涉及两方面的问题，一是政策中关于农民工住房保障责任主体的规定存在一定矛盾，二是中央政府与地方政府的诉求存在一定的差异。

责任主体方面，《关于改善农民工居住条件的指导意见》（建住房［2007］276号）提出改善农民工居住条件的基本原则之一就是“政策扶持，用工单位负责”；《关于保障性安居工程建设和管理的指导意见》（国办发［2011］45号）又指出以公共租赁住房为重点的保障性安居工程建设和管理，其基本原则之一是“坚持政府主导、政策扶持，引导社会参与”。由于公共租赁住房的供应范围包括以农民工为主的进城务工人员，因而两者出现了一定的矛盾，即改善农民工居住条件的责任主体到底是企业还是政府？依靠用工单位无偿提供、廉价租赁等方式来解决农民工的住房问题，固然直接，但是从用工单位作为市场主体的角度而言，其实质是将农民工货币收入的一部分转化为实物收入。因此，农民工的住房问题日益突显的情况下，农民工住房保障政策还需要明确政府作为责任主体的地位与作用，而且需要进一步明确中央政府与地方政府之间的责任分配。

在住房保障责任主体不明确的情况下，加之住房保障缺乏长期目标、相关法律体系不健全，我国的住房保障资金来源也不稳定，地方政府的财政支出压力较大。以近几年为例，2009年我国保障性住房支出为725.97亿元，占国家财政支出总额的比例为0.95%，其中，中央财政支出占3.64%、地方财政支出占96.36%；2010年我国住房保障支出为2376.88亿元，占国家财政支出总额的比例为2.64%，其中，中央财政支出占16.26%、地方财政支出占83.74%；2011年全国住房保障支出为3821亿元，占国家财政支出总额的比例为3.5%，其中，中央财政支出占9%、地方财政支出占91%。①

中央政府和地方政府之间的关系方面，国办发［2011］45号提出“省

①数据来源于《中国统计年鉴2010》、《中国统计年鉴2011》、《中国统计年鉴2012》及相应计算。

级人民政府对本地区保障性安居工程工作负总责；市县人民政府具体实施，负责落实项目前期工作、建设资金、土地供应、工程质量监督、保障性住房租售管理和使用监管等”，“中央继续加大资金补助力度；地方各级人民政府要在财政预算安排中将保障性安居工程放在优先位置，加大财政性资金投入力度”。可见，筹集保障性住房资金来源的责任主要还在地方政府。然而，对于财政收支剪刀差长期存在的地方政府来说，住房保障同时施加了双重压力：一是财政收入的减少；二是财政支出的增加。因而，地方政府在提供住房保障方面是被动的，而在通过出让土地增收、以房地产拉动经济增长、维持高房价等方面却是具有积极动力的。近几年新一轮地方政府的住房建设计划中，政府住房保障范围也往往小于中央确定的住房保障范围（董昕，2011a）。由此体现出中央政府和地方政府对于住房保障的诉求存在着一定的差异，在这种背景下，农民工住房政策的执行难度无疑是较大的。

五、政策的实际效果

从政策的实际效果来看，已有政策尚处于解决农民工住房问题的探索层面，实际作用有限。2005 年以来，虽然关于农民工住房的政策密集出台，而且出台的政策也不再是仅停留在导向性的层面，但是针对农民工住房问题的政策还存在较多不足，包括：农民工保障性住房的资金来源不确定，适合农民工特点的保障性住房普遍缺失，农民工住房公积金制度缺乏细则等（《我国农民工工作“十二五”发展规划纲要研究》课题组，2010）。各地在解决农民工住房问题上的政策和做法有成有败，即使较为成功，其所能够覆盖的农民工也只占当地农民工中很小的一部分。2010 年 12 月，国家人口和计划生育委员会对全国流动人口动态监测的结果证明了这一点，监测调查结果显示：农业户籍的流动人口中，仅有 0.5% 住在政府提供的廉租住房内，0.1% 已经购买了政策性保障房，可见享受政府住房保障的农民工只是极少数。同时，城镇本地居民的居住问题仍然是当地政府优先考虑的问题，在城镇本地户籍人口的住房保障问题尚未得到较好解决的情况下，这些地方性的政策更多地停留在对农民工住房保障问题的探索层面，解决农民工住房问题的实际作用有限。

第七章　农民工与中国城镇住房保障体系

第一节　住房保障的范围与对象

一、现阶段的中国城镇住房保障范围

划分政府住房保障范围的标准大致可以归纳为以下三种：第一种，居民的比例，即政府提供住房保障的居民占全体居民的比例；第二种，建房的比例，即将全部住房建设用地或全部房屋供应量的一定比例设定为政府投资用于住房保障的范围；第三种，财政支出的比例，即政府用于住房保障的财政资金占全部财政支出或占 GDP 的比例。这三种划分政府住房保障范围的标准，在各国实际中均有运用，并无优劣之分，一般视数据的可比性、可获取性等酌情使用。

中国政府住房保障范围，也可以按以上三种划分标准进行分析。

第一种，居民的比例。国务院办公厅《关于保障性安居工程建设和管理的指导意见》（国办发［2011］45 号）提出“到‘十二五’期末，全国保障性住房覆盖面达到 20% 左右，力争使城镇中等偏下和低收入家庭住房困难问题得到基本解决，新就业职工住房困难问题得到有效缓解，外来务工人员居住条件得到明显改善”，但 20% 的基数并没有加以明确；文件还提出“市、县人民政府要根据当地经济社会发展水平、居民收入、住房状况，合理确定保障对象住房困难、家庭收入（财产）的具体标准，定期调整，

并向社会公布”。可见，从居民的比例上看，我国的住房保障范围还不明确。

第二种，建房的比例。国务院《关于解决城市低收入家庭住房困难的若干意见》（国发［2007］24号）文件明确要求“城市新审批、新开工的住房建设，套型建筑面积90平方米以下住房面积所占比重，必须达到开发建设总面积的70%以上；廉租住房、经济适用住房和中低价位、中小套型普通商品住房建设用地的年度供应量不得低于居住用地供应总量的70%”。从目前的实际操作情况看，中低价位、中小套型普通商品住房即限价房。可见，我国政府住房保障范围从建房比例标准上看，是明确的，即新建住房总量的70%以上。

第三种，财政支出的比例。由于缺乏数据来说明政府用于住房保障的财政资金占全部财政支出或占GDP的比例，我国目前尚未以财政支出的标准来划定政府住房保障范围。这从近几年我国财政支出的实际情况也可以看出，2009年我国保障性住房支出为725.97亿元，占国家财政支出总额的比例为0.95%；2010年我国住房保障支出为2376.88亿元，占国家财政支出总额的比例为2.64%；2011年我国住房保障支出为3820.69亿元，占国家财政支出总额的比例为3.5%。

从这三种划分政府住房保障的标准来看，其中以建房比例为标准对中国政府住房保障范围的描述较为明确，即新建住房总量的70%以上。

二、中国城镇住房体系与供应对象

现阶段我国城镇住房体系的构成及面向的需求对象，如下所示：

（1）商品住房：是住房市场上可由买卖双方自行确定交易价格与交易数量的住房，用来满足具有住房支付能力的中高收入家庭的住房需求。

（2）限价住房：又称限价商品住房，是由政府限定销售价格、面积、购买者资格等条件，提供给社会中等收入家庭购买的住房。

（3）经济适用住房：是由政府限定销售价格、面积、购买者资格等条件，提供给中低收入家庭购买的住房。

（4）廉租住房：是由政府建造或购买，以远低于市场水平的租金，提供给社会低收入住房困难家庭租用的住房。

（5）公共租赁住房：又称经济租赁住房、政策性租赁住房，是由政府或其他机构所有，以低于市场的价格，向城镇中等偏下收入住房困难家庭、新就业无房职工、城镇稳定就业的外来务工人员出租的住房。

（6）其他：包括拆迁安置房、危改房、集资房等形式的住房。

各种住房类型的政府干预内容、面向的需求对象、价格水平、取得方式如表7－1所示。

表7－1　现阶段中国城镇住房体系的主要住房类型

住房类型	政府对市场的干预	面向的需求对象	价格水平	取得方式
商品住房	住房市场上由买卖双方自行确定交易价格与数量	城镇中高收入家庭	市场价格	购买
限价住房	由政府限定销售价格、面积、购买者资格等	城镇中等收入住房困难家庭	低于市场价格	购买
经济适用住房	由政府限定销售价格、面积、购买者资格等	城镇中低收入住房困难家庭	远低于市场价格	购买
廉租住房	由政府建造或购买并持有，限定销售价格、面积、购买者资格等	城镇低收入住房困难家庭	远低于市场价格	租赁
公共租赁住房	由政府或其他机构建造或购买并持有，限定销售价格、面积、购买者资格等	城镇中等偏下收入住房困难家庭、新就业无房职工、城镇稳定就业的外来务工人员	低于市场价格	租赁

在我国现阶段的城镇住房体系构成中，除了商品住房以外，其他各类住房均有保障属性，只是根据保障程度有所不同而已。也就是说，限价住房、经济适用住房、廉租住房、公共租赁住房等均属于城镇住房保障体系的范畴。但政府投入的侧重有所不同。国务院《关于印发国家基本公共服务体系“十二五”规划的通知》（国发［2012］29号）中提出，要“重点发展公共租赁住房，逐步使其成为保障性住房的主体，并逐步实现与廉租住房统筹建设、并轨运行”，“面向有一定支付能力的城镇中低收入住房困难家庭，适当发展经济适用住房和限价商品住房”。

就总量而言，国务院办公厅《关于保障性安居工程建设和管理的指导意见》（国办发［2011］45号）提出“到‘十二五’期末，全国保障性住房覆盖面达到20%左右，力争使城镇中等偏下和低收入家庭住房困难问题得到基本解决，新就业职工住房困难问题得到有效缓解，外来务工人员居住条件得到明显改善”。该文件还提出“市、县人民政府要根据当地经济社会发展水平、居民收入、住房状况，合理确定保障对象住房困难、家庭收入（财产）的具体标准，定期调整，并向社会公布”。

三、农民工与城镇住房保障的范围及对象

从我国城镇住房保障体系的住房类型构成来看，农民工属于公共租赁住房的供应对象。国务院办公厅《关于保障性安居工程建设和管理的指导意见》（国办发［2011］45号）中关于公共租赁住房供应对象的提法是“公共租赁住房面向城镇中等偏下收入住房困难家庭、新就业无房职工和在城镇稳定就业的外来务工人员供应”。其中，在城镇稳定就业的外来务工人员就包括了农民工。北京、重庆、甘肃、河北、河南、四川等省市也都出台了农民工可以申请公共租赁住房的相关政策。无论从全国层面看还是从地方层面看，在城镇稳定就业的农民工已经开始被纳入我国城镇住房保障体系。

但是，实际上城镇住房保障体系能够覆盖的农民工只有很小的一部分。2010年12月，国家人口和计划生育委员会对全国流动人口动态监测的结果证明了这一点，仅有0.6%的农业户籍流动人口享受到了城镇政府提供的住房保障。这说明农民工在城镇的住房保障尚处于低水平状态，目前住房保障对于改善农民工的居住条件作用十分有限。农民工的住房保障水平受制于城镇住房保障体系的整体状况。我国现阶段的城镇住房保障体系，建立时间尚短，仍存在较多的问题，远未达到较为完善的地步。截至2006年底，全国657个城市中，已经有512个城市建立了廉租住房制度，但还有145个城市尚未建立廉租住房制度。① 在城镇本地户籍居民的住房保障尚存在较大问题的时候，当地政府不可能为农民工提供高质量的住房保障。城镇住房保障体系整体发展水平不高的情况下，农民工的住房保障水平必然不高，农民工的住房保障政策自然会更多地停留在探索层面，解决农民工住房问

①建设部：《建设部通报2006年城镇廉租住房制度建设情况》，2007年2月13日，http：//www.mohurd. gov. cn/zxydt/200804/t20080424_ 162808. html，2013年2月22日。

题的实际作用也就十分有限。

第二节　住房保障的方式与标准

一、中国城镇的住房保障方式

住房保障实质上是一种财政补贴，而这种财政补贴的运用方式主要分为两种：一是供给方补贴，二是需求方补贴。供给方补贴是政府直接介入住房供给并提供财政补贴的住房保障方式，也称为“砖头补贴”、生产者补贴。需求方补贴是政府向住房需求者提供财政补贴的住房保障方式，也称为“人头补贴”、消费者补贴。

目前，我国城镇的住房保障主要以“补砖头”的供给方补贴形式出现，辅之以“补人头”的需求方补贴形式进行，具体方式主要有以下几方面：

其一，通过减免政府土地出让收入实现对住房供给方进行补贴。政府土地出让收入是地方政府财政收入的重要组成部分，对廉租住房、经济适用住房、限价商品住房等保障性住房的政府土地出让金的或免或减，也就是供给方补贴的一种实现形式。

其二，直接新建或收购廉租住房、公共租赁住房。有的地方政府通过直属机构或企业直接建设廉租住房，财政资金作为建设资金投入形成对住房供给方的补贴；也有地方政府在土地出让环节，与开发企业约定，在新建住宅小区中按政府要求的面积、户型配建一部分廉租住房，由开发企业垫付建设资金，建成验收合格后由政府按约定的价格出资收购。

其三，通过发放住房补贴对住房需求方进行补贴。我国对住房需求的补贴主要是对社会低收入群体直接发放住房补贴，以弥补实物补贴不足的问题，而以税收方面的优惠作为对住房需求补贴的方式目前基本处于空白状态。

二、中国城镇住房保障的具体标准

住房保障的具体标准，根据住房保障的具体方式而定。例如，廉租住房的保障标准分为实物配租和租赁补贴两种：享有实物配租的，人均住房建筑面积13平方米左右，套型建筑面积50平方米以内，租金标准由市、县政府确定；享有租赁补贴的，租赁补贴标准由市、县政府根据当地经济发展水平、市场平均租金、家庭经济承受能力等因素确定。公共租赁住房的保障标准是：单套建筑面积以40平方米左右的小户型为主，租金水平由市、县政府根据市场租金水平和供应对象的支付能力等因素确定（见表7－2）。

表7－2　“十二五”时期基本住房保障服务国家基本标准

服务项目	保障标准	供给数量
廉租住房	享有实物配租的，人均住房建筑面积13平方米左右，套型建筑面积50平方米以内，租金标准由市、县政府确定；享有租赁补贴的，租赁补贴标准由市、县政府根据当地经济发展水平、市场平均租金、家庭经济承受能力等因素确定	增加廉租住房不低于400万套，新增发放租赁补贴不低于150万户
公共租赁住房	单套建筑面积以40平方米左右的小户型为主，租金水平由市、县政府根据市场租金水平和供应对象的支付能力等因素确定	增加公共租赁住房不低于1000万套

资料来源：国务院《关于印发国家基本公共服务体系“十二五”规划的通知》（国发［2012］29号）。

三、农民工的住房保障方式与标准

国务院办公厅《关于保障性安居工程建设和管理的指导意见》（国办发［2011］45号）中提出公共租赁住房的供应对象包括“在城镇稳定就业的外来务工人员”，而农民工正是这些外来务工人员的重要组成部分。近几年，北京、重庆、甘肃、河北、河南、四川等省市也都出台了农民工可以申请公共租赁住房的相关政策。可见，在我国现有的城镇住房保障体系内，面向农民工的住房保障方式主要是公共租赁住房。国办发［2011］45号对于公共租赁住房的建设标准和租金标准的规定是“单套建筑面积以40平方米左右的小户型为主，满足基本居住需要”，“租金标准由市、县人民政府结合当地实际，按照略低于市场租金的原则合理确定”。

但是，公共租赁住房的供应与农民工的住房需求匹配度不高。略低于市场租金的价格，恐怕是农民工家庭难以承受的。城中村等农民工聚集地的房屋租金远低于普通住房的市场租金，也间接体现了农民工家庭的住房支付能力。因此，可以说公共租赁住房的价格相对于农民工家庭的住房支付能力来说过高，与农民工的住房需求匹配度并不高。

第三节　住房保障的责任主体与资金来源

一、中央政府与地方政府在住房保障中的职责划分

从我国住房保障的相关政策文件中可以明确地看出：我国城镇住房保障的责任主体是政府，而且是包括省级政府和市、县政府在内的地方政府承担主要责任。

《关于保障性安居工程建设和管理的指导意见》（国办发［2011］45号）指出保障性安居工程建设和管理的基本原则之一是“坚持政府主导、政策扶持，引导社会参与”，同时提出“省级人民政府对本地区保障性安居工程工作负总责；市、县人民政府具体实施，负责落实项目前期工作、建设资金、土地供应、工程质量监督、保障性住房租售管理和使用监管等”，“中央继续加大资金补助力度；地方各级人民政府要在财政预算安排中将保障性安居工程放在优先位置，加大财政性资金投入力度”，并强调要通过建立目标责任制和考核问责机制等措施进一步落实地方政府责任。从《国家基本公共服务体系“十二五”规划》中也可以看出，各类基本住房保障服务支出的责任方主要是地方政府，包括市、县政府和省级政府，中央政府承担的是资金补助的职责，例如，对于廉租住房和公共租赁住房的支出责任划分为“市、县政府负责，省级政府给予资金支持，中央给予资金补助”

（见表7－3）。由此可见，我国城镇住房保障的责任主体是政府，而且地方政府是支出的主要责任方。

表7－3 “十二五”时期基本住房保障服务的责任划分

服务项目	支出责任
廉租住房	市、县政府负责，省级政府给予资金支持，中央给予资金补助
公共租赁住房	市、县政府负责，引导社会资金投入，省级政府给予资金支持，中央给予资金补助

资料来源：国务院《关于印发国家基本公共服务体系“十二五”规划的通知》（国发［2012］29号）。

中央政府与地方政府在我国住房保障中的职责划分，从住房保障资金的实际投入状况中也可以看出。我国政府财政支出中的住房保障支出，以地方政府的财政投入为主，中央政府的财政投入为辅。《中国统计年鉴》的数据显示：2010年，全国保障性住房支出为2376.88亿元，其中，中央财政支出占16%、地方财政支出占84%；2011年，全国保障性住房支出为3821亿元，其中，中央财政支出占9%、地方财政支出占91%（见表7－4）。

表7－4 国家财政支出中的住房保障支出及构成

	2010年		2011年	
	金额（亿元）	比例（%）	金额（亿元）	比例（%）
总额	2376.88	100	3820.69	100
中央	386.48	16	328.82	9
地方	1990.40	84	3491.87	91

数据来源：国家统计局《中国统计年鉴2011》、《中国统计年鉴2012》。

二、中国城镇住房保障的资金来源

我国城镇住房保障的资金来源尚不稳定。在2011年9月发布的国务院办公厅《关于保障性安居工程建设和管理的指导意见》（国办发［2011］45号）还强调“要尽快明确2012年保障性安居工程建设任务、投资计划、用

地计划、资金来源渠道等。市、县人民政府要按照规划编制年度实施计划，并落实到项目，尽早开展前期工作，以便落实资金和土地，确保建设任务按计划顺利实施”。

虽然我国城镇住房保障的资金来源尚未稳定，但是已经对住房保障方面政府投入的具体资金来源有所规定。例如，2007 年，国务院《关于解决城市低收入家庭住房困难的若干意见》（国发［2007］24 号）提出“地方各级人民政府要根据廉租住房工作的年度计划，切实落实廉租住房保障资金：一是地方财政要将廉租住房保障资金纳入年度预算安排。二是住房公积金增值收益在提取贷款风险准备金和管理费用之后全部用于廉租住房建设。三是土地出让净收益用于廉租住房保障资金的比例不得低于 10%，各地还可根据实际情况进一步适当提高比例。四是廉租住房租金收入实行收支两条线管理，专项用于廉租住房的维护和管理。对中西部财政困难地区，通过中央预算内投资补助和中央财政廉租住房保障专项补助资金等方式给予支持”。2010 年，建设部等七部门《关于加快发展公共租赁住房的指导意见》也提出政府投资建设公共租赁住房的租金收入，应按照政府非税收入管理的规定缴入同级国库，实行“收支两条线”管理；租金收入要专项用于偿还公共租赁住房贷款，以及公共租赁住房的维护、管理和投资补助。2011 年，国务院办公厅《关于保障性安居工程建设和管理的指导意见》（国办发［2011］45 号）要求“地方各级人民政府要在财政预算安排中将保障性安居工程放在优先位置，加大财政性资金投入力度。按照‘省级负总责、市、县抓落实’的原则，加大省级政府统筹力度，确保项目资本金足额及时到位。住房公积金增值收益在提取贷款风险准备金和管理费用后，全部用于廉租住房和公共租赁住房建设。土地出让收益用于保障性住房建设和棚户区改造的比例不低于 10%。中央代发的地方政府债券资金要优先安排用于公共租赁住房等保障性安居工程建设。公共预算支出安排不足的地区，要提高土地出让收益和地方政府债券资金安排比重”。2012 年，财政部《关于切实做好 2012 年保障性安居工程财政资金安排等相关工作的通知》（财综［2012］5 号）中提出：要“在认真落实保障性安居工程现有资金来源基础上，要进一步采取措施，拓宽资金渠道。一是 2012 年增加的地方政府债券收入要优先用于保障性安居工程，加大地方政府债券收入用于保障性安居工程的投入力度。二是个人住房房产税试点地区取得的房产税收入，要专项用于保障性安居工程。三是各地可从国有资本经营预算中适当安排部分资金用于支持国有企业棚户区改造。四是各地要从城市维护建设税、城镇公用事业附加费、城市基础设施配套费中安排资金，加大保障性安居工程小区外配套基础设施投入，完善配套功能”。由此可见，我国用于住房保障的政府投入资金来源主要包括以下几方面：一是财政预算内资金；二是政府土地出让收益；三是住房公积金增值收益；四是廉租住房、公共租赁住房等保障性住房的租金收入；五是中央财政专项补助资金；六是地方政府债券资金，以及房产税收入、城市维护建设税、城镇公用事业附加费、城市基础设施配套费等政府税费收入。

此外，政府还通过土地供应、资本金注入、投资补助、财政贴息、税费优惠等政策措施，鼓励和引导来自企业或其他机构的社会资金参与保障性住房的建设、运营和管理，以此拓展住房保障的资金来源。例如，2010年，住房和城乡建设部等七部门《关于加快发展公共租赁住房的指导意见》中提出要“支持符合条件的企业通过发行中长期债券等方式筹集资金，专项用于公共租赁住房建设和运营”；公共租赁住房建设实行“谁投资、谁所有”，投资者权益可依法转让。2011年，国务院办公厅《关于保障性安居工程建设和管理的指导意见》（国办发［2011］45号）中提出：对发行企业债券用于保障性安居工程建设的，优先办理核准手续；扩大利用住房公积金贷款支持保障性住房建设试点城市的范围，重点支持公共租赁住房建设；对廉租住房、公共租赁住房、经济适用住房和棚户区改造安置住房，要切实落实现行建设、买卖、经营等环节税收优惠政策，免收城市基础设施配套费等各种行政事业性收费和政府性基金。2012年1月，财政部《关于切实做好2012年保障性安居工程财政资金安排等相关工作的通知》（财综［2012］5号）要求：各地对商业银行发放的公共租赁住房建设贷款可以按规定予以贴息，贴息幅度可按2个百分点左右掌握，贴息期限按贷款期限确定，原则上不超过15年，具体贴息政策由市、县人民政府确定；各地建设廉租住房、城市棚户区改造中的安置住房、经济适用住房，以及面向经济适用住房对象供应的公共租赁住房建设用地，严格按照规定实行行政划拨方式供应，除依法支付土地补偿费、拆迁补偿费外，一律免缴土地出让收入。2012年6月，住房和城乡建设部、国家发展和改革委员会、财政部、国土资源部、中国人民银行、国家税务总局、中国银行业监督管理委员会联合发布了《关于鼓励民间资本参与保障性安居工程建设有关问题的通知》（建保［2012］91号），强调对实行公司化运作并符合贷款条件的项目，银行业金融机构应按照风险可控、商业可持续原则给予积极支持。

三、农民工住房保障的责任主体与资金来源

尽管我国城镇住房保障的责任已经明确由政府承担，但是农民工住房保障的责任主体却有待进一步明确。在我国现行的住房保障体系中，公共租赁住房的供应范围包括以农民工为主的进城务工人员，《关于保障性安居工程建设和管理的指导意见》（国办发［2011］45 号）指出以公共租赁住房为重点的保障性安居工程建设和管理，其基本原则之一是“坚持政府主导、政策扶持，引导社会参与”。但是，《关于改善农民工居住条件的指导意见》（建住房［2007］276 号）明确提出改善农民工居住条件的基本原则之一就是“政策扶持，用工单位负责”。国务院办公厅《关于保障性安居工程建设和管理的指导意见》（国办发［2011］45 号）中还提出“外来务工人员集中的开发区、产业园区，应当按照集约用地的原则，统筹规划，集中建设单元型或宿舍型公共租赁住房，面向用工单位或园区就业人员出租。坚持‘谁投资、谁所有’的原则，积极探索公共租赁住房投资回收机制”。这就使农民工住房保障的责任主体显得有些模糊，是企业还是政府承担着改善农民工居住条件的责任？相应地，农民工住房保障的资金来源也不可能清晰稳定。在农民工住房保障的责任主体和资金来源不清晰的情况下，农民工住房保障的可行性必然受到不利影响，解决农民工住房问题的效果不佳。

第四节　住房保障对住房市场的影响

一、住房保障对住房价格的影响

住房保障也是政府对住房市场的一种干预行为，而这种政府干预行为会对住房市场产生什么样的影响，尤其会对市场上的住房价格产生什么样的影响，是研究包括农民工在内的住房保障政策时需要考虑的前提。我国

政府提供的住房保障主要是供给方补贴，因而下文重点探讨保障性住房的供应对于正常商品住房价格的影响。保障性住房的供应不仅具有对正常商品住房价格产生下降趋势影响的传导机制，而且具有对正常商品住房价格产生上涨趋势影响的传导机制。

保障性住房的供应对正常商品住房价格产生下降影响的传导机制，主要包括以下三方面：首先，保障性住房的供应，使得部分符合保障性住房准入资格的人群转向购买或租赁限价商品住房、经济适用住房、公共租赁住房等保障性住房，从而分流了正常商品住房的购买群体，减少了正常商品住房的需求量，从而对正常商品住房的价格产生向下的影响。其次，推出大批量保障性住房，改变了购房群体的心理预期。即使符合限价商品住房、经济适用住房购买资格的人群相信自己可以购买到相应的保障性住房，从而不去购买正常的商品住房；也使正常商品住房的购买群体对商品住房价格产生观望态度，持币待购，住房交易量随之萎缩，从而促使房地产开发企业有动力以降低住房销售价格的方式来换取交易量的增加。最后，保障性住房的供应会影响正常商品住房供需双方对于住房区位价值的判断。住房具有很强的地域特征，区位价值在城市住宅市场价格的形成中起到了决定性的作用，位于同一区域的住宅，其区位价值大致相同，即拥有类似的自然环境条件、社会环境条件、交通条件等。在区位价值基本一致的区域内建设低价位的保障性住房，打破了区域市场住房价格原有的参照体系，影响市场对正常商品住房区域价值的判断，从而使正常商品住房的价格有下降的导向。

在保障性住房对正常商品住房价格产生下降影响的同时，也对其产生着向上的推动作用，主要作用于以下几方面：第一，在居住用地规划、供地速度不变的情况下，保障性住房供给的增加将带来正常商品住房供给量的减少。我国实行严格的耕地保护制度，严格控制农用地转非农用地，严格执行土地利用总体规划，这也使住宅建设用地的供给量受到严格的控制。同时，随着《物权法》的出台、居民意识的转变，拆迁难度不断增加，也使国土管理部门的供地速度受到了较大的限制。因此，在居住用地规划保持不变、供地速度难以提高的情况下，保障性住房供给的增加首先通过增加保障性住房的土地供应来实现，必然使正常商品住房建设所需的土地供应量相应减少，从而使正常商品住房可实现的供应量减少。第二，地方政府依靠“土地财政”的情况未变，保障性住房供应造成地方政府的土地出让收入减少，将使地方政府倾向于在正常商品住房的土地出让中获取更多的收入。财政部《关于切实做好2012年保障性安居工程财政资金安排等相关工作的通知》（财综［2012］5号）要求：各地建设廉租住房、城市棚户区改造中的安置住房、经济适用住房，以及面向经济适用住房对象供应的公共租赁住房建设用地，严格按照规定实行行政划拨方式供应，除依法支付土地补偿费、拆迁补偿费外，一律免缴土地出让收入。土地出让及其相关收入依然是地方政府财政收入的重要来源。地方财政收入在保障性住房方面的损失，使地方政府倾向于在正常商品住房的土地出让中获取更多的收入，而获取更多土地出让收入的办法便是提高土地出让价格，主要办法有两种：一是提高土地出让底价，在制定土地招拍挂的交易底价时便将政府土地出让收入预期加入其中；二是改变土地出让方式，将出让方式尽可能地由成交价较低的招标改为成交价较高的挂牌，最后形成拍卖竞价。地方政府的这种“堤内损失堤外补”的行为将推高正常商品住房的土地出让价格，从而使正常商品住房存在成本推动型价格上涨的动因。第三，在商品房小区中配建保障性住房，由于建设主体同一，开发企业建设保障性住房的损失将通过正常商品住房的销售来弥补。在我国保障性住房的建设中，有两种趋势逐渐体现出来：一是建设方式由集中建设向配建方式转变，二是建设主体由行政主管部门向开发企业转变。第一种趋势，主要是因为国内外建设政府保障性住房的实践证明，集中建设方式容易出现贫民窟等的社会问题，因而提倡混合型社区的建设理念，在商品房小区中配建保障性住房的做法逐渐增多；第二种趋势，主要是由我国政府职能的转变和保障性住房建设的可实施性决定的，由房地产行政主管部门具体组织实施，逐渐转变为以政府组织协调、市场运作为原则，采取招标方式选择房地产开发企业实施。这就使保障性住房的建设过程中，较多地出现了同一个房地产开发企业同时开发建设商品住房和配建保障性住房的情况。保障性住房的开发利润较低，以经济适用住房为例，根据我国《经济适用住房价格管理办法》的规定，经济适用住房基准价格由开发成本、税金和利润三部分构成，其中开发成本包括征地和拆迁安置补偿费、勘察设计和前期工程费、建筑安装工程费、基础设施建设费、管理费、贷款利息、行政事业性收费七项，利润则不得超过开发成本中前四项费用之和的3%。目前，商品住宅的平均开发利润为10%～20%，对于同一个房地产开发企业而言，同样的成本投入而利润水平却存在较大的差异，这就意味着建设保障性住房是一种“损失”，通常的做法是通过商品住房的销售来加以弥补，因而从开发企业的角度来看，配建保障性住房越多，就需要从商品住宅中获取更多的利润来弥补，从而存在提高商品住宅销售价格的倾向。

作为供给方补贴的住房保障方式，保障性住房的供应不仅会对正常商品住房价格产生下降的影响，也会对其产生上涨的推动作用。作为需求方补贴的住房保障方式，住房券等政府补贴同样有可能使市场上正常的商品住房价格上涨。在住房市场供给不足的情况下，对需求方的财政补贴虽然使得低收入者能够支付更高的住房价格，但是需求者之间为了获得住房的竞争也会抬高住房价格，财政补贴反而为住房价格的上涨提供了助力。正常商品住房价格的上涨可能会使更多的低收入者无力从市场上购买或租赁住房，进而需要更多的保障性住房或住房补贴，因此住房保障的范围不是越大越好，要处理好政府和市场的关系，尽量减少政府干预对住房市场的不利影响。这说明在制定住房保障政策时应充分考虑到住房保障对住房市场的影响，将住房保障范围控制在合理的范围内，并选择适当的住房保障方式。对于农民工的住房保障也是如此，并不需要将全部农民工都纳入到城镇住房保障范围中，住房保障方式也应符合农民工的特点。

二、住房领域政府投资对私人投资的影响

保障性住房的建设、运营和管理需要大量的政府投资，因而有必要分析政府投资对住房市场的影响，尤其是政府投资对私人投资的影响。一般而言，政府投资对私人投资有两种方向的影响：一种是刺激私人投资增长，产生“挤入效应”；另一种是抑制私人投资增长，产生“挤出效应”。政府投资对私人投资的影响是这两种效应共同作用的综合结果。住房领域的政府投资对私人投资同样具有“挤入”和“挤出”两方面的影响。

住房领域的政府投资对私人投资产生挤入效应的作用机制，主要在于以下几方面：首先，政府投资如果用于土地整理，进行征地、拆迁和水、电、气等市政配套基础设施建设，使建设用地达到宗地平整、市政配套的状态，能够在此基础上进行下一步的房产开发，有效地降低了私人投资进行征地、拆迁等的高度不确定性风险，从而有利于调动私人投资的积极性，促进私人投资的增长。其次，政府投资如果用于学校、医院、公园、道路等配套设施的建设，这些配套基础设施具有较强的外部性，能够明显改善

周边的居住环境、办公环境，带动相关居住、办公地产的发展，为私人投资提供了投资机会，从而有利于私人投资的增长。最后，政府投资作为国民经济总需求的一个组成部分，其扩张本身就意味着总需求的扩张，同时政府投资又扩大了就业量，增加了人们的收入，从而进一步提高社会总需求，包括对住房的需求，为私人投资创造了更多的机会，也进一步刺激私人投资的增加。

住房领域的政府投资对私人投资产生挤出效应的作用机制，主要在于以下几方面：第一，住房领域的政府投资进入房产开发，与私人投资构成竞争关系，利用财政资金或财政安排贷款的资金优势，在土地市场与私人投资者争夺土地开发资源，由于土地资源的稀缺性，必然产生对私人投资的挤出效应，从而减少了私人投资。第二，政府投资的部分配套资金来自银行等金融机构，金融机构出于对信贷风险、运营效率、监管难度等方面的考虑，倾向于将资金投向代表政府投资的贷款者，在信贷规模不变的情况下，将使私人投资者融资难度加大、融资成本增加，从而降低私人投资的水平。第三，政府投资的增加还可能造成建筑材料、机械设备、建筑工人等生产要素供应紧张，如果这些生产要素的供给未能及时满足需求，可能导致这些生产要素的价格上涨，从而使私人资本承担生产成本增加、利润减少的后果，致使私人投资水平下降。第四，政府投资大规模建设保障性住房，扩大保障性住房的覆盖群体，相对减少了住房市场的需求者，降低了需求者对正常商品住房的购买或租赁意愿，挤出了私人投资的部分市场需求，进而挤出了住房领域的私人投资。

由于住房领域的政府投资不仅对私人投资会产生“挤入效应”，也会产生“挤出效应”，因而保障性住房建设中政府投资的规模、投向值得关注，应尽量减弱“挤出效应”而提升“挤入效应”。在保障性住房的建设、运营和管理中，要鼓励和引导社会资金的投入，就更需要发挥政府投资的挤入作用。

三、住房保障对农民工住房市场的影响

这里的农民工住房市场不是指专门面向农民工的住房市场，而是住房市场中农民工主要消费的住房类型的供给与需求情况。我国的城镇住房保障可以分为限价购买、实物配租、货币补贴三大类。其中，限价购买的保

障性住房包括经济适用住房和限价商品住房，实物配租的保障性住房包括廉租住房和公共租赁住房，货币补贴主要是指租赁补贴。

限价购买的保障性住房，对农民工住房市场的影响相对较小。这一方面是因为农民工群体在流入城市购买住房的比例很低，另一方面是因为目前的经济适用住房和限价商品住房基本没有将农民工作为其供应对象。经济适用住房和限价商品住房不是住房市场中农民工消费的主要住房类型，其对农民工住房市场的影响不大。经济适用住房和限价商品住房对农民工住房市场的影响主要体现土地供给和财政资金在保障性住房总体结构中的分配上，在保障性住房总体土地供给和财政资金既定的情况下，增加经济适用住房和限价商品住房的供应，可能减少廉租住房和公共租赁住房的供给，以及租赁补贴的数量。

实物配租的保障性住房和货币形式的租赁补贴，对农民工住房市场的影响相对较大。首先，公共租赁住房是目前面向农民工的保障性住房类型，廉租住房是目前面向本地户籍低收入家庭的保障性住房，而本地户籍低收入家庭在住房市场中消费的住房类型有部分与农民工家庭交叉。如果公共租赁住房的价格低到农民工家庭所能承受的范围，公共租赁住房的供给会增加农民工住房市场的供给。增加廉租住房的供给，会使更多的本地户籍低收入家庭选择廉租住房，从而减少农民工住房市场的需求；减少廉租住房的供给，则会使部分本地城镇低收入家庭选择农民工主要消费的住房类型，从而增加农民工住房市场的需求。其次，货币形式的租赁补贴，目前只对本地户籍的低收入家庭发放，而部分本地户籍低收入家庭与农民工家庭在住房市场中消费的住房类型相同。本地户籍低收入群体获得租赁补贴后，增加了住房支付能力，一部分家庭可能会选择比原住房条件更好和价格更高的住房，进入更高档次的住房市场，从而减少农民工住房市场的需求；也有一部分家庭会继续消费与农民工相同档次的住房，租赁补贴会提高获得补贴的本地户籍家庭在住房市场的竞争能力，从而可能会对农民工的住房消费产生不利影响。

对农民工住房市场影响较大的还有城中村改造和棚户区改造。部分城中村改造和棚户区改造被纳入保障性安居工程建设。2012 年 12 月，住房和城乡建设部、国家发展和改革委员会、财政部、农业部、国家林业局、国务院侨务办公室和中华全国总工会联合发布《关于加快推进棚户区（危旧房）改造的通知》（建保［2012］190 号），明确提出“城市棚户区（危旧房）改造范围内的居民安置住房筹建（新建、购买、货币补偿等）工程和原居民住房改建（扩建、翻建）工程，统一纳入国家城镇保障性安居工程规划计划”，并进一步界定了城市棚户区（危旧房）的范围，即“城市规划区范围内，简易结构房屋较多、建筑密度较大，使用年限久，房屋质量差，建筑安全隐患多，使用功能不完善，配套设施不健全的区域”，要求各地“把棚户区（危旧房）改造作为城镇保障性安居工程的重要内容，加快推进集中成片棚户区（危旧房）改造，积极推进非成片棚户区（危旧房）改造，逐步开展基础设施简陋、建筑密度大的城镇旧住宅区综合整治，稳步实施城中村改造，着力推进资源型城市及独立工矿区棚户区改造”。目前，有大量农民工居住在城中村、棚户区等老旧住房内，推进棚户区（危旧房）改造、城中村改造和城镇旧住宅区综合整治，必将对农民工的住房市场产生较大的影响。在棚户区（危旧房）改造、城中村改造和城镇旧住宅区综合整治的过程中，重点关注的是房屋所有权人的利益，而对农民工等租赁使用者的利益关注度不高，仅提出“在改造中可配套建设一定数量的廉租住房、公共租赁住房等保障性住房，统筹用于符合条件的保障家庭”（建保［2012］190号）。农民工原来租住的住房被拆除，而重建的住房往往超出了农民工的住房消费水平，这就使得原有住房市场中农民工消费的主要住房类型的供给量，随着棚户区（危旧房）改造、城中村改造和城镇旧住宅区综合整治的推进而减少，农民工只能搬迁到更偏远位置的住房或者是城区内的地下室等条件更为恶劣的住房。

第八章　住房政策的国际经验借鉴

第一节　住房政策与住房保障范围

一、英国的住房政策与住房保障范围

英国作为世界上第一个经历工业化的国家，是住房问题产生最早也是政府干预最早的国家，其住房政策的演变具有代表性意义。英国的住房政策阶段性特征明显，可以分为如下几个阶段：

1. 第一阶段：1919 年前，政府住房保障处于空白状态

19 世纪，英国正处于城市化与工业化的加速阶段，大批农民进入城市成为雇佣工人，人口的急剧膨胀给城市住房带来了很大的压力，住房依然空前拥挤。到 20 世纪初，住房短缺依然是一种常态，在伦敦许多破烂不堪的房子中，约 3000 人住在 8 人或更多人一间的房子里，约 50 万人住在 3 人以上一间的房子里。①

1832 年，英国国会通过的《乔利拉法案》是英国最早的一部涉及住宅经济问题的法案，该法案首次提出政府应对贫困家庭提供住宅津贴的概念。1915 年通过的《租金上涨和抵押贷款法》里程碑式地提出了国家政府必须

①徐松明、陈峰：《英国住房问题求解路径解析与中国借鉴》，《华中师范大学学报》（人文社会科学版）2009 年第 5 期。

控制房屋租金价格高低的概念。[①] 但是，当时处于典型的自由资本主义时期，舆论的主流导向是认为应该让市场机制来调解住房需求，而尽量减少国家干预。

因此，1919 年以前，英国居民基本上完全依赖市场解决住房问题，大多数居民租用私房。据统计，1914 年，英国居民的住房方式中，10% 居住在自有住房中，90% 居住在租用的私房中。[②] 也就是说，1919 年以前英国的住房基本上是由私人投资提供的，而政府住房保障处于空白状态。

2. 第二阶段：1919 ~ 1979 年，政府住房保障范围空前扩大

1919 年的《住宅与城镇规划法》是英国政府开始全面干预低收入家庭住房问题的标志，以立法的形式首次确立了公共住房政策的制度安排，具体采取的方式是由中央政府设定目标框架，由地方政府负责实施公共住房的开发。

20 世纪 20 ~ 50 年代，住房的资源短缺以两次世界大战为时代背景，住房问题因残酷的战争进一步加剧。第一次世界大战（以下简称“一战”）后，退伍军人的复员、人口增长、结婚高潮的出现和家庭结构的变化以及战时房屋停建等原因，使英国出现了更严重的住房短缺，到 1923 年 3 月，仅英格兰和威尔士总的住房短缺估计在 82. 2 万所。第二次世界大战（以下简称“二战”）期间，英国约有 20. 8 万所住房被炸毁，25 万所中度损坏，25 万所轻度损坏，约 71 万所房屋在战火中被毁坏，战后加上军人复员和人口出生剧增，英国政府又一次不得不面对严重的住房短缺。[③] 为了解决战后严重的住房短缺问题，以政府作为住房供应的主体，进行了大规模的住房建设。在 20 世纪 40 年代后期以及整个 20 世纪 50 年代，主要由地方政府负责建设住房，并完成同期住房建设总量的 77. 6% 和 64. 3% 。[④] 可见，英国政府在战后相当长时间内承担了住房建设的主要任务，成为住房供应的绝对主体。

到 20 世纪 60 年代，住房的严重资源性短缺在政府大量的公共住房建设中得到了有效缓解。住宅领域的投资也开始有所变化，私人企业开始逐步

①郝娟：《英国住房供应体系中廉价公房开发》，《国际城市规划》2007 年第 1 期。

②陈正兰：《英国住房福利政策研究》，《社会》2003 年第 7 期。

③徐松明、陈峰：《英国住房问题求解路径解析与中国借鉴》，《华中师范大学学报》（人文社会科学版）2009 年第 5 期。

④刘玉亭、何深静、吴缚龙：《英国的住房体系和住房政策》，《城市规划》2007 年第 9 期。

取代地方政府进行住房建设，自有住房被看作是房屋所有制的常态，有条件的人通常会买房自住，从而逐渐形成了由市场向那些有负担能力的人提供住房，而政府则为其他的人提供住房的供应格局。但是在20世纪60年代和70年代，由政府负责和政府补贴的住房建设量仍占到总量的约一半。①

英国政府通过建造大批廉价住宅并以低租金出租给中低收入居民，在很大程度上缓解了住房危机，但是大量的社会福利住房造成政府财政负担沉重。伴随着经济增长的减缓，战后实行的福利体制引起争论，公众对公共住房的支持开始消退。1979年保守党上台以后，重新强调市场的作用，试图实现让国家退出福利体制的理念。在住房领域，政策性住房变得仅局限于对住房自有制的补充；并以立法的方式推动公共房屋的私有化，鼓励私人租房领域的发展，从而促使以国家供给为特征的住房集体制的解体。②自此以后，英国开始主要依赖市场机制来满足住房需求。

3. 第三阶段：1980～2003年，政府住房保障范围缩小

20世纪80年代以前，全国有1/3的家庭享受住房津贴，政府每年需要花大量的资金进行补贴，成为国家福利的一项重要开支。③ 以1980年修改《住房法》为标志，英国政府开始全面推进住房私有化政策，特别是公房私有化政策，大幅度削减住房方面的公共开支，减少公共住宅建设投资，以减轻财政支出压力。《住房法》（1980年）规定：凡是租用政府住宅期满3年的租户购买该住宅，均可享受价格上的优惠，即享有优先购买权；凡购买公共住宅的居民，均可向地方政府申请长期抵押贷款，也可以向住宅金融机构和银行申请贷款，贷款金额通常依据购房者的年收入而定；此外对那些低收入的购房者还提出了减免地方房产税的规定。英国政府以此法和相关政策为指导，通过价格优惠、金融扶持、税收减免等措施推动公房的私有化，以公房出售的方式改革原有的公房使用制度，逐步完成了英国居民住房方式的重大转变，1985年英国的自有住房比例就达到了63%。④同时，公房私有化也减轻了英国政府的住宅支出，增加了财政收入，缓解了财政危机。

20世纪80年代后，政府承担的廉价公房开发仅仅用于满足长期等候申

---

①刘玉亭、何深静、吴缚龙：《英国的住房体系和住房政策》，《城市规划》2007年第9期。

②阎明：《发达国家住房政策的演变及其对我国的启示》，《东岳论丛》2007年第4期。

③④陈正兰：《英国住房福利政策研究》，《社会》2003年第7期。

请政府住房的贫困住户（Council Waiting List）对住房的需求，除此以外的住户其住房需求绝大部分都是通过购买商品房的形式得以解决。具体而言，公房的使用者被限定为生活在贫困线以下的城市贫民、未能完成学业的年轻人、从企业中裁撤下来的员工，以及部分老年人、单亲家庭的成员等。相应地，从20世纪80年代开始，英国的住房供应体系发生了根本的变化，私有企业逐步占据了新住房建设的绝对主导地位。2004年，私有企业完成了当年20余万套新住房建设总量的约90%。[①] 新建住房的供应几乎完全依赖于私人投资提供。

4. 第四阶段：2004年至今，政府住房保障范围再次扩大

1980年开始的住房私有化政策，不仅使英国政府减少了住房领域的政府投资，改善了财政状况，同时也带动了房地产市场的繁荣：从1980年至今，英国的房价经历了两轮高涨期，一是1980～1989年，1989年四季度的房价是1980年一季度房价的2.7倍；二是1996～2007年，2007年四季度的房价是1996年一季度房价的3.6倍。虽然1980年至今英国的房地产市场也经历了两轮房价下降时期，但是房价下降的时间和幅度都远低于房价上涨的时间和幅度，2009年三季度的房价是1980年一季度房价的7.1倍。[②]

房价上涨的同时，英国居民的收入水平增加的速度却赶不上房价上升的速度：1989年第一轮房价上涨的高峰时平均房价约为居民平均收入的6～7倍，而2007年房价约为居民平均收入的11倍，在伦敦房价更达到居民平均收入的13倍；[③] 1996～2007年，房价的年平均上涨幅度是11%，而初次购房者收入每年仅增长3.5%。[④] 这就导致了英国居民对住房可支付能力的下降，低收入人群的住房问题再次突显。随着英国房价不断攀升，越来越多的英国普通人买不起自己的新房子，这些人包括教师、护士等众多公共部门的雇员。尤其在2001～2004年，英国房价连续3年多以每年近20%的速度上涨时，引起了英国普通公众的强烈不满，给政府也带来了很大的压力。

于是2004年底英国政府通过了修订后的《住房法》，就如何确保建造

①刘玉亭、何深静、吴缚龙：《英国的住房体系和住房政策》，《城市规划》2007年第9期。

②Nationwide. UK House Prices since 1952, http://www.nationwide.co.uk/hpi/downloads/UK_house_price_since_1952.xls, 2012年4月22日.

③陈永杰：《英国地产泡沫困扰工党政府》，《21世纪经济报道》2007年8月10日。

④钟文：《英国人购房能力接近历史最低点》，《中国税务报》2007年9月12日。

足够的低收入家庭买得起的公共住房、创建更加公平和良性的住房市场，以及加快实现政府关于2010年"体面"住房目标等作出一系列规定。英国政府解决住房问题的具体措施包括：2004年，英国政府宣布了一项总值达35亿英镑的计划，计划在3年内建设7万多套经济住房，其中的6.7万套利用住房公司（Housing Corporation）的基金在英格兰范围内兴建，6000套供给急需住房的教师、警察、护士等低收入的公共部门职员。[①] 2006年，英国政府财政预算中，计划投入约10亿英镑用于建造一般居民买得起的住房，[②]开始实施一项新的"分享式产权购房计划"，计划到2010年帮助10万个低收入家庭购买住房。[③] 2007年，英国政府提出住房计划，此后3年内将投入80亿英镑新建至少18万套老百姓"买得起"的平价住房，以增加房源，缓解英国社会日益严峻的住房矛盾；此外，还准备在2010年前，每年建造4.5万套属于福利住房性质的"社会住房"，并利用政府信贷帮助消防员、护士和教师等"关键劳动者"购买他们的第一套住房；在2016年前使英国每年新增住房数量从20万套提高到24万套；希望在2020年前，英国新增住房总量能达到300万套。[④]

英国政府在住宅领域一系列的政府投资计划，意味着在20世纪90年代几近停止的政府投资已经重新启动用于解决英国的住房问题，政府住房保障范围再次扩大。

二、德国的住房政策与住房保障范围

德国走上市场经济道路的时间要比英、法等国家晚，其市场经济表现出社会市场经济的特点，倡导"竞争尽其可能、计划以其必要"的理念，在房地产市场方面保持了难得的稳定性，即使在周边各国家房价高涨或是次贷危机影响的情况下，德国的房地产市场都能处于波澜不惊的状态，对

---

①②郝娟：《英国住房供应体系中廉价公房开发》，《国际城市规划》2007年第1期。

③ 孙海燕、宋学锋：《英国住房制度对我国城市住房产业发展的启示》，《徐州师范大学学报》（哲学社会科学版）2009年第3期。

④新华网：《英国政府投入80亿英镑建平价住房》，2007年7月25日，http://news.xinhuanet.com/house/2007-07/25/content_6426190.htm，2012年4月22日。

其进行分析和研究具有较强的借鉴意义。①

1. 第一阶段：工业革命到“一战”前，住房供应依靠私人投资提供

早在19世纪三四十年代，德国的工业革命时期，大量农民进入城市成为产业工人，城市住房短缺，一批商人作为房产企业主的私人房产公司应运而生，他们建造商品房，以市场价出售或出租给市民；工矿企业主为了吸引工人，也建了许多工矿企业工人住宅，以低于市场租赁商品房的低价格出租给工矿企业工人。② 同时，工业化进程带动了城市化进程，于是一些人开始投资建造房屋，除自己居住外，把多余的房屋出租出去，形成了房屋租赁市场。③ 一直到“一战”前，德国的住房供应还是依靠私人部门提供。

2. 第二阶段：“二战”后到20世纪60年代，政府住房保障面向所有公民

德国是两次世界大战的发起国和战败国，战争对国民经济造成了极大的破坏。第二次世界大战结束时，德国的许多城市成为了废墟。统计资料显示，在西德，约80%的住房遭到了破坏。战后的局势迫使政府采取极端的措施以解决严重的住房短缺问题，西德政府不得不实行住宅配给制度，由政府住宅局负责以低租金分配给住户，不允许私自出租和出售。1950年，约50%的家庭得到了政府配给的住房。这个措施在一定程度上缓解了住房短缺的矛盾，但还没有根本解决住宅供应不足的问题，20世纪50年代初，政府能提供给1700万个家庭居住的住宅仅有1000万套，仍有约700万套的住宅缺口。为此，政府将为国内所有公民提供能负担的住房作为政策目标，1950年颁布了第一部《住宅建设法》，推出了“社会住房计划”：政府对纳入社会住房计划的项目提供投资补贴，在土地供应、贷款、税收等方面给予优惠，以鼓励社会住房的建设；政府把社会住房的租金控制在符合低收入家庭负担能力的水平之内，低租金给经营者带来的损失用政府贴息和税收优惠的方式来弥补等。由于政府从供应和需求两个方面给予的鼓励和支持，西德的住房建设达到了高潮，每年能建新房约70万套（其中50%左右是社会住宅），极大地缓解了住房短缺的压力。20世纪50年代建设的住宅

①如无特殊注明，德国经验的数据均来自：李建、朱小慧：《欧美国家住房社会保障体系及对我国的启示》，《中国房地产金融》2004年第8期。

②纪尽善：《加快中国住房制度创新步伐——德国住房制度考察启示》，《经济界》2007年第6期。

③孙令军：《德国住房保障和住房金融的借鉴与启示》，《中国房地产》2006年第9期。

中，70%是靠政府投资来建设的社会住宅。①

到20世纪50年代末，经过重建和恢复，西德的经济进入了持续发展时期。1950~1960年，西德的GDP年平均增长12.9%，居民收入水平也有极大的提高。在这个时期，住房极度匮乏的问题已经得到基本解决，住宅政策的重点也从大规模的社会住房的建造开始逐渐转向建立规范的住宅市场，重点扶持自有住宅。1956年，联邦德国颁布了对自有住宅进行扶持和鼓励的第二部《建设法》，但同样要求联邦、州和地方政府在住房方面都要承担责任，各级政府对建房或购房者要给予补贴、贷款和减税等支持。补贴措施的出台使大量的公共资金流入了住房建设领域。

3. 第三阶段：20世纪60年代至80年代末，住房保障范围转向中低收入群体

1960年，联邦政府又出台了《终止住宅管制和保证社会租住权法》，为进一步开放住宅市场，进行商业性开发建设创造了条件。但取消了租金管制后，住宅的租金水平不断上涨，致使租金水平超过了中低收入居民的承受能力。1965年，联邦政府出台了《住房补贴法》，依据此法，凡家庭收入不足以租赁适当住房的公民都可以向政府提出申请，经审查合格后获得住房补贴；补贴是按照家庭人口、税后收入及租金水平计算发放；补贴的标准是补贴后家庭实际负担的住房支出应当在税后收入的20%~25%。

对中低收入群体的住房需求通过政府补贴进行援助，对其余社会群体的住房需求通过市场力量进行资源配置，公共投资与私人投资相配合，促进了德国的住房建设和住房分配，到20世纪80年代末，德国的住房短缺问题已经得以解决。

4. 第四阶段：20世纪80年代末至今，住房保障范围重点面向“问题”群体

随着住房短缺问题的逐步解决，德国政府援助的重点更多地集中于“问题”群体的住房需求。西德的“问题”群体主要指一些被社会边缘化的群体，如单亲家庭、多子女家庭、少数民族、酗酒者等。这些人除了没有收入或收入水平普遍比较低以外，还由于被视为具有“坏”品质而受到房主的歧视。他们没有足够的财力自己到市场上去租房，即使有能力到市场上去租房也常常会被拒绝。

①周家高：《德国住房政策及改革》，《中外房地产导报》2003年第15期。

这些“问题”群体在20世纪80年代不断增大，到1992年几乎有1%的人成了无家可归者。为解决这些人的住房，一方面，政府投入大量资金在全国范围内建造福利住房。1991年投入的资金有17.6亿马克，1992和1993年各为27亿马克，1994年达到24.6亿马克。另一方面，政府通过一些优惠的措施鼓励私人房主提供合适的住房，例如向房主提供补助金、对租金进行担保、对支出超支给予担保、实行短期租金合同等。同时，政府还对房主赋予可以自由选择租户的权利。

1990年，两德正式统一。大量东德（新联邦州）移民进入西德（旧联邦州），1988年年初至1994年年底约有400万人，这使住房短缺问题重新摆在人们面前；同时，新联邦州的住房大部分质量低劣，产权不清，租金严重脱离市场水平，还不到平均成本的20%。为解决两德统一带来的住房问题，德国政府主要采取了两种手段：一是直接提供大量资金援助更新和修缮东部地区住宅，同时在西部地区增加新建住宅；二是提供大量补贴以弥补东部地区房屋租金提高融入住房市场带来的居民住房支出的增加。仅1991~1992年德国政府就拨款15亿马克对东部地区的88万套住宅进行了修缮和改造；同时还重建信贷银行，拨款600亿马克用于现代化项目的长期低息贷款。西部旧联邦州建房数量激增，仅1992年建成的住宅就有17万多套，1994年达到了48万多套。在居民收入逐步提高的条件下，于1991~1993年两次提高东部地区租金水平，使东部地区的平均租金达到了西部地区同期水平的75%，为此，德国政府对东部地区居民进行了大量补贴，在1992年，东部地区享受住房补贴的家庭占到了28.5%，而在西部地区，这一比例仅为6%。

20世纪90年代，公共投资支持下的大规模住房建设，不仅解决了德国“问题”群体的住房压力，也为德国房价保持平稳打下了坚实的基础。21世纪初以来，随着人口增长缓慢，住房开始饱和，如2008年德国约有8200万人口，而住房总数达到约4000万套，完全满足了每个家庭一套住房，① 当然这也和德国各级政府（联邦、州、市及村镇）都有着详尽的建房规划，住房建设根据人口需求而定密切相关。在确保房屋充足供应的前提下，政府投资导向主要是在继续实施社会福利房政策的基础上，运用金融财税杠杆促进适应老年化、混合型、节能环保型住宅建设；同时，为多子女家庭

---

①郇公弟：《次贷下波澜不惊的德国房市》，《中国国土资源报》2008年5月28日。

购建房提供帮助，鼓励居民购建房向中心市区回归，支持旧房改造。

三、美国的住房政策与住房保障范围

作为典型的自由市场经济国家，美国尽管同英、德等欧洲国家一样，都曾经历过急速的工业化、城市化变迁，也一直面临各种住房问题，但美国的住房政策却与这些欧洲国家有着较大的差别，美国的住房保障一直被限定在小范围之内。

1. 第一阶段：20 世纪 30 年代以前，各类住房供应均依靠私人投资提供

美国文化主导的价值观是个人主义，其核心思想是个人而不是政府来为自己的命运负责，强调私有制度，政府的责任在于要保证机会均等而非社会福利均等。因而，美国的住房政策历来侧重于私营领域，特别是对自有住房的支持。美国对住房私有制的推动可以追溯到 1913 年，当时联邦税制开始实行住房贷款和房地产税的抵税政策。这种税收上的好处，加上对贷款业的优惠政策以及文化取向上对自有住房的偏好，都大大促进了美国住房的自有化。美国的私营房屋出租业也并未如在英国那样受到压制，税制上的优惠政策鼓励私营机构投资于住宅建设，所以私营房屋出租业的规模一直很大。① 可以说在 20 世纪 30 年代以前，在美国建设任何类型的住宅均被认为是私人部门的活动，联邦政府的角色仅仅局限于促进住房的自有化。

2. 第二阶段：20 世纪 30～80 年代，政府对住房市场进行有限干预

美国政府对住房市场的干预始于 1930 年的经济危机，当时，由于经济的衰退，50% 的购房者无力偿还贷款，新建住房急速减少。② 1932 年，为应对经济萧条而导致的住房短缺问题，尽管遭到商业银行和保险公司的强烈反对，罗斯福政府还是通过了《联邦住房贷款银行法》，并设立了联邦住房贷款银行（Federal Home Loan Bank，FHLB），由 FHLB 开始向公共住房开发商和中低收入家庭提供低息贷款，彻底改变了以前完全由地方私人金融机构垄断住房贷款市场的格局，抵押贷款方式也随之由地方私人机构操作

①阎明：《发达国家住房政策的演变及其对我国的启示》，《东岳论丛》2007 年第 4 期。

②李建、朱小慧：《欧美国家住房社会保障体系及对我国的启示》，《中国房地产金融》2004 年第 8 期。

的短期、一次性还本付息改为由联邦政府提供担保的贷款周期较长的可分期付款的形式。1934 年，国会通过了美国最早的住房法案——《国民住房法案》，其核心是解决失业人口的居住问题，联邦住宅管理局（Federal Housing Administration，FHA）随即成立。[①] 1937 年，美国住房法案经过修改，形成《公共住宅法案》，确定了中央出资、由地方城市政府建造公共住宅、供低收入家庭和失业人口使用的政策，这一政策缓解了低收入阶层住房难问题，对复苏经济也起到了积极作用。虽然 20 世纪 30 年代是美国政府对公共住房投入最大的时期，但其规模很小，一直未对住房需求的满足起过主要作用。

“二战”结束后，大批军人退伍、军工企业工人留城，以及随之而来的“婴儿潮”，加剧了住房的供需矛盾，给城市住房带来了沉重压力。1949 年，美国国会通过了《全国可承受住房法案》，提出了新的住房目标，即“让每个美国家庭能够承受得起一套环境适宜的体面的住房”；法案中授权政府在今后 6 年里为低收入家庭建造 81 万套廉价公共住房，这些房屋所收租金要比私人最低房租再低 20%，[②] 即每年建造 13.5 万套公共住宅，但是实际上每年竣工住宅仅 4.1 万套，[③] 公共住房实际供应量与计划量之间的差异也说明了美国社会各种矛盾对公共住房建设的制约。

20 世纪 60 年代，美国政府还实行对私人金融机构进行补贴的计划，扶植和鼓励私人金融机构向公共住房开发商提供低息贷款。补贴计划规定，私人金融机构按照比市场低的利率向租赁住宅的开发商提供贷款，而将此抵押权按照市场利率的水准出售给联邦抵押协会，两者的差额由联邦政府进行补贴。这一计划的执行刺激了私人金融机构参与公共住房贷款的热情。在这一时期，大约有 9 万套住宅参与了这项计划。20 世纪 70 年代，联邦政府对上述补贴计划进行了调整，由对私人金融机构补贴转为对开发商补贴，即允许公共住房开发商按照市场利率从私人金融机构进行贷款，但是只付 1% 的贷款利率，差额部分由联邦政府贴息。补贴计划的本质是贷款利息补偿，即贴息的方式是以政府为住房发展商提供“保证利率”的办法实施的，即保证利率和市场利率的差额由政府给予补贴。[④]

---

①李华：《美国的居住隔离》，《城市问题》2002 年第 5 期。

②黄波：《战后初期美国住房问题及政府对策》，《武汉交通管理干部学院学报》2001 年第 4 期。

③④马光红、胡晓龙、施建刚：《美国住房保障政策及实施策略研究》，《建筑经济》2006 年第 9 期。

"二战"后，美国并没有经历欧洲那样由战争所引起的住房普遍严重短缺问题，公共住房尽管比以前获得了较多支持，但其作用仍然受到限制，公众把它理解为一个极具"污名"的住房领域，使公共住房使用者的社会信誉和社会价值遭到贬低。因而，"二战"后美国大规模的住房建设和消费，还是以市场机制为主的，私人投资仍然是住房的主要供给力量。

3. 第三阶段：20 世纪 80 年代至今，政府缩小住房保障范围

从 20 世纪 80 年代开始，美国住房援助政策发生了重大转化，住房计划的目标群体更加准确地定位于低收入阶层，把中等、中下收入阶层排除在住房保障范围之外。联邦政府开始有计划地取消其住宅建设，逐步减少对可支付住宅建设的支持，转向通过税收减免来支持私人部门开发可支付住宅；通过住房抵押贷款利息的所得税扣减、住房代金券计划等对低收入家庭实行补助。[①] 这种转向是建立在美国住宅产业发展基础上的：经过几十年的发展，美国的建筑业（住宅建设约占 55%）和钢铁工业、汽车制造并驾齐驱，成为经济发展的三大支柱产业之一；新建住宅到 20 世纪 80 年代末约完成 5000 万套，住房标准也相当高，1985 年户均面积已经达到 174 平方米，到 20 世纪 90 年代初，人均居住面积达到了 60 平方米、3/4 的住房设有两个卫生间、96% 以上的家庭配有先进的现代化设施、2/3 的家庭拥有自己的独立住宅。[②]

进入 21 世纪，随着 2000 年网络泡沫破灭、2001 年"9·11"事件对美国经济的打击，为刺激经济增长，防止经济衰退，美国政府调整了住房政策，由以往的售、租、合作和共有住房等多种措施并举转向以售为主。中低收入者买房的主要方式是通过银行贷款，美国政府通过降息、提供政府贷款担保等措施鼓励中低收入者买房，以扩大房地产需求来拉动经济增长。2001～2004 年，美国联邦储备委员会连续 13 次降息，联邦基金利率从 6.5% 下降到 1%，降到了 40 年来的最低点；同时，政府出面为中低收入者提供贷款保险，还有税收抵扣等优惠政策。于是，美国人的购房热情不断升温，房价不断上涨，由此催生了次级贷款市场的繁荣，金融机构尽量降低贷款标准，降低借贷者初期偿债负担，甚至出现零首付的现象。金融监

①马光红、胡晓龙、施建刚：《美国住房保障政策及实施策略研究》，《建筑经济》2006 年第 9 期。

②李建、朱小慧：《欧美国家住房社会保障体系及对我国的启示》，《中国房地产金融》2004 年第 8 期。

管机构也放松了监管。2001 ~2006 年 5 年间，美国房价平均上涨了 41.8%；次级贷款新增额从 2001 年的 1200 亿美元增加到 2006 年的 6000 亿美元，其所占贷款比例从 2001 年的 5% 上升至 2006 年的 20%。[①] 然而，由于经济复苏，通货膨胀的迹象显现，美国联邦储备委员会连续 17 次加息，联邦基金利率由 2004 年 6 月的 1% 增加到 2006 年 6 月的 5.25%；同时，美国的房地产市场开始衰退，房价下降。在利息上升和房价下跌的双重打击下，房地产贷款违约率不断上升，中低收入者不能偿还房贷，由此引发次贷危机。由于美国的房屋按揭贷款大多通过证券化后向市场发行，次贷违约风险迅速向外释放并向外传导，终于引发了全球性的金融危机乃至经济危机。

四、日本的住房政策与住房保障范围

与欧美等国相比，日本地处亚洲、居住人口密度大，其住房问题的解决方法对中国来说具有特定的借鉴意义。

1. 第一阶段：“二战”结束前，住房领域的政府投资处于空白

日本现代经济增长起始阶段的特点是开始时间晚于欧美等国，起点较低，但增长速度较快。1868 年明治维新后，日本建立了强有力的中央集权国家，开始将赶超西方强国、推进经济增长作为国家目标；实际的经济增长过程开始于 19 世纪 80 年代后期。明治政府实施“殖产兴业”的经济政策，自上而下地培育现代产业（例如由政府开办“模范工厂”，然后廉价出售给民间），促使工业化获得了迅速的进展，对追赶欧美先进国家起到了重要的作用。与此同时，明治政府还推行“富国强兵”政策，将工业化和经济增长带来的“国富”用于“强兵”，而不是用于改善国民的生活。[②] 当时日本政府的注意力集中在军事力量的发展上，进而对外发动侵略战争掠夺财富与资源，因而工业化带来的住房问题并没有得到公共投资的支持，日本主要靠个人自己建房，或者租用私房解决住房问题。

2. 第二阶段：“二战”后到 20 世纪末，政府投资大规模进入住房领域

“二战”结束后，大量的城市住宅在战火中烧毁，日本住房短缺达 420

---

①谭秀杰、张子杰：《美国次贷危机综述》，2009 年 1 月 19 日，http：//www.iis.whu.edu.cn/News/2008/113/28.shtml，2012 年 4 月 22 日。

②冯昭奎：《日本经济》，高等教育出版社 2005 年版。

万户，约2000万人无房可住，占到当时日本人口的1/4，大批无家可归的流浪者露宿街头，住宅严重匮乏，住房紧缺成为日本严重的社会问题。① 随着战后日本经济的快速增长，城市化水平迅速提高，大批农村人口涌入城市就业和定居，也在很大程度上增加了城市的住房需求。

为了缓解住房短缺问题，日本政府先后于1950年制定了《住宅金融公库法》、1951年制定了《公营住宅法》、1955年制定了《日本住宅公团法》和《住宅融资保险法》、1960年制定了《居民区改造法》、1966年制定了《城市住房计划法》，以及此后一系列相关法规。通过建立健全住房保障的法规，有计划地利用国家财政资金，推进住宅建设。依照《公营住宅法》，日本中央政府要为地方政府兴建用于出租的住房提供财政补贴，其中新建住房的费用由国家补贴一半，而翻修住房的费用由国家补贴1/3。《住宅公团法》的出台为以政府为主体直接出资兴建住房提供了法律依据，按照该法律，日本中央政府出资组建了住宅公团，住宅公团是一个非营利单位，负责在大城市及其周边地区进行城区改造和建设住宅，向一般收入者出售或出租。为进一步改善国民的居住条件，促进城市建设，制定的《居民区改造法》规定，各地方政府在进行城区改造时，可得到中央财政的补贴：拆除危房、搭建临时住宅所产生的费用由国家资助1/2，新房建设、收购平整土地所产生的费用可得到国家2/3的补助。日本政府还通过为购房和建房的单位和个人提供低息贷款来解决国民的住房问题。《住宅金融公库法》规定，由国家出资成立住宅金融公库，实行固定利率制，贷款利率相当于普通银行的1/3左右，还贷期限也比较长，一般为35年，一些特殊困难人群到期无法还款还能在原贷款期限的基础上再延长10年，放贷对象主要是购建住房的个人或单位。日本政府还通过减免所得税、赠与税和房屋登记许可税等政策措施，鼓励国民购房。

日本政府实施的这些法律和政策措施取得了较为显著的成效。据统计，到1968年时，日本住房数量已经实现了户均1套的目标，1973年起日本全国住宅数量超过住户数量；② 截至2000年，日本住宅公团累计建房150万套，用于出租和销售的各占50%，各地方政府累计翻修和新建住房210余

①张静：《国外住房保障制度对我国的启示》，《城市开发》2002年第2期。
②于萍：《日本住宅建设的现状和发展趋势》，《北京房地产》2006年第9期。

万套。同时，住宅公库累计为 1890 万套住房提供了 177.4 万亿日元的融资。①

日本政府为国民提供了大量的低价房和廉租房，满足了相当一部分中低收入者的住房需求。随着住房紧缺问题的缓解，日本政府的住房保障范围逐步缩小，从公营住宅的入住资格来看，1951 年时，从最低收入（0 日元算起）到最高收入，收入线在 80% 以下的家庭都有申请公营住宅的权利；1995 年这个标准逐渐变成 33%；1998 年更降低到 25%（老人是 40%）。1995 年 6 月，日本政府批准了“新住宅政策体系”，即改变“国家与地方公共团体对住宅的直接供给以及以公共支援为中心的原有住宅政策”，② 将住房供给的重心转向市场，开始主要依靠私人投资为日本社会提供住房。

3. 第三阶段：21 世纪以来，住房保障控制在小范围内

据日本总务省统计，2003 年，日本户均住宅 1.14 套，全国有 4716 万住户，有 5389 万套住宅，社会上有 673 万左右的空置住宅。由于出生率的降低，家庭数量增长缓慢，住房需求也将随之下降，预计住房空置率将上升。与之相对的是近年来所需的住宅用地面积，1996 ~ 2005 年用地 10.56 万公顷，而 2001 ~ 2010 年需要 6.8 万公顷，减少了 36% 的用地面积，而且土地价格也在连年下滑。③

因而，日本住宅政策要解决的问题已经不再是住宅用地困难和住宅数量不足，而是如何实现对存量房的合理、有效利用，更注重节约能源、可持续发展及适应老年社会的无障碍等方面。2005 年 6 月出台的《居住基本生活法》，以法律形式对未来 5 ~ 10 年的住宅目标、政策保障措施等进行了明确规定，标志着日本住宅建设已从重视数量建设转向全面提高生活品质和居住环境建设的新阶段。④ 1955 年建立成立的住宅公团，在 1981 年与宅地开发公团合并成立隶属于中央政府的非营利组织“住宅都市整备公团”，1999 年又更名为“都市基盘整备公团”，主要职能也由专门建设国家财政补贴、向中低收入家庭出租的“公团住宅”，转向城市基础设施的开发与改造；2004 年，都市公团的性质再次发生变化，成为独立法人，更名为都市振兴机构（UR），不再提供用于出售的住宅，将业务重点放在城市基础设

①刘浩远：《日本：给中低收入者建低价房》，《中国证券报》2007 年 6 月 8 日。

②③梁艳琴：《评析日本住宅政策改革》，《科学之友》（B 版）2009 年第 1 期。

④文林峰：《日本住房政策给我们的启迪》，《中国税务报》2006 年 12 月 20 日。

施的整备和租赁住房的供给上，也不再直接进行建设，而是将工程交给开发企业，只有在没有开发企业竞标的情况下，该机构才自己直接开发。日本的公团住宅，由政府独立供给与维护，逐步转向政府、非营利组织、私人机构以及其他公共机构之间的相互合作。①

可见，21 世纪以来，日本住房的供给主体已经变为私人部门，政府住房保障范围被限定在很小的范围内。

五、新加坡的住房政策与住房保障范围

新加坡是世界上公认的住房问题得到较好解决的国家之一，也是东南亚地区成功解决住房问题的典范，对其住房领域的研究具有较强的借鉴与启示意义。

由于新加坡建国时间较短，至今仅有 40 余年，而且其建国以来一直推行"居者有其屋"的住房政策，始终坚持住房保障的普惠性，因而不像其他国家那样可以划分出较为明显的住房保障范围变动的不同阶段。

新加坡 1959 年脱离英国殖民统治实现自治，当时全国 84% 的居民住在十分破旧的陋屋、窝棚或店铺里；② 1965 年正式独立，成立新加坡共和国，依然面临城市破旧、"房荒"严重的问题，75% 左右的居民住在贫民窟或窝棚里，浪迹街头的失业者到处可见。③ 为此，新加坡政府把将解决住房问题作为一项基本国策，提出了"居者有其屋"的目标，着手进行居民住宅建设和城市重建。

新加坡的民用住宅主要由政府组屋和商品房两部分组成，其中组屋是指由政府投资修建，并由政府统一规定价格，以低价出售或出租的公共住房；商品房则是由私人投资修建，并按市场价格发售的住房。1960 年，新加坡政府宣布成立建屋发展局（Housing & Development Board，HDB）。1964 年又推出"居者有其屋"的政府组屋计划，正式开启新加坡的"组屋年代"，该计划主要是由政府拨出国有土地和适当征用私有土地作为建房之

①姚远：《公团住宅：日本住房建设的启示》，《沪港经济》2009 年第 4 期。

②王保畲：《居者有其屋——新加坡解决"房荒"问题之路》，《中外房地产导报》1994 年第 19 期。

③何跃：《新加坡住房改革及其社会效应》，《云南师范大学学报》（哲学社会科学版）1998 年第 6 期。

用，同时由银行和中央公积金局提供建房所需资金，由建屋发展局负责房屋建设。1968 年，政府开始推行公积金购房政策后，极大地推动了“居者有其屋”计划的实施。

组屋建设的发展过程经历了一个由解决住房困难到增加住房面积，再到提高住房质量的发展阶段，成功完成了由量到质的提升，跨越了“有房住”，开始进入“住得更好”的阶段。建屋发展局的“五年建屋计划”开始于 1961 年。在第一、二个“五年建屋计划”（1961～1970 年）期间，主要营造一房式、一房一厅式、两房一厅式的简易组屋，租给无房职工居住，以缓解当时严重缺房的燃眉之急。第一个“五年建屋计划”（1961～1965 年）共投资 1.94 亿新加坡元，建成 5.27 万个单元住房；第二个“五年建屋计划”（1966～1970 年）投资 3.05 亿新加坡元，建成 6.62 万套住房。随着经济的发展、人民生活水平的不断提高，人们开始追求更高的住房标准；第三个“五年建屋计划”（1971～1975 年）期间，开始建造以 3～4 室一套为主的组屋，一房式的基本被淘汰。此期间共投资 19 亿新加坡元，建成 11.38 万套 3～4 室的组屋。由于城市建设步伐的加快，土地紧张日益成为突出矛盾，从第四个“五年建屋计划”（1976～1980 年）开始，逐步向高层楼房发展，建造 10～20 层楼的中高档组屋，每个单元 5～6 室，居住面积平均达到 125 平方米。① 同时，将组屋建设的重点放在建设综合性社区，提供全面的、高质量的居住环境方面。1989 年开始实行“组屋更新计划”，开展老城改造，以提升组屋的档次和服务。目前，新加坡组屋主要以四房式和五房式为主，设施齐全、功能结构合理、居住环境幽雅。据统计，自 1960 年以来，建屋发展局共兴建组屋 99.03 万套。②

随着经济发展和收入增长，新加坡政府还不断提高申请购买新建组屋的家庭月收入上限标准：1964 年为 1000 新加坡元，1971 年为 1500 新加坡元，1979 年为 2000 新加坡元，1982 年为 3500 新加坡元，1989 年为 6000 新加坡元，1994 年为 8000 新加坡元。③ 居住在公共组屋的新加坡人口所占比重也不断扩大：从 1965 年的 23% 上升到 1980 年的 68%、1990 年的 85%，

---

①王保畲：《居者有其屋——新加坡解决“房荒”问题之路》，《中外房地产导报》1994 年第 19 期。

②郭伟伟：《居者有其屋——独具特色的新加坡住房保障制度及启示》，《当代世界与社会主义》2008 年第 6 期。

③宋培军、张秋霞：《试论新加坡住房市场的体制特点及其成因》，《当代亚太》2004 年第 8 期。

并在整个20世纪90年代保持在大约86%，而据建屋发展局的统计，2007～2008年，大约有82%的新加坡人口居住在政府组屋中。[①]

纵观新加坡的住房发展状况，随着经济的发展、居民收入水平和居住水平的提高，政府住房保障范围不但没有下降，反而不断扩大，已经使组屋政策成为“普惠性的政策”，相应地，私人投资在新加坡住房领域的比重则十分有限。

六、国际经验总结

纵观以上欧洲、美洲、亚洲具有代表性的国家，无论其国家的大小、历史文化背景的差异，各国政府均对住房市场实施干预，为其认为需要政府求助的社会群体（在政府住房保障范围内）提供住房保障。各国政府住房保障的范围随着社会经济的发展而处于不断变化之中。如在“二战”后，因为战争对原有住房的破坏和新房建造的不足，再加上大规模的人口迁移，导致了严重的住房短缺问题，大多数国家政府为了在尽量短的时间里解决供需矛盾，使用了大规模的财政资金兴建住房，扩大住房保障范围；随着住房供需矛盾的缓和，住房领域的财政投资也相应减少，住房保障范围更加限定于低收入群体或“问题”群体，或是将政府投资的重点由住房数量的增加更多地转向了住房质量的改善。

英国、德国、美国、日本、新加坡等代表性的国家，其住房保障范围也存在着不同之处。首先，由于政府定位的不同，文化传统、人口密度、经济发展水平的差异，各国的住房保障范围也不相同。像美国这样历来崇尚自由市场理念的国家，其公共投资的规模在各个历史阶段都是十分有限的；在德国这样崇尚社会市场经济的国家，其政府住房保障的范围在相当长的时间中都是面向全体公民的。其次，各国住房保障范围的变化趋势不同。大部分国家，如美、日、德等国，从“二战”后至今其住房保障范围都是先扩大后缩小，随着住房供需矛盾的缓和，政府住房保障范围相应缩小；但是像新加坡这样的国家却将住房保障推行为普惠性的政策，政府不是将住房保障的范围不断扩大，而是政府投资的重点随着住房数量的增加

①郭伟伟：《居者有其屋——独具特色的新加坡住房保障制度及启示》，《当代世界与社会主义》2008年第6期。

逐渐转向住房质量的提升和改善；英国的住房保障范围则呈现出先扩后缩再扩的波浪式变化，政府住房保障的范围随着住房短缺情况的变化而变化。

第二节　政府住房保障的方式

一、美国的住房保障方式

美国的住房补贴分为以项目为基础的补贴（Project – based Housing Subsidy）和以租户为基础的补贴（Tenant – based Housing Subsidy）。以租户为基础的补贴是补贴跟“人”（租户）走，如果承租者搬迁，他们可以继续享受补贴。以项目为基础的补贴则不同，住户一旦离开公共住房即不再享受补贴，此类补贴又称为跟“房”走的补贴。

以项目为基础的补贴是联邦政府推行的住房补贴工程，对公共住房补贴和对私有住房的补贴同属于这个范畴。公共住房补贴制度始于 1937 年，是最早的补贴方式。具体内容是，由联邦政府负责拨付建造公共住房的所有资金，地方政府（或州政府）的住房局负责监督公共住房的建造、分配和管理，产权归地方政府住房局。公共住房的维修和管理营运的资金也由联邦政府负担。对私有住房的补贴始于 1961 年，包括两种方式：一是政府帮助低收入者购买住房；二是政府帮助低收入者租赁指定的私有住房。第一种方式是购房者须通过抵押贷款获得住房，并拥有住房的所有权，政府对抵押贷款提供部分补贴，如补贴一部分首期付款，或补贴全部抵押贷款的交易成本，或对抵押贷款提供担保，或补贴一部分抵押贷款利息。这项措施极大地刺激了收入较低但有稳定工作的家庭购房。第二种方式是由政府选择一部分合格的私人住房提供给贫困者。被选中的住房的房主可以得到政府提供的抵押贷款担保和获得稳定的租金收入。此外，联邦政府还为这些住房提供部分营运和维修资金。

以租户为基础的补贴分为发放住房证和住房券两种方式，但接受对象都是低收入家庭。具体操作是，联邦政府按照住房市场一般租金水平确定

补助金额，承租者自己寻找和选择想要承租的住房，经过讨价还价协商确定租金。选定住房的质量及承租者和房主之间的租约须经地方政府住房局的确认之后，地方政府住房局直接以住房证或住房券的方式向房主支付一部分租金。政府补贴的标准是租户按家庭收入的25%支付房租，其余部分由政府给房主补齐。住房证补贴始于1974年，住房券始于1983年。住房证和住房券略有区别：享受住房证的住户不能承租房租高于联邦政府确定的租金水平的住房，而享受住房券的住户则没有这个限制，即如果选择的住房房租高于政府的规定，由承租者负担租金差价；如果承租者选择的住房房租低于政府规定，租金差额归承租者。①

由上可见，美国的住房保障方式是从对供给方的直接补贴开始，到20世纪70年代后对需求方的补贴逐渐成为主流，但供给方补贴也同时存在。

二、英国的住房保障方式

从1919年开始，英国政府一方面通过地方当局直接建设住房（Direct Provision），进行大规模的公有住房建设；另一方面为增加住房供应鼓励住房建设，英国政府向按标准建设的新房的供应者提供一次性补贴金。按照1919年的《住房法案》（*Housing Act*）规定，符合建设标准的新住房的私有建筑商们，无论其住房是否被出售或者出租，都可以一次性向政府索取每套住房130~160英镑的补贴金；根据1923年的《住房法案》，地方市政部门可以得到每套住宅每年6英镑共补20年的补贴金，并考虑给私有建设者们一次性75英镑的补贴金。② 英国政府还资助了住房协会（Housing Association）发展的大部分成本，使住房协会的还贷资金缩减到能被租金所覆盖，其快速扩张，逐渐成为新社会住房（Newsocial Housing）的主要供应者。

1972年，英国颁布《住房金融法案》（Housing Finance Act），强调了住房政策的核心应该是“补贴居民，而不是补贴房屋”，这可视为英国住房公共投资模式由对供给方直接补贴和干预逐步转向需求方补贴的标志。随后，

---

①李建、朱小慧：《欧美国家住房社会保障体系及对我国的启示》，《中国房地产金融》2004年第8期。

②刘玉亭、何深静、吴缚龙：《英国的住房体系和住房政策》，《城市规划》2007年第9期。

英国政府开始出台多种需求补贴政策，包括贷款利息税减免（Mortgage Interest Tax Relief）、房租减免（Rent Rebate）、房租津贴（Rent Allowance）等等，这些政策逐渐被整合为综合性的住房救济项目（Housing Benefit Programme）。

2004年底，鉴于房价的快速上涨导致的住房短缺扩大化，英国政府通过了修订后的《住房法》，供给方补贴被重新提上日程：2004年计划在3年内建设7万多套经济住房；2006年，计划投入约10亿英镑用于建造一般居民买得起的住房；2007年计划3年内投入80亿英镑新建至少18万套平价住房，以增加房源，缓解英国社会日益严峻的住房矛盾。①

可见，英国的住房保障方式经历了从供给方补贴为主转向需求方补贴为主的过程，而在近年来供给方补贴的比重又有所提升。

三、日本的住房保障方式

日本政府构造了以日本住宅金融公库、日本住宅都市整备公团和地方住宅供给公社为主体的社会保障性住房供应体系。其中，住宅金融公库承担住宅资金融通职能，公团和公社则直接建造和提供住宅。

日本的住房供给方补贴方式主要包括：①以低息贷款促进企业从事民间住宅建设。政策性的住房金融机构——住房金融公库，为住房建设提供长期低息资金。日本政府还在大藏省的支持下成立了6家住宅专业银行为房地产开发融资。②组织公团进行住宅开发。日本政府在积极进行普通居民住宅建设与经营的同时，还组织公团进行住宅开发管理。公团利用政府财政投融资资金建设住宅，也可按照法定程序依法提出住宅征地申请，由有关机构审批。由中央和地方政府组织的住宅建设公团，提供了占全国居民户数10%的住宅。

日本的住房需求方补贴方式主要体现在：政府以低税和免税优惠促进私人住宅的兴建与购置。日本在《住宅取得促进税制》中规定，利用住宅贷款自购、自建住宅的居民，在5年内可以从每年的所得税中扣除当年年底的住宅贷款剩余额的1%。另外，政府对财产登记税、不动产所得税、城市

①新华网：《英国政府投入80亿英镑建平价住房》，2007年7月25日，http://news.xinhuanet.com/house/2007-07/25/content_6426190.htm，2012年4月22日。

建设税实行了减免，并且规定，住房资金中的赠款部分可以免交赠与税。政府曾举办了一种 50 万日元以内的免税利息的“住宅零存整取邮政储蓄”。在不动产取得税、固定资产税等方面对住宅用地实行优惠，不动产取得税一般用地为 4%，住宅用地只按 3% 征收。固定资产税率对住宅用地面积在 200 平方米以上的减半，200 平方米以下的只缴纳 1/4。①

从时间上来看，日本的住房保障发展晚于欧美等国，但是由于在供给方补贴和需求方补贴上的齐头并进，使得日本政府在较短的时间内较好地解决了低收入群体的住房问题。21 世纪以来，政府住房保障已经被控制在很小的范围内，市场机制成为住房配置的主要方式。

四、新加坡的住房保障方式

新加坡房地产业公共投资的典型特点是推行普惠制的组屋政策，政府主导组屋的开发与建设，由建屋发展局具体实施。

在土地开发阶段，政府严格控制土地资源，为组屋建设提供了强有力的土地供应保障。新加坡土地分国家所有和个人所有两种，其中国有土地占土地总数的 80% 左右。1966 年，政府颁布了《土地征用法令》（*Land Acquisition Act*），规定政府有权征用私人土地用于国家建设，可在任何地方征用土地建造公共组屋，政府有权调整被征用土地的价格，价格规定后，任何人不得随意抬价，也不受市场影响。根据该项法令，新加坡政府协助建屋发展局以远低于市场价格的价格获得开发土地，保证了大规模建设公共住房所需的土地。②

在房产开发阶段，政府通过建屋发展局主导组屋的开发与建设。新加坡建屋发展局直属国家发展部，是一个独立的非营利机构，其财政预算纳入国家计划，新加坡政府赋予其广泛的合法权利，它既代表政府行使权力，负责制定组屋的发展规划及房屋管理，实现“居者有其屋”的政策目标；同时又作为最大的房地产经营管理者，负责组屋的施工建设工程、房屋出售和出租。多年来，建屋发展局一直都是新加坡唯一获授权的公共

---

①张静：《国外住房保障制度对我国的启示》，《城市开发》2002 年第 2 期。

②郭伟伟：《居者有其屋——独具特色的新加坡住房保障制度及启示》，《当代世界与社会主义》2008 年第 6 期。

住房供应机构，直到最近才有为数不多的私人发展商被允许参与公共房屋开发。

在房屋租售阶段，政府分级提供公有住宅补贴。严格按家庭收入情况来确定享受住房保障水平，住房短缺时期只有月收入不超过800新加坡元的家庭才有资格租住公有住宅；购买公有住宅，一室一套单元房政府补贴1/3，三室一套单元房政府只补贴5%，四室以上一套单元房，不仅无补贴，而且按房价的5%上交政府。[①]

新加坡的住房保障方式以供给方补贴为主，辅之以需求方补贴。同时，由于政府主导建设的组屋占住房的绝大部分，住房金融由政府直接控制，具有很强的政策性和目的性。

五、国际经验总结

纵观各国政府住房保障的方式及其变迁，呈现出如下规律性的特征。

其一，住房保障方式大多是从对供给方补贴为主开始，随后逐步转向需求方补贴为主。供给方补贴转向需求方补贴的过程，也是住房短缺从数量型短缺转向结构型短缺的过程。也就是说，当住房短缺是由于住房总量不足导致的数量型短缺时，多采用供给方补贴的方式，而当住房总量得以增加、住房短缺属于结构型短缺的时候，则多采用需求方补贴。美、英等国在住房领域的政策变迁都体现出这样的特征。

其二，供给方补贴与需求方补贴同时存在，而且根据各国社会经济生活的不同而有所差异。例如，日本的城市化进程晚于欧美等国，为在短时间内解决居民的住房问题，日本采用了供给方补贴和需求方补贴并重的住房保障方式；新加坡的国家规模较小，供给方补贴政策制定得较为详尽，使得住房保障以供给方补贴为主的方式能够一直延续下来，并取得了较好的住房保障效果。

---

①张静：《国外住房保障制度对我国的启示》，《城市开发》2002年第2期。

第三节　政府住房保障的资金来源

一、美国的住房保障资金来源

美国的公共住房补贴制度始于20世纪30年代，由联邦政府（中央政府）负责拨付建造公共住房的所有资金，地方政府（或州政府）设置住房局负责监督公共住房的建造、分配和管理，产权归地方政府住房局。公共住房的维修和管理营运的资金也由联邦政府承担。到20世纪80年代，联邦政府开始有计划地取消其住宅建设，逐步减少对可支付住宅建设的支持，转向通过税收减免来支持私人部门开发可支付住宅。

美国房地产金融发达，为住房投资提供了众多的资金来源渠道。美国私人金融机构和政府金融机构都经营房地产贷款，积极地参与住房建设，特别是个人住房抵押贷款。私人金融机构中的商业银行，房地产抵押贷款证券化趋势突出；私人金融机构中的非银行储蓄机构，如储蓄放款协会、互助储蓄银行、信贷协会等也经营房屋抵押贷款。美国政府有专门的信贷机构，如联邦住宅放款银行委员会、联邦住宅抵押贷款公司、联邦住宅管理委员会等，其主要职能是为放款协会提供贷款二级市场，为买房提供抵押贷款保险与资金。

此外，美国政府成立了“联邦住宅银行抵押贷款系统”（FHLB），由FHLB开始向公共住房开发商和中低收入家庭提供低息贷款。FHLB提供的抵押贷款可以由联邦政府提供担保，贷款周期较长，降低了中低收入家庭的贷款门槛，从而使相当一部分家庭借助于FHLB的贷款支持得以购买住宅。美国政府还成立了“联邦储蓄贷款保险公司”，负责为中低收入家庭提供抵押贷款保险。“二战”后成立的退伍军人管理局，专门为退伍军人提供抵押贷款担保，由退伍军人管理局提供担保的抵押贷款不需要支付保险费、可免付首付款、贷款利率低、贷款期限较长，这在很大程度上解决了退伍军人的住房问题。美国国会又成立了获得政府信用支持的抵押贷款机构房利美（Fannie Mac）和房地美（Freddie Mac），其主要职能是购买抵押贷款资产，然后将其重新打包为债券，出售给投资者，以便于资金在投资者和购房者之间的流动。美国政府还实行了对私人金融机构进行补贴的计划，扶植和鼓励私人金融机构向公共住房开发商提供低息贷款。

总体而言，美国保障性住房建设的主要资金来源是资本市场，但是联邦政府在保障性住房融资中仍起到制度设计、担保保证以及监督管理的主要作用，并且通过制度框架引导市场机制配置保障性住房建设资金。而且，联邦政府承担向保障性住房供应商提供运营补贴以及向新增投资提供融资或财政激励的融资责任。房地产税则是保障性住房长期稳定的财政来源。①

二、英国的住房保障资金来源

在英国，政府在保障性住房融资中主要起到国家基本保障责任，通过监管和补贴民间专营机构——住房协会直接参与保障性住房的运作。

英国的住宅法律明确规定了居住权是公民权利的重要组成部分，政府在承担公民住房问题上具有不可推卸的责任。解决中低收入居民住房问题的资金来源明确由中央政府负责，地方政府的公共住房建设资金来自于中央政府，地方政府设立相应的住宅建设、补贴发放管理机构，负责具体实施工作。在英国的中央财政预算中，住房保障资金的投入是一个重要方面，占预算支出总额的6%左右。② 在廉租房方面，英国公共住房的租金远远低于住房供应的成本，这之间的差额是由中央政府的财政补贴和地方政府的税收共同弥补，中央政府承担了其中的大部分。

中央政府的住房保障预算资金，除了向地方政府拨付外，也直接向住房协会拨付。住房协会是具有英国特色的住房供应机构，是介于政府与民间的组织机构，体现的是一种民众互助形式的投融资体制，强调市场参与者的“自律”意识。由于中央财政的住房建设和维修拨款受政府保障能力的限制，即使经过批准对地方政府拨付的建房资金，也要受到政府财政赤字规模的限制。相比之下，住房协会则不受相应因素的制约，可以通过贷款解决资金短缺问题，可以更多地利用房屋抵押在私人资本市场上借入资

①杨赞、沈彦皓：《保障性住房融资的国际经验借鉴：政府作用》，《现代城市研究》2010 年第 9 期。

②郝娟：《英国住房供应体系中廉价公房开发》，《国际城市规划》2007 年第 1 期。

金，在一定程度上缓解了政府投入的不足，因而更有利于加快筹措住房的建设与维修资金，但也提高了借入成本。

英国在保障性住房融资实践中还引入了一种住房私人主动融资（Private Finance Initiative，PFI）模式。在PFI框架下，地方住房当局向私营承包商授予一份长期合同，该私营承包商一般由银行、房屋承建商和住房协会共同组成。私营承包商会提供一系列住房服务，包括住房修缮和维护。住房PFI模式的核心目标是通过把风险从政府公共部门转移给私营部门，发挥私营部门技术和管理上的优势，从而降低项目成本，缓解公共财政压力，提高保障性住房产品的供给效率。项目资金由中央政府以PFI返税金的形式提供，这样地方政府就可以用这笔资金来“购买”私营部门的服务。①

三、日本的住房保障资金来源

日本公共投资的保障性住房资金主要来自于中央政府财政支出，地方政府的职责主要是土地优先供应和组织建设管理。在政府提供的保障性住房中，主要以租赁形式解决低收入家庭的住房困难问题。日本政府在支持兴建廉价住房方面的主要做法是，中央政府出资鼓励地方政府兴建或收购住房，然后以较低价格出售或出租给中低收入者。

日本住房产业的公共投资资金来源分为两类：一类是政府财政拨款，用于低收入家庭的租房、购房补贴，同时也可用于资助公营住宅建设；另一类是政府的财政投资性贷款，一方面用于对公团住房建设的投资贷款，另一方面用于将资金贷给住房金融公库，再由后者进行建设公共住房和向低收入者发放住房贷款。

日本房地产金融模式的特点是官民结合，以央行为领导、民间金融机构为主体、政策性金融机构为补充。政策性住房金融机构有住宅金融公库、住房公团、住宅融资保证协会等；民间的住房金融机构由包括住宅金融专业公司、劳动金库、住房社团等。

住宅金融公库是极具日本特色的住房金融模式，1950年，日本制定了《住宅金融公库法》，成立了住宅金融公库，公库隶属于国土交通省，与同

①杨赞、沈彦皓：《保障性住房融资的国际经验借鉴：政府作用》，《现代城市研究》2010年第9期。

以政府为背景的住宅公团、公营住宅被称为日本住宅经济的三大支柱，为中低收入家庭的住房保障提供了积极的资金支持，为解决日本国民的住房问题，特别是对稳定金融市场的利率和资金，发挥了巨大作用。住宅金融公库的主要业务是向自建或购买住宅的国民提供长期、稳定的低息贷款，为民间住房信贷机构提供贷款保险，发放建设住房贷款，并向建造出租用住宅的土地所有者提供贷款，同时为宅基地的开发与整理、土地的合理利用和建设城区的再开发资金。住宅金融公库发放的贷款，条件优惠，偿还期长，利息较低，以支持日本国民的住房建设和住房消费。其资金来源除了财政拨款外，还有政府借款或通过财政筹集的邮政存款、保健年金、国民年金、政府担保的公团和公库发行的住宅债券，以及放贷的利息和国家给予的相当于利率差额的补助。

1981 年，住宅公团与宅地开发公团合并成立了住宅都市整备公团。公团为非营利性质，直接隶属于中央政府，面向全国居民提供住宅。公团主要职能是以中心城市为主，以中等收入阶层为对象，直接建造低成本住宅，向中等收入家庭出售、出租，以综合开发的形式成片改造旧城区和开发新区，推进城市建设与住宅建设一体化。其资金来源包括财政拨款和民间融资。

四、新加坡的住房保障资金来源

新加坡的住房金融由政府直接控制，具有很强的政策性和目的性。新加坡住房投融资模式的核心是推行住房公积金制度。公积金制度使新加坡政府积累了巨额资金，成为支持住房发展的主要资金来源，公积金的建立也为新加坡社会的许多方面提供了可靠的经济保障。

住房公积金制度建立于 1950 年，最早是新加坡为维护劳工和受薪者福利所采取的一种强制性储蓄，逐步发展成为覆盖全社会的具有提供住房、养老、医疗、投资和教育等的社会保障储蓄制度。新加坡政府通过成立中央公积金局来管理住房公积金。公积金首先作为一种强制储蓄制度，它规定任何一个雇员每月必须按一定比例扣除一部分工资，雇主（私人企业或政府部门）也必须按雇员同样的比例每月拿出一笔钱记在雇员的名下，统一存入中央公积金局作为雇员的公积金。同时，公积金也是一种全民互助的保险机制，由于在房地产价值量大而个人和国家普遍储蓄不足的情况下，通过集合全国上下的储蓄力量，以不同的时间和地点，分散贷放给个人，减轻了资金使用上的时间空间限制。现在，公积金的使用范围已经从购房扩大到治病、养老和交子女的学费。

经过几十年的发展，公积金这种政策性和目的性房地产投融资制度很好地解决了房地产建设资金的持续发展问题。一方面，公积金制度的建立使政府积累了大量的住房建设资金；另一方面，公积金局还向住房建筑承包商提供了贷款，因而使公积金成为新加坡房地产公共投资与私人投资的重要资金来源。

五、国际经验总结

从上述各国住房保障的资金来源来看，具有一定的相似之处。首先，中央政府和地方政府在参与住房保障融资方面的职责有所区分。相比地方政府，美国、英国、日本等国的中央政府在住房保障的资金来源方面，承担着更主要的责任。其次，政府采取一定的激励机制，鼓励和吸引私人投资参与保障性住房建设和经营。美、英等国都通过税收减免、财政补贴等手段，促使私人投资成为住房保障的资金来源之一。最后，住房公共投资金融体系的建立有助于住房保障的资金筹集。美国的联邦住宅银行抵押贷款系统、日本的住宅金融公库、新加坡的公积金制度都在筹集住房保障资金来源方面起到了积极的作用。

第九章　结论与建议

本章将总括性地回答先前在研究目标中提出的四个关键问题：①中国农民工住房存在什么样的问题？②农民工住房问题的实质是什么？③已有的政策能否解决农民工的住房问题？④解决农民工的住房问题需要什么样的农民工住房政策？其中，第一节回答的是前两个问题，第二节回答的是后两个问题。

第一节　对农民工住房问题的总体判断

一、农民工住房问题的集中体现

从 1978 年我国农民工作为社会群体出现至今，农民工的住房问题随着农民工群体的发展与中国城镇住房市场的发展而变化，相比而言，农民工住房问题的发展阶段与城镇住房市场的发展阶段更为一致。中国城镇住房配置方式由计划向市场过渡的阶段（1978～1997 年），农民工住房的问题并不突出；城镇住房配置高度市场化的阶段（1998～2006 年），农民工住房的问题不断累积；加强政府城镇住房保障阶段（2007 年至今），农民工住房问题则日益突显。

回顾农民工住房状况的变迁历程，可以看出我国农民工的住房来源中租住私房的比例不断提升，目前租住私房已经成为农民工最主要的住房来源。但由于绝大部分农民工家庭在流入城市的住房支付能力不足，无法通过市场渠道获得正常的住房，加之政府住房保障的缺位，因而农民工家庭只能退而求其次，选择租住低于社会正常标准的住房，如城乡结合部“城中村”内的违章建筑、老城区的危旧住房或是地下室，其中还有不少人选择了“群租”的方式降低住房支出。单位或雇主提供的住房是农民工的另一主要住房来源，而单位或雇主提供的住房有的是工棚等临时性建筑，有的是兼做经营或生产用房。总体而言，农民工大多居住在市郊、城乡结合部的“城中村”或农村社区中，居住拥挤、生活设施简陋（有的甚至没有厕所）、卫生条件差、周边教育医疗配套少、治安乱等常见的农民工住房问题都集中体现出来。

二、农民工住房问题的实质

农民工住房问题集中体现在面积小、条件差、配套少等方面，而农民工住房问题的实质是住房支付能力不足。住房支付能力是一个家庭从市场上购买或租赁住房的交易能力。利用房价收入比、租金收入比、住房消费比、剩余收入等指标，对我国农民工住房支付能力进行测度的结果表明：我国农民工的购房支付能力显性不足，半数以上处于极度不可支付状态，租房支付能力隐性不足，家庭生活水平低于社会正常标准。这反映出中国绝大部分的农民工家庭从市场上购买或租赁住房的交易能力不足，无法单纯依靠市场渠道来满足其在流入城市的正常居住需求。

我国农民工的流入城市主要集中于大中城市，因而对35个大中城市的农民住房支付能力进行了重点研究。对农民工家庭购房能力的判断以房价收入比作为衡量指标，结果表明农民工家庭在这35个大中城市的购房支付能力均为不足，且大多处于极度不可支付的状态。对农民工家庭租房能力的判断以租金收入比和剩余收入作为衡量指标，结果表明就平均值而言租住私房的农民工家庭在35个大中城市的租金收入比没有超过国际经验值的合理标准，但剩余收入法显示农民工家庭的非居住支出水平并未达到正常的非住房生活必需消费水平，租房能力处于隐性不足的状态。

三、农民工住房问题的特殊性

相对于其他城镇低收入群体的住房问题，农民工的住房问题还有其特殊性，最主要的就是农民工家庭的城乡双重住房消费。农民工家庭的城乡双重住房消费是指农民工家庭既在流入城市为其日常居住的住房消费，又在农村老家为其偶尔居住的住房消费。虽然大多数的农民工打算在流入城市继续生活居住，没有打算返回户籍所在县、市、区就业，但是农民工对农村老家住房的消费仍然普遍存在。就现状而言，绝大多数的农民工在农村老家都拥有自建房；就购建房计划而言，选择在户籍地农村建房或户籍地城镇买房的农民工较多，而计划在流入城市买房的农民工相对较少。

农民工家庭的城乡双重住房消费也带来了流入城市和流出农村的双重住房问题。一方面，在流入城市，农民工家庭原本不高的收入又被农村老家的住房消费部分分流，导致农民工家庭在流入城市的住房支付能力进一步降低；另一方面，在流出农村，大量的自建房闲置或利用率不高，造成了农村土地资源与住房资源的浪费。对农民工住房消费影响因素的分析也表明，农民工在农村老家有住房对其在流入城市的住房消费存在显著的负影响。

第二节 关于农民工住房政策的建议

农民工住房问题的出现与我国城市化进程所处的阶段密切相连。我国正处于快速城市化阶段，大量人口在短时间内从农村流向城市，城镇的住房问题也集中出现。随着“刘易斯拐点”的到来，让包括农民工在内的全体城市居民享有平等的公共服务和社会福利势在必行，也为解决农民工的住房问题提供了良好的时代背景。

虽然2005年以后，我国中央层面和地方层面的农民工住房政策不断出台，但是仍然存在较多的问题。例如：缺乏长期目标和城乡统筹的整体构想；没有基本法律保障，农民工住房解决方式与现行土地政策之间存在矛盾；政府住房保障范围、保障标准、保障方式等适度性问题有待合理规范；责任主体不明确，资金来源不稳定，政策的执行难度大；等等。可以说，包括我国住房保障政策在内的农民工住房政策尚处于探索阶段，解决农民工住房问题的实际作用有限。目前，部分地区通过收入水平、居住年限等标准的设定，将农民工纳入其流入城市的城镇住房保障体系，但受限于城镇住房保障体系自身远未完善，其打通制度性障碍的政策指向性意义更大于实质效果。要解决农民工的住房问题，既需要有长期的政策目标作为方向，也需要有短期的政策措施加快现实状况的改善。

一、长期政策目标

1. 建立城乡统一的土地与住房制度

从农民工群体的发展趋势来看，农民工群体还将在较长的历史时期内存在。从长期来看，城乡统筹的土地制度改革与住房制度改革是必须的。制定农民工的住房政策，首先需要确立长期目标和城乡统筹的整体构想。农民工在流入城市和流出农村的双重住房消费之间存在着较大的矛盾，出现了“农村老家有房无人住、工作城市有人无房住”的不合理现象。一方面，农民工大部分时间生活在城里，收入来源也主要在流入城市；另一方面，打算在农村老家建房或买房的农民工较多，而计划在流入城市买房的较少。兼顾农民工在流入城镇的住房困难问题与农村宅基地及住房的闲置问题，应将建立城乡统一的土地与住房制度作为长期的政策目标。其关键是推进农村土地方面的制度改革，加快建立宅基地及农村住房的自由交易市场，使计划在城镇定居的农民工家庭可以有渠道将闲置的农村资产变现，从而提高农民工家庭在流入城镇的住房支付能力。农村资产变现后，具备购房能力的农民工家庭通过市场交易获得城镇住房，住房支付能力不足的农民工家庭享有与其他城镇居民相同的住房保障。即使农民工家庭不愿意将农村资产变现，只要是农村土地自由交易市场建立起来，就可以参考市场交易价格评估其农村资产价值，计入家庭总资产，如果符合城乡统一住房保障体系准入资格，也可以享有与其他城镇居民相同的住房保障。但是，土地制度的改革需要一个较长的历史时期，不可能一蹴而就，因此，建立城乡统一的住房保障体系必将是一个长期的政策战略目标。

2. 健全法律法规，完善住房保障体系

市场与政府是配置住房资源的两大渠道，住房支付能力则是划分市场配置与住房保障的分界线。具备住房支付能力的家庭可以通过市场购买或租赁住房，而住房支付能力不足的家庭则需要政府提供住房保障。绝大部分农民工家庭在流入城市都存在住房支付能力不足的问题，解决农民工的住房问题需要政府提供住房保障。农民工住房问题的解决受限于城镇住房市场的整体情况，要解决农民工的住房问题必须从全局的角度考虑城镇住房市场的整体情况。不考虑城市其他低收入群体的住房问题，单纯解决农民工的住房问题是不现实的，也是不可能的。我国的农民工是城镇低收入群体的重要组成部分，农民工住房问题的解决需要在解决城镇低收入群体住房问题的整体框架下进行。农民工的住房保障水平也受制于城镇住房保障体系的整体状况，我国现阶段的城镇住房保障体系，尚存在较多的问题，缺乏健全的法律保障。从国际经验来看，制定较为全面的法律体系是解决住房问题的重要保障。如日本的《公营住宅法》、《住宅公团法》、《居住基本生活法》等以法律形式对住宅建设目标、资金来源等政策保障措施等都进行了明确规定。我国已有解决农民工住房问题的具体方式与法律及其他政策的配合性不够，甚至存在相互矛盾的问题，也可以通过相关法律法规的建设和修订加以解决。健全住房保障的相关法律法规对完善我国住房保障体系具有重要意义，也对解决农民工的住房问题具有重要意义。健全相关法律法规需要较长的时间，适宜将其作为完善整体住房保障体系、加强农民工住房保障的长期战略进行政策设计。

3. 推进收入分配、社会保障体系、教育体制等配套改革

解决农民工的住房问题，除了住房保障政策外，还离不开收入分配、社会保障体系、教育体制等配套改革的推进。农民工住房问题的实质是其在流入城市的住房支付能力不足，农民工收入的提高将有利于其住房支付能力的提高。解决农民工的工资拖欠问题，调整收入分配结构，增强一次分配的合理性，都可以提高农民工的收入水平，从而增强农民工家庭的住房支付能力。从农民工住房消费影响因素的实证分析结果可以看出，除了农民工家庭在流入城市的收入对其住房消费的影响较大外，食品、子女教育等非住房支出对其住房消费的影响也较大，养老保险、医疗保险等社会保障对其住房消费的影响也显著。可见，提高农民工住房支付能力还有赖于完善包括养老、教育、医疗等在内的城乡统筹社会保障体系，从而减少农民工家庭收入的不确定性及非住房支出水平，也有助于农民工家庭住房支付能力的提高。

二、短期政策措施

1. 通过财政专项补贴，直接改善出租房屋的居住条件

由于推进土地与住房制度改革、建立城乡统一的土地与住房制度需要

较长的历史时期，但改善农民工的住房条件则是现实而紧迫的问题。在农民工的住房保障水平受制于城镇住房保障体系整体状况的条件下，为了在短期内改善部分农民工恶劣的居住条件，可以通过财政专项补贴直接改善出租房屋的居住条件。具体政策措施可以包括：由政府部门利用财政专项补贴直接招标施工单位改善老旧房屋的上下水、电、煤气等基础设施的条件；以财政专项补贴老旧房屋的生活设施以旧换新，如淘汰存在安全隐患的燃气淋浴器等；结合“城中村”、棚户区的拆迁改造，利用财政专项补贴集中建设向农民工出租的集体宿舍或低价位的政府保障性住房，以此来替代“城中村”或棚户区中条件恶劣的出租房屋。

2. 考虑个体差异和地域差异，确定住房保障范围

住房保障是政府对市场的一种干预，住房保障要限定在一个合理的范围内，使市场机制在住房资源配置方面起到提高效率的作用，同时利用财政资源补贴中低收入群体以达到社会公平的目标，从而使平等和效率得到协调。并非全部农民工都需要纳入住房保障范围，应考虑个体差异和地域差异，确定合理的住房保障范围。对我国农民工住房支付能力的测度结果表明，有很少部分的农民工具备从市场上购买或租赁住房的能力。而且，有相当一部分农民工表示不需要本地政府帮助其解决居住问题。因而，并不是所有的农民工都需要纳入住房保障范围。面对农民工群体的内部差异，应分层次解决其住房问题，对于其中收入水平较高的群体，可引导其先租后买通过市场渠道解决住房问题；对于收入水平较低无力通过市场满足其基本居住需要的群体，由政府提供住房保障。对农民工住房消费影响因素的分析表明，代表流入地人口规模、住房价格等地域因素的城市行政级别对农民工住房消费的影响较大。与人口规模小、住房价格低的地区相比，人口规模大、住房价格高的地区，存在住房困难的农民工也会更多，需要政府提供住房保障的范围也应有所扩大。因此，在制定农民工住房保障政策时还应注重地域差异，重点解决人口密度较高、住房价格较高的大中城市的农民工住房问题。

3. 供给方补贴与需求方补贴并行，共同提高农民工的住房支付能力

农民工住房问题的实质是住房支付能力不足，提高农民工在市场上的住房支付能力是解决农民工住房问题的关键，也是住房保障政策的关键。住房保障方式的选择关键是要体现农民工的特点，现阶段我国城镇住房保障体系中以农民工为供应对象的公共租赁住房，就存在与农民工住房需求

匹配度不高的问题。对农民工的住房保障，应将供给方补贴与需求方补贴并行，从市场供求两个方面提高农民工的住房支付能力。供给方面，应通过供给方补贴提供更多适合农民工特点的房源。针对农民工以租房为主、住房来源较为单一的现状，政府应积极拓展低价位出租房屋的供给来源，既要通过建设或收购廉租住房、公共租赁住房等增加政府保障性住房的供给，也要通过土地优惠、税收优惠等手段鼓励私人部门提供符合要求的出租房源。需求方面，应通过政府需求方补贴直接提高农民工的住房支付能力，如向租房者提供旨在提高其住房支付能力的货币补贴或租房券等。与供给方补贴相比，需求方补贴更为适合农民工流动性大的特点。我国已有的农民工住房保障主要还是供给方的实物补贴，如农民工公寓、公共租赁房等。因此，需要加强对农民工住房保障的需求方补贴以提高农民工家庭的住房支付能力。

4. 进一步明确农民工住房保障的责任主体，稳定住房保障的资金来源渠道

已有的农民工住房政策中关于农民工住房保障责任主体的规定存在一定矛盾。《关于改善农民工居住条件的指导意见》（建住房［2007］276 号）明确提出用工单位是改善农民工居住条件的责任主体；而《关于保障性安居工程建设和管理的指导意见》（国办发［2011］45 号）又指出以公共租赁住房为重点的保障性安居工程建设和管理，由省级人民政府负总责；市、县人民政府负责具体实施。农民工的最主要住房来源已经从单位宿舍逐渐转变为租住私房，用工单位在农民工住房方面的作用正在逐渐减弱。我国城镇住房保障体系的责任主体是政府，农民工住房保障的责任主体也应该是政府而不是企业。当然，政府也可以使用财政补贴等来激励用人单位承担具体建设、管理农民工住房的职责。在没有政府补贴的情况下，单纯依靠要求用人单位向农民工提供住房，其实质只是将农民工的部分货币工资转换为实物工资而已。因此，农民工住房保障政策需要明确政府作为责任主体的地位与作用，由政府部门通过土地优惠、税收优惠等手段鼓励包括用人单位在内的私人部门向农民工提供符合要求的出租房源。此外，还应借鉴住房保障资金来源以中央政府财政投入为主的国际经验，调整中央与地方政府的职责划分，加大中央政府在住房保障方面的投入，从而建立起较为稳定的住房保障资金来源渠道。

参考文献

北京市住房和城乡建设委员会网站：《北京市住房工作会提出建立健全分层供应体系》，2008 年 1 月 21 日，http：//www. bjjs. gov. cn/tabid/662/InfoID/39293/Default. aspx，2012 年 4 月 22 日。

毕宝德、柴强、李铃：《土地经济学》（第四版），中国人民大学出版社 2003 年版。

Brue S L：《经济思想史》（原书第 6 版），焦国华、韩红译，机械工业出版社 2003 年版。

财政部官方网站：《湖州市推进农民工住房公积金制度》，2011 年 5 月 30 日，http：//www. mof. gov. cn/xinwenlianbo/zhejiangcaizhengxinxilianbo/201105/t20110506_ 545350. html，2012 年 4 月 22 日。

蔡昉：《刘易斯转折点与公共政策方向的转变——关于中国社会保护的若干特征性事实》，《中国社会科学》2010 年第 6 期。

曹振良等：《房地产经济学通论》，北京大学出版社 2003 年版。

陈春、冯长春：《农民工住房状况与留城意愿研究》，《经济体制改革》2011 年第 1 期。

陈淮：《发展住房保障制度是缓解住房矛盾的关键》，《经济与管理研究》2006 年第 3 期。

陈杰、郝前进、郑麓漪：《动态房价收入比——判断中国居民住房可支付能力的新思路》，《中国房地产》2008 年第 1 期。

陈杰：《城市居民住房解决方案——理论与国际经验》，上海财经大学出版社 2009 年版。

陈杰：《我国房价收入比的变动趋势与区域差异》，《价格理论与实践》2009 年第 6 期。

陈伟：《我国区域中心城市中等收入家庭住房支付能力测度研究》，《中国物价》2010 年第 2 期。
陈永杰:《英国地产泡沫困扰工党政府》,《21 世纪经济报道》2007 年 8 月 10 日。
陈正兰:《英国住房福利政策研究》,《社会》2003 年第 7 期。
邓保国、傅晓:《农民工的法律界定》,《中国农村经济》2006 年第 3 期。
丁富军、吕萍:《转型时期的农民工住房问题——一种政策过程的视角》,《公共管理学报》2010 年第 1 期。
董昕:《政策性住房供应对房价走势的影响分析》,《价格理论与实践》2008 年第 5 期。
董昕:《中国房地产业政府投资研究》,《投资研究》2009 年第 8 期。
董昕:《中国房地产业的公共投资研究》,财政部财政科学研究所博士学位论文,2010 年。
董昕:《政府投资是否导致"国进民退"——基于中国各地区房地产行业面板数据的研究》,《当代财经》2010 年第 10 期。
董昕:《中国政府住房保障范围的变迁与现状研究》,《当代财经》2011a 年第 5 期。
董昕:《农民工住房问题研究述评》,《中国房地产》2011b 年第 16 期。
董昕:《动态趋势与结构性差异:中国住房市场支付能力的综合测度》,《经济管理》2012 年第 6 期。
董昕、张翼:《农民工住房消费的影响因素分析》,《中国农村经济》2012 年第 10 期。
董昕:《中国农民工住房问题的历史与现状》,《财经问题研究》2013 年第 1 期。
董昕:《中国农民工的住房政策及评价(1978 ~ 2012 年)》,《经济体制改革》2013 年第 2 期。
董昕:《加强农民工的住房保障》,《中国房地产发展报告 No. 6》,社会科学文献出版社 2013 年版。
段成荣、马学阳:《当前我国新生代农民工的"新"状况》,《人口与经济》2011 年第 4 期。
冯桂林、李淋:《我国当代农民工的消费行为研究》,《江汉论坛》1997 年第 4 期。
冯昭奎:《日本经济》,高等教育出版社 2005 年版。

郭立、李永文：《重庆：建农民工“一元公寓”》，《瞭望》2007 年第 28 期。

郭伟伟：《居者有其屋——独具特色的新加坡住房保障制度及启示》，《当代世界与社会主义》2008 年第 6 期。

郭玉坤：《中国城镇住房保障制度研究》，西南财经大学博士学位论文，2006 年。

国家人口和计划生育委员会流动人口服务管理司编：《中国流动人口发展报告 2011》，中国人口出版社 2011 年版。

国家统计局设管司：《关于统计上划分城乡的暂行规定》，2006 年 10 月 18 日，http://www.stats.gov.cn/tjbz/t20061018_402369828.htm，2012 年 4 月 22 日。

国家统计局农村司：《2009 年农民工监测调查报告》，2010 年 3 月 19 日，http://www.stats.gov.cn/tjfx/fxbg/t20100319_402628281.htm，2012 年 4 月 22 日。

国家统计局：《中华人民共和国 2010 年国民经济和社会发展统计公报》，2011 年 2 月 28 日，http://www.stats.gov.cn/tjgb/ndtjgb/qgndtjgb/t20110228_402705692.htm，2012 年 4 月 22 日。

国家统计局：《城镇住户调查方案》，2011 年 5 月 6 日，http://www.stats.gov.cn/tjzd/gjtjzd/t20110506_402724093.htm，2012 年 4 月 22 日。

国家统计局：《中华人民共和国 2011 年国民经济和社会发展统计公报》，2012 年 2 月 22 日，http://www.stats.gov.cn/tjgb/ndtjgb/qgndtjgb/t20120222_402786440.htm，2012 年 4 月 22 日。

国家统计局：《2011 年我国农民工调查监测报告》，2012 年 4 月 27 日，http://www.stats.gov.cn/tjfx/fxbg/t20120427_402801903.htm，2013 年 3 月 19 日。

国家统计局：《中华人民共和国 2012 年国民经济和社会发展统计公报》，2013 年 2 月 22 日，http://www.stats.gov.cn/tjgb/ndtjgb/qgndtjgb/t20130221_402874525.htm，2013 年 3 月 19 日。

国务院研究室课题组：《中国农民工调研报告》，中国言实出版社 2006 年版。

韩长赋：《中国农民工发展趋势与展望》，《经济研究》2006 年第 12 期。

韩长赋：《中国农民工的发展与终结》，中国人民大学出版社 2007 年版。

郝娟：《英国住房供应体系中廉价公房开发》，《国际城市规划》2007 年第

1 期。
何跃：《新加坡住房改革及其社会效应》，《云南师范大学学报》（哲学社会科学版）1998 年第 6 期。
何智奇、邓小军、韩惠丽：《凯恩斯消费函数理论后继创新与发展》，《商业时代》2008 年第 2 期。
宏观经济研究院投资研究所课题组：《居民住房支付能力评价指标比较与分析》，《宏观经济研究》2005 年第 2 期。
洪小良：《城市农民工的家庭迁移行为及影响因素研究——以北京市为例》，《中国人口科学》2007 年第 6 期。
黄波：《战后初期美国住房问题及政府对策》，《武汉交通管理干部学院学报》2001 年第 4 期。
黄烈佳、童心、王勇：《武汉市农民工住房现状调查分析及其保障对策探讨》，《湖北经济学院学报》（人文社会科学版）2010 年第 2 期。
黄乾：《农民工定居城市意愿的影响因素——基于五城市调查的实证分析》，《山西财经大学学报》2008 年第 4 期。
黄小彪：《论政府对住房市场的干预》，《中国房地产金融》2002 年第 11 期。
黄卓宁：《农民工住房来源及住房水平的实证研究》，《珠江经济》2007 年第 9 期。
纪尽善：《加快中国住房制度创新步伐——德国住房制度考察启示》，《经济界》2007 年第 6 期。
建设部：《建设部通报 2006 年城镇廉租住房制度建设情况》，2007 年 2 月 13 日，http://www. mohurd. gov. cn/zxydt/200804/t20080424_ 162808. html，2013 年 4 月 22 日。
蒋荣昌：《“三农”问题的核心困结及其解决之道》，《西南民族大学学报》（人文社会科学版）2008 年第 4 期。
焦秀琦：《世界城市化发展的 S 型曲线》，《城市规划》1987 年第 2 期。
金三林：《解决农民工住房问题的总体思路和政策框架》，《中国房地产金融》2010 年第 8 期。
李华：《美国的居住隔离》，《城市问题》2002 年第 5 期。
李建、朱小慧：《欧美国家住房社会保障体系及对我国的启示》，《中国房地产金融》2004 年第 8 期。
李培林、张翼：《中国中产阶级的规模、认同和社会态度》，《社会》2008

年第2期。

梁琦：《建设部将农民工住房问题列入今年工作重点》，2005年1月8日，http：//house. focus. cn/newshtml/87762. html，2013年3月22日。

梁艳琴：《评析日本住宅政策改革》，《科学之友》（B版）2009年第1期。

刘浩远：《日本：给中低收入者建低价房》，《中国证券报》2007年6月8日。

刘洪玉、耿媛元：《住房支付能力分析》，《建筑经济》1999年第7期。

刘琳、罗云毅、程选等：《我国城镇住房保障制度研究》，《宏观经济研究》2009年第8期。

刘颖：《城市贫困群体住房保障政策的经济效应论证》，《经济体制改革》2004年第5期。

刘玉亭、何深静：《中国大城市农村移民居住问题的国际研究进展》，《国际城市规划》2008年第4期。

刘玉亭、何深静、吴缚龙：《英国的住房体系和住房政策》，《城市规划》2007年第9期。

龙志和、周浩明：《西方预防性储蓄假说评述》，《经济学动态》2000年第3期。

卢有杰：《全面分析城镇住房保障制度》，《城乡建设》2004年第4期。

吕萍、周滔：《农民工住房保障问题认识与对策研究——基于成本—效益分析》，《城市发展研究》2008年第3期。

吕萍、周滔、高仁航：《农民工住房解决方式与现行土地政策之冲突》，《中国房地产》2007年第3期。

马光红、胡晓龙、施建刚：《美国住房保障政策及实施策略研究》，《建筑经济》2006年第9期。

马戎：《“摆动人口”与我国农村劳动力的转移》，《农村经济与社会》1988年第4期。

马万里、陈玮：《建立健全面向农民工的城市住房保障体系研究——杭州农民工基本住房状况调查与政策建议》，《城市规划》2008年第5期。

毛凌云：《保障房的资金困境》，《南风窗》2011年第17期。

梅洪常、周莉、陈丽新：《重庆市农民工进城就业安居现状调查》，《重庆工商大学学报》（西部论坛）2008年第1期。

梅建明、王朝才：《农民工“入城”与城乡统筹发展》，《财政研究》2007

年第 9 期。

莫雪娟：《我国城镇居民住房保障适度规模研究》，暨南大学硕士学位论文，2008 年。

农民工城市贫困项目课题组：《农民工生活状况、工资水平及公共服务：对北京、广州、南京、兰州的调查》，《改革》2008 年第 7 期。

潘家华、魏后凯：《城市蓝皮书：中国城市发展报告 No. 6》，社会科学文献出版社 2013 年版。

钱雪飞：《进城农民工消费的实证研究——南京市 578 名农民工的调查与分析》，《南京社会科学》2003 年第 9 期。

钱雪飞：《进城农民工收入的实证分析——基于南京市 578 名农民工的调查》，《南通师范学院学报》（哲学社会科学版）2004 年第 1 期。

Rosen H S：《财政学》（第七版），郭庆旺、赵志耘译，中国人民大学出版社 2006 年版。

上海嘉定政府网站：《马陆永盛公寓营造温馨农民工之家》，2011 年 1 月 5 日，http：//www. jiading. gov. cn/Item/28929. aspx，2012 年 4 月 22 日。

世界银行亚洲区中国局环境人力资源和城市发展处：《中国：城镇住房改革的问题与方案》，中国财政经济出版社 1992 年版。

宋博通：《三种典型住房补贴政策的“过滤”研究》，《城乡建设》2002 年第 8 期。

宋培军、张秋霞：《试论新加坡住房市场的体制特点及其成因》，《当代亚太》2004 年第 8 期。

孙海燕、宋学锋：《英国住房制度对我国城市住房产业发展的启示》，《徐州师范大学学报》（哲学社会科学版）2009 年第 3 期。

孙令军：《德国住房保障和住房金融的借鉴与启示》，《中国房地产》2006 年第 9 期。

谭秀杰、张子杰：《美国次贷危机综述》，2009 年 1 月 19 日，http：//www. iis. whu. edu. cn/News/2008/113/28. shtml，2012 年 4 月 22 日。

谭臻尧、矫帅：《将住房保障纳入社会保障体系　更好地解决群众的住房问题》，《中国房地产》2006 年第 1 期。

田凯：《关于农民工的城市适应性的调查分析与思考》，《社会科学研究》1995 年第 5 期。

外来农民工课题组：《珠江三角洲外来农民工状况》，《中国社会科学》1995

年第 4 期。

王保畲:《居者有其屋——新加坡解决“房荒”问题之路》,《中外房地产导报》1994 年第 19 期。

王桂新、沈建法、刘建波:《中国城市农民工市民化研究——以上海为例》,《人口与发展》2008 年第 1 期。

王凯、侯爱敏、翟青:《城市农民工住房问题的研究综述》,《城市发展研究》2010 年第 1 期。

王新健、罗静:《农村城市化理论渊源与发展综述》,《经济科学》1995 年第 3 期。

文林峰:《日本住房政策给我们的启迪》,《中国税务报》2006 年 12 月 20 日。

翁清、孙智英:《我国保障性住房供应模式探析》,《发展研究》2009 年第 4 期。

《我国农民工工作“十二五”发展规划纲要研究》课题组:《农民工住房态势及其政策框架》,《重庆社会科学》2010 年第 10 期。

向肃一、龙奋杰:《中国城市居民住房支付能力研究》,《城市发展研究》2007 年第 2 期。

谢文蕙、邓卫:《城市经济学》,清华大学出版社 1996 年版。

新华网:《公积金新策:力促农民工在城市“生根”的破题之举》,2007 年 2 月 27 日,http://news.xinhuanet.com/house/2007-02/27/content_5776771.htm,2012 年 4 月 22 日。

新华网:《英国政府投入 80 亿英镑建平价住房》,2007 年 7 月 25 日,http://news.xinhuanet.com/house/2007-07/25/content_6426190.htm,2012 年 4 月 22 日。

徐虹:《保障性住房政策的选择运用》,《中央财经大学学报》2008 年第 6 期。

徐松明、陈峰:《英国住房问题求解路径解析与中国借鉴》,《华中师范大学学报》(人文社会科学版)2009 年第 5 期。

徐彤:《中国农民工社会保障的经济效应研究》,西北大学博士学位论文,2011 年。

郇公弟:《次贷下波澜不惊的德国房市》,《中国国土资源报》2008 年 5 月 28 日。

严翅君：《长三角城市农民工消费方式的转型——对长三角江苏八城市农民工消费的调查研究》，《江苏社会科学》2007 年第 3 期。

阎明：《发达国家住房政策的演变及其对我国的启示》，《东岳论丛》2007 年第 4 期。

杨思远：《要重视对农民工的政治经济学研究》，《教学与研究》2005 年第 11 期。

杨赞、沈彦皓：《保障性住房融资的国际经验借鉴：政府作用》，《现代城市研究》2010 年第 9 期。

杨赞、易成栋、张慧：《基于“剩余收入法”的北京市居民住房可支付能力分析》，《城市发展研究》2010 年第 10 期。

姚远：《公团住宅：日本住房建设的启示》，《沪港经济》2009 年第 4 期。

于萍：《日本住宅建设的现状和发展趋势》，《北京房地产》2006 年第 9 期。

余美英：《北京外来务工人员将建立住房公积金》，2012 年 2 月 4 日，http://bjyouth.ynet.com/3.1/1202/04/6753763.html，2013 年 3 月 22 日。

袁中友：《农民工城镇住房解决模式与路径选择》，《改革与战略》2008 年第 6 期。

曾广福：《西方消费理论述评》，《学术界》2006 年第 4 期。

张戈：《农民工生存状况调查》，《浙江人大》2005 年第 1 期。

张江涛：《农民工住房问题研究》，西安建筑科技大学硕士学位论文，2009 年。

张静：《国外住房保障制度对我国的启示》，《城市开发》2002 年第 2 期。

张茜：《湖州市农民工乐享公积金》，2011 年 9 月 19 日，http://www.zj.xinhuanet.com/df/2011-09/19/content_23722406.htm，2013 年 3 月 22 日。

张茜：《完善优惠政策　普惠各类人群——我市公积金制度不断“增人扩面”》，2012 年 8 月 7 日，http://hzrb.hz66.com/hubaojizhe/zhangqian/2012-08-07/2535.html，2013 年 3 月 22 日。

张清勇：《中国城镇居民的住房支付能力：1991～2005》，《财贸经济》2007 年第 4 期。

张智：《北京市农民工住房选择行为及其影响因素分析》，《建筑经济》2010a 年第 1 期。

张智：《对北京市农民工住房情况的调查研究》，《中国房地产金融》2010b

年第 7 期。

赵冬缓、兰徐民：《我国测贫指标体系及其量化研究》，《中国农村经济》1994 年第 3 期。

赵路兴、浦湛：《中低收入家庭住房保障收入线划分研究》，《城市开发》2003 年第 11 期。

郑功成、黄黎若莲：《中国农民工问题：理论判断与政策思路》，《中国人民大学学报》2006 年第 6 期。

郑思齐、曹洋：《农民工的住房问题：从经济增长与社会融合角度的研究》，《广东社会科学》2009 年第 5 期。

郑思齐、廖俊平、任荣荣等：《农民工住房政策与经济增长》，《经济研究》2011 年第 2 期。

中国农民工战略问题研究课题组：《中国农民工现状及其发展趋势总报告》，《改革》2009 年第 2 期。

钟文：《英国人购房能力接近历史最低点》，《中国税务报》2007 年 9 月 12 日。

周家高：《德国住房政策及改革》，《中外房地产导报》2003 年第 15 期。

周立耘：《农民公寓为何遭遇"集体冷落"》，《人民日报》2006 年 9 月 5 日第 10 版。

周仁、郝前进、陈杰：《剩余收入法、供需不匹配性与住房可支付能力的衡量——基于上海的考察》，《世界经济文汇》2010 年第 1 期。

周滔、吕萍：《农民工住房的消费特征与供应策略》，《建筑经济》2011 年第 3 期。

周一星：《关于中国城镇化速度的思考》，《城市规划》2006 年第 S1 期。

朱春燕、臧旭恒：《预防性储蓄理论——储蓄（消费）函数的新进展》，《经济研究》2001 年第 1 期。

褚超孚：《城镇住房保障规模影响因素的相关分析研究》，《浙江大学学报》（人文社会科学版）2005 年第 4 期。

宗成峰、朱启臻：《农民工生存状况实证分析——对南昌市 897 位样本农民工的调查与分析》，《中国农村观察》2007 年第 1 期。

Amis P., "Squatters or Tenants: The Commercialization of Unauthorized Housing in Nairobi", *World Development*, 1984, 12 (1): 87 – 96.

Arifin L S & Dale R, "Housing Needs of Migrant Women Industrial Workers in

Surabaya: Insight from a Life Story Approach", *Habitat International*, 2005, 29 (2): 215 – 226.

Browning M & Lusardi A, "Household Saving: Micro Theories and Micro Facts", *Journal of Economic Literature*, 1996, 34 (4): 1797 – 1855.

Campbell J Y & Mankiw N G, "The Response of Consumption to Income: A Cross – Country Investigation", *European Economic Review*, 1991, 35 (4): 723 – 756.

Donnison D & Ungerson C, *Housing Policy*, London: Penguin Books, 1982.

Eckstein S, "Urbanization Revisited: Inner – City Slum of Hope and Squatter Settlement of Despair", *World Development*, 1990, 18 (2): 165 – 181.

Eriksen M D, "The Market Price of Low – Income Housing Tax Credits", *Journal of Urban Economics*, 2009, 66 (2): 141 – 149.

Erman T, "Squatter (Gecekondu) Housing versus Apartment Housing: Turkish Rural – to – urban Migrant Residents' Perspectives", *Habitat International*, 1997, 21 (1): 91 – 106.

Friedman M, *A Theory of the Consumption Function*, Princeton, NJ: Princeton University Press, 1957.

Gilbert A, "Helping the Poor through Housing Subsidies: Lessons from Chile, Colombia and South Africa", *Habitat International*, 2004, 28 (1): 13 – 40.

Hao P, Sliuzas R, Geertman S, "The Development and Redevelopment of Urban Villages in Shenzhen", *Habitat International*, 2011, 35 (2): 214 – 224.

Howenstine E J, "The Consumer Housing Subsidy Approach versus Producer Housing Subsidies: International Experience", *Cities*, 1986, 3 (1): 24 – 40.

Jeong J, "From Illegal Migrant Settlements to Central Business and Residential Districts: Restructuring of Urban Space in Beijing's Migrant Enclaves", *Habitat International*, 2011, 35 (3): 508 – 513.

Lau K M & Li S, "Commercial Housing Affordability in Beijing, 1992 – 2002", *Habitat International*, 2006, 30 (3): 614 – 627.

Leland H E, "Saving and Uncertainty: The Precautionary Demand for Saving", *The Quarterly Journal of Economics*, 1968, 82 (3): 465 – 473.

Liu Y & Wu F, "Urban Poverty Neighbourhoods: Typology and Spatial Concentration under China's Market Transition: A Case Study of Nanjing", *Geoforum*,

2006, 37 (4): 610 - 626.

Mohtadi H. "Rural Stratification, Rural to Urban Migration, and Urban Inequality: Evidence from Iran", *World Development*, 1986, 14 (6): 713 - 725.

Mansur E T, Quigley J M, Raphael S, Eds., "Examining Policies to Reduce Homelessness Using a General Equilibrium Model of the Housing Market", *Journal of Urban Economics*, 2002, 52: 316 - 340.

Nationwide, "UK House Prices Since 1952", http: //www. nationwide. co. uk/hpi/downloads/UK_ house_ price_ since_ 1952. xls, 2012 - 04 - 22.

Rosen H S, Chapter 7 Housing Subsidies: "Effects on Housing Decisions, Efficiency, and Equity" //*Handbook of Public Economics*, Elsevier, 1985: 375 - 420.

Sakay C, Sanoni P, Deng T H, "Rural to Urban Squatter Settlements: The Micro Model of Generational Self - Help Housing in Lima - Peru", *Procedia Engineering*, 2011, 21 (0): 473 - 480.

Sato H, "Housing Inequality and Housing Poverty in Urban China in the Late 1990s", *China Economic Review*, 2006, 17 (1): 37 - 50.

Sinai T & Waldfogel J, "Do Low - Income Housing Subsidies Increase the Occupied Housing Stock? ", *Journal of Public Economics*, 2005, 89 (11 - 12): 2137 - 2164.

Song Y & Zenou Y, "Urban Villages and Housing Values in China", *Regional Science and Urban Economics Special Section on Asian Real Estate Market*, 2012, 42 (3): 495 - 505.

Stone M E, *Shelter Poverty: New Ideas On Housing Affordability*, Philadelphia: Temple University Press, 1993.

Turner J C, "Housing Priorities, Settlement Patterns, and Urban Development in Modernizing Countries", *Journal of the American Institute of Planners*, 1968, 34 (6): 354 - 363.

Wang Y P, "Living Conditions of Migrants in Inland Chinese Cities", *The Journal of Comparative Asian Development*, 2003, 2 (1): 47 - 69.

Ward P M, "Intra - City Migration to Squatter Settlements in Mexico City", *Geoforum*, 1976, 7 (5 - 6): 369 - 382.

Wu W, "Migrant Housing in Urban China: Choices and Constraints", *Urban Affairs Review*, 2002, 38 (1): 90 - 119.

Wu W, "Sources of Migrant Housing Disadvantage in Urban China", *Environment and Planning A*, 2004, 36 (7): 1285 - 1304.

Wu W, "Migrant Settlement and Spatial Distribution in Metropolitan Shanghai", *The Professional Geographer*, 2008, 60 (1): 101 - 120.

Zhang L, Zhao S X B, Tian J P, "Self - Help in Housing and Chengzhongcun in China's Urbanization", *International Joumal of Urban and Regional Research*, 2003, 27 (4): 912 - 937.

Zeldes S P, "Optimal Consumption with Stochastic Income: Deviations from Certainty Equivalence", *The Quarterly Journal of Economics*, 1989, 104 (2): 275 - 298.

索 引

F

G

H

J

L

M

N

P

S

T

X

Y

Z

后　记

从1996年到南开大学经济学系房地产经营管理专业读本科开始，我就与房地产领域结下了不解之缘。此后，无论是在攻读硕士、博士学位期间，还是在从事企业实务工作期间，我关心与研究的重点始终不曾离开住房与土地问题。2007年，我到财政部财政科学研究所攻读博士学位，在恩师吕旺实的指导下，将研究方向确定为房地产领域的政府投资与住房保障。在博士学位论文的写作过程中，就感觉到农民工这一特殊群体的住房问题值得深入研究，但当时鉴于时间和能力的限制，没有将农民工的住房问题纳入到我博士学位论文的内容中来。机缘巧合，2010年，我从财政部财政科研所毕业，到中国社会科学院农村发展研究所（农发所）做博士后，农发所的王小映老师在见面之初就建议我将农民工的住房问题作为我博士后期间的研究重点，并在此后一直给予我支持与帮助。这些都为我研究农民工住房问题提供了良好的基础和宽广的平台，我对农民工住房问题的正式研究也就始于2010年。

在对农民工住房问题的研究过程中，最令我头疼的就是数据的问题。公开的统计数据无法满足研究的需要；自己进行调研的经费、人员非常有限，数据的样本量、代表性难以满足。一日正在为数据发愁之际，忽然听闻，国家人口和计划生育委员会对全国流动人口进行了动态监测，样本量高达十万以上，而其中参与数据分析的一位专家就是中国社会科学院人口与劳动研究所的张翼老师。在农发所张晓山老师的鼎力支持下，张翼老师同意我加入其主持的相关课题组，为我对农民工住房问题的研究提供了不可多得的数据资源，张翼老师在研究方法与内容等方面的指导也使我受益良多，心存感激。

本书的主要内容是在我的博士后工作期间完成的，在2010年至今我对农民工住房的研究过程中，得到了中国社会科学院农村发展研究所诸多领导、老师、同仁的支持与帮助，他们不仅在学术方面给予我真知灼见，而且在生活方面给予我关心和帮助，在此深表谢意！2013 年，我博士后出站到中国社会科学院城市发展与环境研究所（城环所）工作，本书的修改与定稿就是在城环所领导和同事的大力支持下完成的，感谢之至！还要感谢中国博士后科学基金、北京大学—林肯研究院城市发展与土地政策研究中心对我从事农民工住房研究的资助！更要感谢我的亲人，感谢他们一直以来对我工作的理解和支持！

本书是在我博士后出站报告的基础上修改完成的，也是近两三年我对农民工住房问题研究成果的整合。本书有幸入选《中国社会科学博士后文库》，由主办方资助出版，使我有机会将个人对农民工住房问题的一些看法系统展现在同行以及关注此问题的人们面前，以供大家交流与参考。成稿匆忙，不足之处还望读者批评指正。

董昕

2013 年 4 月